江戸・東京語の否定表現構造の研究

A Study of
the Constitutions Including Negative Expressions
in the Japanese of Late Edo and Meiji Period

許 哲［著］　　HO Chol

勉誠出版

巻頭言

　許氏が、明治大学大学院文学研究科博士後期課程に入学してきたのは、2008年4月のことであるから、気づいてみれば、すでに10年の歳月が流れていたことになる。入学以前には、東京学芸大学大学院教育学専攻の修士課程、国語教育専攻に在籍・修了して、修士(教育学)の学位を取得していた。その後、東京学芸大学大学院の博士課程(千葉大学等と連合学校教育学研究科を構成する)には日本語研究に特化した課程がないことから、本学の上記後期課程に入学してきたのである。許氏の経歴を見ると、東京学芸大学大学院で修士(教育学)を取得したのは2007年3月であるから、本学大学院入学までに1年の空白がある。実は、この時期は、東京学芸大学大学院の留学生の修士課程修了生が、次々に本学の後期課程にやってきては、博士(文学)の学位を取得していたころで、その先輩たちを見ているうちに、自分も、学への志がやみがたくなったのだろうと推測している。

　氏は、10年前から変わらず、謙抑にして明朗、公正で正義感が強く、よく配慮の行き届く人物である。面倒なことでも真心をこめて協力してくれるし、後輩たちへの面倒見もよい。などと書くと、まるで、どこかへの推薦状を書いているようであるが、真実なのだからしかたない。氏の入学のころ、私は、韓流ドラマの「ホジュン」という名医の物語を好んで視ていて、あるとき、氏に向かって、なにか遠い縁戚にでも当たるのか、などという質問をして慌てさせたことがある。「ホジュン」というのは、その名医の名前なのであるが、医師登用試験に合格した

ときの掲示に記された苗字の「ホ」に当たる漢字が、氏と同じ「許」であることを視て覚えていたのである。氏は、その物語に描かれた、いつでも患者のことを第一に考え、貴賤を問わずに真心をこめて診療する名医の姿に、とてもよくオーバーラップしたのである。そのときには言葉を濁した氏だったが、このたび、この巻頭言を記すことが縁になって、改めて、同じ祖先をもつ姓氏（陽川許氏）に連なる関係にあることを教えてくれた。私のカンも捨てたものではなかった。

　そういった氏の研究対象は、本書にまとめられた、明治期東京語を中心とする近代の日本語における否定表現の構造である。そのなかでも、〈丁寧〉のカテゴリーとの承接関係に重きを置いていることは、一瞥して諒解できることであろう。そして、そこに目を着けることは、言語という伝達手段の特性を考えるうえで、とても重要なことであることにも気づく。というのは、相手との関係を考えたとき、〈否定〉というカテゴリーを付加することは、なにかある命題について、それが成りたたないことを告げることであるから、いわゆる「強い」表現になりうる。現代語において、たとえば、相手の認識行動について「あなたには分からない」と言えば、「あなたに分かる」という命題が成りたたないと言っていることになる。これが「強い」表現であることは直観として諒解できよう。また、相手とは関わらない出来事、たとえば自然現象について「明日は雨が降らない」と言っても、その断言の特性から、いわゆる「きつい・取り付く島がない」口調になる。だから、そこに、相手に配慮しているということが伝わる手段である〈丁寧〉のカテゴリーを付加して、やわらげる。いわく「あなたには分かりません」「明日は雨が降りません」と。そして、これをさらにさかのぼって、近代の日本語における様相を調査・考察することは、まことに意義深いことと言ってよい。その時期には、否定の要素としては新旧の「ぬ」「ん」「ない」が数えられ、また、丁寧の要素としては「です」「ます」があって、その組み合わせが複雑になるからである。個々の具体的使用については、本書の各章に就いていただきたいが、なぜ本書のタイトルが単なる

「否定表現の研究」ではなく「否定表現構造の研究」になっているかが諒解されることであろう。

　氏が温厚篤実であることは、すでに述べた。そんな性格の人間でも、ときには、相手の言うことを否定せざるを得ないこともあろう。その否定の強さ・きつさをやわらげるもののひとつとして〈丁寧〉のカテゴリーがクローズアップされる。とすれば、氏の性格と研究の方向は、そういった〈丁重・丁寧〉といった、ひとと文法のカテゴリーを介在して深いところで通底しているのではないか、とも思う。このカンは当たっているだろうか。

　本書では、〈否定〉と〈丁寧〉の表現構造に加えて、さらに、〈テンス〉のような、ほかの文法カテゴリーとの関連にも言及していて、近代日本語における述語構造そのものを捉えなおす契機ともなっている。本書は、〈否定〉を始発としてはいながら、その射程は長く広く、今後の研究のための豊富な材料とアイディアを提供している研究書である。斯学の諸氏にも広く勧めつつ、氏にも、これを契機として、さらなる追究を長く続けていってもらいたいと切に思う。

　　2018年4月
　　　　　　　　　明治大学教授・日本近代語研究会会長　　小野　正弘

まえがき

　本書は、近代日本語の根柢となった江戸・東京語による文献を調査資料として、否定要素を含む表現構造を、その文法的形式と意味・機能の両面から考察することにより、近代における言語実態の一端を明らかにしたものである。
　「○○を否定する」と言うとき、そこには何かしらマイナスのイメージが想起される。たとえば「戦争を否定する」と言えば、「戦争」という事柄に対して、非としてマイナスの評価を下す、というふうに解釈ができる。しかし、「戦争」という行為自体をマイナスのものと見なし、それを打ち消すと解釈するなら、それは「否定」的なものを「否定」するということで「肯定」に近い意味、つまりプラスにもとれる。このように見ると、「否定」は「肯定」の反転したものとはなっても、マイナスとかプラスの価値判断は文脈とその解釈によって変わり得ることのように考えられる。
　この世の中の現実はいつも白黒で明確に分かれているのではなく、その中間にグレーの部分が圧倒的に多くの範囲を占めており、それがグラデーションで限りなく白に近いものから限りなく黒に近いものまで広がっている。そのような中で、あるところに「肯定」という基準を定め、それ以外の部分をすべて、その基準から外れるという理由で「否定」の範疇に含ませる。その意味で、「否定」は非常に大きな世界である。ポジに対するネガのように、「肯定」の反転した世界で「肯定」と対になるものもあれば、また他方では、必ずしも「肯定」と対にはならず、独自の存在感を示す、黙して語らぬ大海原のようなものもある。
　言語表現においても同じように、ある事態に対して、その動作・存在・状態・関係等のある側面を基準として、その基準以外の側面を表現するのが、まさに

「否定表現」なのではないかと考える。

　日本語では、何かを言い切ることをできるだけ回避し、やわらかい感じを与える効果を持つ「否定表現」が好まれて用いられる。日本語は文の構造上、肯否の選択による文末決定が重要である。「否定表現」は「肯定表現」に比べ否定辞でワンクッション置かれることで表現が婉曲的になり、結果的には意味を「肯定」へと導く際にも重宝される。例えば、肯定疑問で「こうしていただけますか。」と聞かれるよりも、否定疑問で「こうしていただけませんか。」と聞かれる方に慮りが感じられ、答える側からは明らかに心理的負担感が少ない。

　また、日本語の「否定表現」は、否定のスコープと焦点との関連で多義的に解釈できる。「家が三つあって、全部吹き飛ばされなかった。」という場合、三つとも吹き飛ばされることがなかっただけで、吹き飛ばされた家の数は0、1、2の3つの可能性が成り立つ(実際の「三匹の子豚」の話の中では三つのうち、わらで作った家、木の枝で作った家の二つが狼に吹き飛ばされ、レンガで作った家だけが吹き飛ばされなかった)。

　さらに、「否定表現」は、ある事態の非生起を述べるものとして機能する一方、ある出来事を、非生起の観点から述べるという表現論的な機能も持つ。たとえば、「彼女は黙って座っていた」に対する「彼女は一言も口にしないで座っていた」のような例である。そこに、アスペクト・テンス・モダリティ等のさまざまな文法カテゴリーが係わって、複雑な文法的構造体を形成するのである。

　本書は、このような極めて重要な言語表現のひとつである「否定表現」が、近代語でどのような変遷をたどって現代語にいたったのかという点に着目し、その始発点とも言うべき近世から近代にかけての江戸・東京語の否定表現について調査・考察した論考である。

　江戸末期から明治期にかけて、日本では政治的、社会的、文化的に大きな変動があった。そのような中で日本語も変遷を遂げ、現代語へと向かうベクトル上に過渡的性質を持つ近代語が存在した。近代語を経て現代語へと至るプロセスでは社会的な諸環境の外的影響を受けたが、内的な変化要因として言語主体に

よる取り組みもあった。言文一致運動はその代表例であるが、言語使用のプロである文学者や彼らの織り成す文学史からの従来の視点だけではなく、日本語学的な視点で文末表現の史的変遷過程にアプローチし、当時の人々の語感に寄り添って解析したことに本書の意義はあると考えている。そのような研究のため、現物として残存する厖大な近代語の原資料とともに、近年盛んになった原資料のデジタル化とその一般公開、各種コーパス資料の恩恵に与ることができたのは、研究者としてはとても幸運なことであった。

　本書に対して、諸賢より忌憚のない御批正、御教示を賜ることができれば幸甚である。

　　2018年3月26日

　　　　　　　　　　　　　　　　　　　　　　　　　　　　許　哲

目 次

巻頭言 ………………………………………………小野正弘 (1)
まえがき ……………………………………………………… (5)
凡 例 ………………………………………………………… (16)

序 章 ……………………………………………………… 1
1 研究目的 ……………………………………………… 1
2 分析対象 ……………………………………………… 2
3 調査資料 ……………………………………………… 2
4 本書の構成 …………………………………………… 5

第一部 近世後期から明治期にかけての否定表現の系譜

第1章 近世後期江戸語における否定表現 …………… 11
1 近世と江戸語 ………………………………………… 11
2 近世後期江戸語における否定表現についての先行研究 … 13
3 近世後期江戸語における否定表現の研究
  ──『仮名文章娘節用』………………………………… 15
  3.1 調査資料 ………………………………………… 15

3.2　全体の状況……………………………………………………… 16
　3.3　考察…………………………………………………………… 18
　　3.3.1　否定の連体形・終止形…………………………………… 18
　　3.3.2　否定の連用中止形………………………………………… 20
　　3.3.3　否定の仮定形……………………………………………… 21
　　3.3.4　否定の推量形……………………………………………… 24
　　3.3.5　否定の過去形……………………………………………… 25
　　3.3.6　否定の丁寧形……………………………………………… 26
　　3.3.7　その他……………………………………………………… 27
　3.4　まとめ………………………………………………………… 28

第2章　明治期東京語における否定表現…………………… 33
　1　明治期東京語の概観……………………………………………… 33
　2　明治期における否定表現に関する先行研究…………………… 35
　3　明治期における否定表現の認識
　　　　──アストン『日本口語文典』第四版（1888）……………… 36
　　3.1　はじめに……………………………………………………… 36
　　3.2　アストンと日本語文典……………………………………… 37
　　　3.2.1　アストンについて……………………………………… 37
　　　3.2.2　アストンの著した日本語文典について……………… 38
　　3.3　アストン以前の否定表現の認識…………………………… 39
　　3.4　アストン『日本口語文典』第四版に見る否定表現……… 40
　　　3.4.1　否定の意味を含む形式………………………………… 40
　　　3.4.2　否定形の語基　　カサ、タベ………………………… 41
　　　3.4.3　否定・現在・直説法　　カサヌ、タベヌ…………… 41

3.4.4	否定・過去	カサナンダ、タベナンダ	41
3.4.5	否定・条件	カサネバ、タベネバ	42
3.4.6	否定・仮定	カサズバ、タベズバ	42
3.4.7	否定・譲歩	カサネド、タベネド	42
3.4.8	否定・分詞	カサデ、カサズ、タベデ、タベズ	42
3.4.9	否定・形容詞	カサナイ、タベナイ	42
3.4.10	否定・命令	カスナ、タベルナ	43
3.4.11	否定・未来	カスマイ、タベマイ	43
3.4.12	否定形容詞		43

3.5 考察 ……………………………………………………………… 43
3.6 まとめ …………………………………………………………… 44

○資料　アストン『日本口語文典』第四版(**1888**)の翻訳
　　　　（「否定」に関する部分）……47

第3章　第一部のまとめ …………………………………… 67

第二部　否定表現構造における否定要素と文法カテゴリー

第4章　丁寧体否定形マセヌからマセンへの交替 …… 73

1 はじめに …………………………………………………………… 73
　1.1 テーマ設定の理由 ………………………………………………… 73
　1.2 否定表現についての先行研究 …………………………………… 74
　1.3 調査資料 …………………………………………………………… 76
　1.4 分析の方法 ………………………………………………………… 78
　1.5 用例数 ……………………………………………………………… 79

2　丁寧体否定形のマセヌとマセン……………………………………… 79
2.1　江戸語におけるマセヌとマセン……………………………… 79
2.2　調査資料におけるマセヌとマセンの各形式………………… 81
2.3　ヤセンについて…………………………………………………… 82
2.4　マセヌとマセンの比較………………………………………… 85
2.4.1　作者の世代差…………………………………………… 85
2.4.2　作者の傾向と異なる形式の使用……………………… 86
2.4.2.1　主にマセヌを使用する作者がマセンを使用する場合…… 86
2.4.2.2　主にマセンを使用する作者、また、マセン・ヤセンを併用する作者がマセヌを使用する場合 …… 92
2.4.2.3　考察 …………………………………………… 97
2.4.3　音声的側面と一語化…………………………………… 98
2.5　小括……………………………………………………………… 100

3　文末での丁寧体否定表現…………………………………………… 100
3.1　「ませぬ。」と「ません。」、「ませぬか。」と「ませんか。」…… 101
3.2　「ませぬ。」と「ません。」……………………………………… 101
3.2.1　「ませぬ。」………………………………………………… 101
3.2.2　「ません。」………………………………………………… 104
3.2.3　考察……………………………………………………… 107
3.3　「ませぬか。」と「ませんか。」………………………………… 108
3.3.1　「ませぬか。」……………………………………………… 108
3.3.2　「ませんか。」……………………………………………… 109
3.3.3　考察……………………………………………………… 110
3.4　小括……………………………………………………………… 111

4　まとめ………………………………………………………………… 111

第5章　丁寧体否定形マセンとナイデスの併存 …… 143
1　現代語のマセンとナイデス …… 143
2　テーマ設定の理由 …… 144
3　ナイデスについての先行研究 …… 145
4　調査対象 …… 146
5　調査結果と分析 …… 147
5.1　漱石作品以外における例 …… 147
5.2　漱石作品における例 …… 149
5.2.1　全体の概観 …… 149
5.2.2　後接環境 …… 150
5.2.3　前接環境 …… 153
6　まとめ …… 157

第6章　複数の否定要素を含む述語部の構造 …… 161
1　複数の否定要素からなる述語部構造の特質
　　――二葉亭四迷『浮雲』 …… 161
1.1　はじめに …… 161
1.2　調査資料 …… 162
1.3　否定要素相互の関係についての考察 …… 162
1.3.1　形式上の問題 …… 162
1.3.2　意味上の関係性 …… 167
1.3.2.1　肯定に近い意味になるもの …… 167
1.3.2.2　否定の意味になるもの …… 169

        1.3.2.3　新しい意味が付与されるもの ································ 170
      1.3.3　考察 ·· 173
    1.4　文法カテゴリーの複合 ·· 175
    1.5　まとめ ·· 175

  2　述語部否定構造の文法化──尾崎紅葉『金色夜叉』 ············ 177
    2.1　はじめに ·· 177
    2.2　調査資料 ·· 177
    2.3　形式上の問題 ·· 178
    2.4　述語部否定の文法化 ·· 184
      2.4.1　文法化された形式 ·· 184
      2.4.2　述語部の中心述語 ·· 187
      2.4.3　当為表現 ·· 190
      2.4.4　文法化と連動する要素 ·· 192
    2.5　まとめ ·· 194

第7章　否定表現構造と文法カテゴリー ······················ 197
  1　述語部否定構造における文法カテゴリーの結合
　　　　──若松賤子訳『小公子』 ································ 197
    1.1　はじめに ·· 197
    1.2　分析対象 ·· 198
    1.3　調査資料 ·· 198
    1.4　述語部否定構造における文法カテゴリーの実現 ······················ 202
      1.4.1　全体的な様相 ·· 202
      1.4.2　推量を含む形式 ·· 204
      1.4.3　可能を含む形式 ·· 206

  1.5 考察 ……………………………………………………………… 207
  1.6 まとめ …………………………………………………………… 207
 2 若松賤子の翻訳における
   「丁寧・否定・過去」からなる述語部の構造 ……………… 209
  2.1 はじめに ………………………………………………………… 209
  2.2 調査資料 ………………………………………………………… 209
  2.3 調査結果 ………………………………………………………… 211
  2.4 英語原文との対比 ……………………………………………… 220
  2.5 述語部構造の文法的意味 ……………………………………… 222
  2.6 「丁寧・否定・過去」の諸表現の生成 ……………………… 225
  2.7 マセンカッタの表現価値とデス ……………………………… 227
  2.8 おわりに ………………………………………………………… 228

第8章 第二部のまとめ ……………………………………………… 235

終　章 …………………………………………………………………… 241

 1 結論 ………………………………………………………………… 241
  1.1 時代背景と言語の推移 ………………………………………… 242
  1.2 否定表現の認識 ………………………………………………… 242
  1.3 丁寧体否定表現の使用状況 …………………………………… 243
   1.3.1 「丁寧・否定・現在」の表現 ………………………… 243
   1.3.2 「丁寧・否定・過去」の表現 ………………………… 244
  1.4 述語部否定構造の諸形式 ……………………………………… 245
 2 今後の課題 ………………………………………………………… 246

参考文献 …………………………………………………… 249
あとがき …………………………………………………… 257
索　引 ……………………………………………………… 261

凡　例

1) 見出しは、「3.1…」のように数字を用いて示す。それらの数字は、前から「節．項…」の順となる。
　　　例：「3.1」→「(当該章の) 第3節 第1項」
2) 表、図は章ごとに通し番号をつけ、「表1-2」のように示す。それらの数字は、前から「章-表(図)の通し番号」の順となる。
　　　例：「表1-2」→「第1章の第2番目の表」
3) 用例は節ごとに通し番号をつける。
4) 用例に付する下線は、断りがない限り、筆者によるものである。
5) 発話文の用例を示す際には、用例の後に「発話者→受話者」を
　　（　）内に示す。
6) 注はすべて章末注の形式を取り、章ごとに通し番号をつける。

序　章

1　研究目的

　日本の歴史における「近代」は明治期に始まると一般的に言われるが、社会の近代化の萌芽は、西洋との接触により、明治維新以前の江戸時代末期(幕末)にはすでにきざしていたと考えられる。
　日本語の歴史における「近代語」も、広義には室町時代(1336-1573)以降、狭義には明治新政府の成立する1868年に始まり、太平洋戦争の終結する1945年まで、もしくは国定教科書の使用されていた1949年までをその範囲として、引き続き現代語へとつながっていくものとされている。
　日本語の歴史的推移を考察する上で、幕末から明治期にかけての半世紀は、特に重大な意義を持つ時期である。それは、近世から近代への大きな政治的・社会的・文化的変動が背景となり、日本語において、画期的な大きな変化がもたらされたからである。その変化の外的要因の主たるものには、身分制度の崩壊、廃藩置県、教育の普及、西洋文化の影響等があり、この時期に江戸・東京語を基調とする近代語は、中央集権的な近代国家日本の全国、全階層の人々に通用する標準語(国家語)的な性格を帯びて普及されていくようになる。
　本書は、そのような近代日本語の根柢となった江戸・東京語による文献を調査資料として、否定要素を含む表現構造を、その文法的形式と意味・機能の両面から研究することにより、近代における言語実態の一端を明らかにすることを目的とする。

2　分析対象

　否定とは、ある対象や状況が、その人の持つ予想からはずれていたり、意識の中の基準とは反対の状態にあるという判断を示す表現である。予想や基準どおりの判断は肯定として表現される[1]。また、否定は、事態や性質、動作が成立しなかったり存在しなかったりするときにも用いられる[2]。

　日本語の否定には、「ぬ」「ない」という有標形式を付けて叙述内容を打ち消す文法的な否定があり、それは述語部の形態によって表される。また、語彙的な否定もあり、否定を意味する漢語接頭辞「非」「不」「未」「無」などを語中に含むものと、語義そのものが否定的な意味である場合などがある。

　日本語の肯定に属する種々の表現についての研究は数多く見られるが、否定表現に注目し、その構造を成す文法的形式と、否定が持つ意味・機能を関連付けて考察を行なうという観点からのものは、近代語研究ではこれまでにそれほど見られなかったようである。本書は、そのような観点から行なった研究である。

　本書における「否定要素」とは、形容詞「ない」、ならびに、「ぬ」「ない」「まい」「まじ」等、用言に後接する否定の助辞を総称したものであり、「否定表現」とは、それらの否定要素が、用言ならびに体言と関与した表現である。また、「述語部」とは、中心となる述語に助辞が後接する構造体全体を指し、文の主節と従属節、重文の途中にある述語部を分析の対象とする。

　本書では、「打消」という用語を「否定」という用語に読み替えて同義で使用する場合がある。例えば、先行研究について言及する際などに、その研究を行なった研究者は「打消」という用語を使用していたとしても、本書においては、筆者の使用する「否定」という用語に置き換えて述べる場合があるということである。

3　調査資料

　本書では、研究目的に合致し、分析対象を考察するのに適切な、信頼性の高い資料をテキストとして扱うよう心がけた。

第一部では、先行研究に依拠しながら研究を進め、江戸語については人情本『仮名文章娘節用』を、東京語については明治期の外国人による文典として、William George Aston の "A Grammar of the Japanese Spoken Language" (1888)(アストン『日本口語文典』第四版(1888))を調査資料とした。
　人情本『仮名文章娘節用』は、天保2(1831)～5(1834)年に刊行され、江戸語研究のための重要な資料とされる人情本の中でも、特にその資料的価値が認められたものである。作品では、武家の家族と江戸町人が主要な登場人物であり、武家の家庭を描く場面が多く、話し言葉の中には、遊里以外での男女の会話や、遊女ではない市井の女性同士の会話などもあって、他の文学作品には見られない語法上の特徴も表れている。テキストとしては、鶴見人情本読書会で翻刻した『仮名文章娘節用』(前編・後編・三編)(『鶴見日本文学』2・3・4号、1998・1999・2000)を使用した。この翻刻は、底本と翻刻方針が明確にされており、諸本との校合もなされ、日本語研究をする上では、現在まで行われた翻刻の中で最も信頼できる、調査に値する本文であると判断した。
　英国人であるアストンについては、幕末・明治の日本語に話しことば(spoken language)と書きことば(written language)の区別のあることを認め、それぞれの文典を著して語法を説明したことが特筆に値する。当時にあっての話しことばは、言語が変化していく最前線に位置づけられるものであり、アストンはその部分に焦点を当てて記述を行なったことになる。これらの成果は、アストン以降の研究者にも多大なる影響を及ぼした。『日本口語文典』第四版は、東京語の話しことばに配慮がなされながら、書名はもちろん、内容もそれ以前の第三版から大いに手が加えられており、明治東京語の実態を知るための資料として、価値あるものの一つと言える。
　第二部では、明治期の文学作品(翻訳も含む)を調査資料とした。
　19世紀後半の東京語について研究するための言語資料は、その量の厖大さとジャンルの多様さにおいて、それ以前とは比較にならないほど豊富である。その中でも、当時の人々の言語使用の実態を写したと想定される、発話文を含む文学作品について調査を行なった。

作品を選択する上では、江戸・東京出身者を作者とするもの、さまざまな階層の登場人物のあるものを中心とした。また、言文一致の作品については、発話文とともに地の文も適宜考察の対象とした。
　以下、調査資料(全46作品)の一覧を示す。

　　仮名垣魯文　『[万国／航海]西洋道中膝栗毛』(初編〜第十一編)(明3-5)、
　　　　　　　　『[牛店／雑談]安愚楽鍋』(明4-5)
　　河竹黙阿弥　『東京日新聞』(明6)、『富士額男女繁山』(明10)、
　　　　　　　　『人間万事金世中』(明12)、『島衛月白浪』(明14)
　　高畠　藍泉　『怪化百物語』(明8)
　　三遊亭円朝　『業平文治漂流奇談』(明18)、『歐洲小説黄薔薇』(明18)、
　　　　　　　　『西洋人情話英國孝子ジョージスミス之傳』(明18)
　　坪内　逍遥　『[一読／三歎]当世書生気質』(明18-19)、『小説外務大臣』(明21)
　　若松　賤子　『世渡りの歌』(明19)、『まどふこゝろの歌』(明20)、
　　　　　　　　『優しき姫の物語』(明20)、『忘れ形見』(明23)、
　　　　　　　　『イナック、アーデン物語』(明23)、『小公子』(明23-25)、
　　　　　　　　『わが宿の花』(明25-26)、『人さまざま』(明25)、『雛嫁』(明25)、
　　　　　　　　『おうな』(明26)、『ローレンス』(明26)、『黄金機会』(明26)、
　　　　　　　　『アンセルモ物語』(明26)、『セイラ、クルーの話』(明26-27)、
　　　　　　　　『いわひ歌』(明26)、『淋しき岩の話』(明27)、
　　　　　　　　『勇士最期の手帋』(上)(明27)
　　二葉亭四迷　『浮雲』(明20-22)
　　依田　学海　『政党美談淑女の操』(明21)、『政党餘談淑女の後日』(明22)
　　三宅　花圃　『藪の鶯』(明21)、『八重桜』(明23)
　　尾崎　紅葉　『多情多恨』(明29)、『金色夜叉』(明30-36)
　　夏目　漱石　『吾輩は猫である』(明38)、『坊っちやん』(明39)、『草枕』(明39)、
　　　　　　　　『野分』(明40)、『虞美人草』(明40)、『坑夫』(明41)、『三四郎』(明41)、
　　　　　　　　『それから』(明42)、『門』(明43)、『彼岸過迄』(明45)

4　本書の構成

　本書は、序章、第一部(第1〜3章)、第二部(第4〜8章)、終章から構成されている。
　序章では、本書の研究目的、分析対象、調査資料、構成について述べる。

　第一部では、近世後期から明治期にかけての否定表現の系譜について通観する。
　第1章では、近世後期江戸語における否定表現について見る。近代以前の「近世」という時代と「江戸語」について概観するのは、江戸語が東京語の基礎になったという事実に鑑み、近世から近代へ、江戸語から東京語へという通時的視点を確保するためである。そして、近世後期江戸語において否定表現がどのような様相を呈していたのかを先行研究をもとに整理する。そして新たに、人情本『仮名文章娘節用』の信頼しうるテキストを資料として否定表現の調査を行なう。
　第2章では、明治期東京語における否定表現について見る。第1章で見た近世後期江戸語との関係性に留意しつつ、「明治」という時代と「東京語」について概観し、明治期東京語における否定表現についての先行研究を確認する。また、明治期における否定表現の認識を、アストン『日本口語文典』第四版(1888)をもとに見る。英米の研究者が著した日本語に関する文典や会話書は、日本語を外からの視点という別角度から照射し、従来の観察では言及されなかった新しい結果を提供するもので、明治期東京語の実相を知る上で大変有益な資料となる。
　第3章では、第一部のまとめとして、近世後期江戸語と明治期東京語における否定表現について概括する。

　第二部では、明治期東京語の否定表現構造における否定要素と文法カテゴリーについて考察する。
　第4章では、明治前期に丁寧体否定形のマセヌがどのようにマセンへと推移していったのかを、当時の人々の言語使用の実態を写したと想定される、口頭語相当の発話文を含む文学作品を対象に考察する。その際に、近世から受け継がれ、

この時期に衰退しつつあった江戸語と比較したとき、この時期の語法や表現において顕著であった「分析的傾向」と「複合辞の発達」の観点から分析を試みる。

第5章では、明治後期において、丁寧体否定形のマセンとナイデスがどのように併存し、使用されていたのかを考察する。丁寧体否定形のナイデスは、明治期以後のデスの伸張とともに出現し、使用されていったものと考えられる、比較的新しい形式である。ここでは、明治後期に発表された夏目漱石の小説を資料として、ナイデスという形式が、明治東京語において一般化されたと考えられる比較的早い時期の実態を調査し、マセンとの相互関係を考察する。

第6章では、明治期の言文一致体の文学作品である二葉亭四迷『浮雲』を取り上げ、一述語部内における複数の否定要素の形式と意味について考察する。また、尾崎紅葉『金色夜叉』を資料として、複数の否定要素を含む述語部構造を分析し、通時的な視点に立って、述語部における否定要素を含む複合辞を、文法化の程度に焦点をあてて階層化を試みる。

第7章では、述語部否定構造における文法カテゴリーの結合について見る。『小公子』をはじめとした若松賤子の翻訳作品を調査対象とし、「丁寧・否定・過去」からなる述語部の諸形式がどのように併存していたのか、その実態を確認し、それらの諸形式がマセンデシタへと統合されていった経緯を追求する。具体的には、若松賤子が英語の翻訳文において、「丁寧・否定・過去」の述語部諸形式をどのように使い分けていたのか、なぜ若松が多用していたマセンカッタは衰え、マセンデシタへと次第に移行していったのかを、述語部の構造におけるマセンカッタの表現価値という点を通して明らかにする。

第8章では、第二部のまとめとして、否定表現構造における否定要素と文法カテゴリーについて概括する。

終章では、本書の結論と今後の課題について述べる。

注
1) 森田(2007:80)。
2) 日本語記述文法研究会編(2007:249)。

第一部

近世後期から明治期にかけての否定表現の系譜

第1章　近世後期江戸語における
　　　　否定表現

1　近世と江戸語

　日本の歴史における「近世」は、政治史的な江戸時代と同一にとらえて、慶長8(1603)年の江戸幕府の樹立に始まり、「近代」として区分される明治元(1868)年の王政復古以前までを含む時代とするのが通説である。したがって、江戸時代の言語を「近世語」としてもいいのであるが、日本語史における「近世」の上限をどの時点にするのかについては諸説[1]ある。
　一方、全体としては、宝暦年間(1751-1764)ごろを境として江戸時代は前期と後期に分ける。前期は上方語が標準的な言語として勢力を持つが、後期は東国語を基盤とした江戸語が、上方語と並び、また追い抜いて、上方語以上の勢力を持つようになる。したがって、「近世語」という術語は「近世という時代の言語」という意で使用し、その前期では、優勢であった上方語、後期では、その勢力が上方語より上まわっていくようになった江戸語に代表させようとする。
　上方語が優勢であった近世前期における江戸語については、その時期には勢力が弱く、僅かな東国資料しか残存していないという事情から、現在までにその実態がすべて明らかにされているとは言い難い。
　江戸語には、「江戸に発達した言語」[2]として、江戸言葉、江戸弁、江戸方言等、地域に限定した言語としての意味もあるが、ここでは、政治、経済、文化のあらゆる面で、名実ともに全国の中心の都市として発達する中で、近世後期に至って、全国で通じる共通語的な性格を持っていた言語を想定する。したがって、本書では「江戸で話されていた言葉の中で最も広く通用し、その主流をなす

江戸の共通語で、近世後期、上方語と共に文字を持つ中央語として、標準語的地位にあった言語」[3]という定義に従う。

その江戸語についての時期区分としては、資料を中心として見た吉田(1952)のもの(図1-1)が有名である。

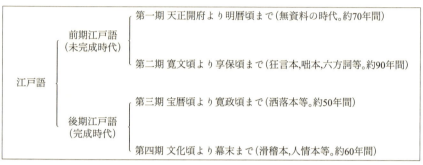

図1-1　吉田(1952:22)

図1-1では江戸語を「江戸語を使用した文学」の現れる宝暦頃を境に大きく二分し、それ以前を前期江戸語(未完成時代)、それ以後を後期江戸語(完成時代)とする。そして、それぞれの時期の主たる資料の性格により、前期を明暦・寛文で第一期と第二期に分け、後期を寛政・文化で第三期と第四期に分ける。この区分はあくまでも、江戸語による文学作品の出現をもって、江戸語の成立と見なすという前提でのものなので、江戸語そのものの言語による区分ではないという点には留意する必要がある。

江戸語は、身分・階層、性別、職業により多面的な性格が見られる。江戸時代まではまだ身分社会で、その身分は、武家と町人の階級的対立、上層と下層という階層的対立の四項によって捉える必要があるとされる。江戸語の中における武家言葉と町人言葉をどのように捉えるのかという問題では、両者とも江戸語の内部構造として認められ、両者の交渉が江戸の言語生活における重要な側面と考える方向に研究は進んでいる。男女別には自称詞や待遇表現、終助詞などに差が見られる。職業による言語には、遊女語(遊里語、廓言葉)等がある。

小松(1985)では、江戸語には身分・階層による言葉の相違があるので、それに即して江戸語の形成を三つの過程に分けて考える。

　第一次形成は武家の言葉に関するもので、寛永期(1624-1644)に武家の江戸集住が進み教養も高まるという条件と、幕藩体制の要請する聴覚的表現という外的要因、武家公用語の必要性という内的要因から、武家言葉が形成されたとする。

　第二次形成は江戸共通語に関するもので、江戸の方言雑居状態を脱して、一つの有力な言語を徐々に通行させ、やがてこれを江戸共通語にしていき、その担い手としては、武家とともに町人も参加し、おそくとも明和期(1764-1772)には形成されたとする。

　第三次形成は江戸訛に関するもので、主として下層町人が特徴的な諸形式を形作っていき、同時にそれらが非下層にも浸透してゆく過程を経て、明和(1764-1772)から文化・文政期(1804-1830)頃に江戸語の前面に押し出されていったとする。

　以上で見たように、近世における江戸語の変遷は上方語的要素の漸減傾向、東国語的要素の漸増傾向として捉えられること、また、江戸語には諸相のあることが確認できる。

2　近世後期江戸語における否定表現についての先行研究

　近世後期江戸語の語法研究において、小田切(1943)は「江戸語の実証的研究の最も早いものの一つ」[4]である。江戸語の本質を「東国語と上方語とを父とし母として、生れた混合語」であるとしながら、明和期(1764-1772)を「江戸語の源流として遡り得る最上限」となる「江戸語の出発点」、つまり上方的傾向が大きく衰退して江戸語が主流となった時期だとしている。そして、否定表現ナイとヌの対峙について洒落本を中心に調査し、否定表現に限っては明和期において、上方的なヌは比較的改まった上品な物言いで、江戸時代の各層にわたって使用されて勢力が強く、一方で東国語的なナイは下層社会において多く用いられたが、全般としては勢力が弱かったと述べている。明和期の否定表現においては、東国語的傾向の方が弱かったということである。

湯澤(1954)は、日本語の通史の一部分としての江戸語について考察し、江戸に行なわれた口語の概観を明らかにした大著である。江戸の小説、歌舞伎脚本、落語等の用語を観察し、否定の助動詞ナイ・ヌ・ナンダの活用と接続について、実例を挙げながらその語法を考察している。

　中村(1959)は、江戸語における打消(否定)表現の「ぬ(ん)」と「ない(ねえ)」との関係を、『春色梅児誉美』、『浮世風呂』、『花暦八笑人』を調査資料として、地の文と会話文を分け、会話文は登場人物別に整理し、性、年齢、階層、教養などの差異と、登場人物の関係にも着目して詳細な考察を行なっている。そして、関西(上方)的要素の衰退という面では、「ぬ」の終止形用法の衰退が見られ、一方で未然・連用の「ず」は高い頻度で用いられていること、東西対立は「ぬ」と「ない」ではなく「ぬ」と「ねえ」としてあらわれること、「ない」の一活用形「なかっ(た)」は「ねえ」とはちがって比較的高い層にその使用者を持っていたことを明らかにした。

　武井(1965)では洒落本の口頭言語における「ぬ」系列と「ない」系列を比較して考察した。そして、終止・連体形の用法では「ない」が「ぬ」よりも優勢であり、それ以外では「ぬ」系列に属する形式がより勢力を持っていたということを明らかにした。

　坂梨(1973・1995)では、近松世話物をもって、近世上方前期の打消表現を「ぬ・ず・いで」、「ない」にしぼって考察している。また、江戸後期の打消表現を『浮世風呂』、『浮世床』、『梅暦』[5]等から考察し、打消の助動詞「ない」が形容詞「ない」の活用に倣ってその活用形を揃えていったこと、本来は「動詞＋打消」であってそれが形容詞としての性格を帯びるようになったイケナイ・スカナイ・ツマラナイなどの諸語がそのような動きを進める要因の一つとして働いたのではないかということを述べている。

　否定表現も含めた、江戸時代の語法についての概説的な文章としては、上方語を扱った坂梨(1987)、近世後期語・江戸語を扱った原口(1981)、小松(1985)等が、明治期まで続くヌ系とナイ系の相克関係を中心に述べ、また「否定・過去」については江戸語においても上方語的なナンダが用いられたことを確認している。江戸語におけるヌ系からナイ系への変遷については湯浅(2001)もある。

その他、古田(1993)では『東海道四谷怪談』、中沢(2006・2008)では『浮世風呂』、『浮世床』、『春色梅児誉美』を調査資料としており、また、明治期の文学作品における江戸語的性質を考察した小松(1973)、飛田(1974)など、個別作品を調査資料とした否定表現の研究も数多く見られる。

3 近世後期江戸語における否定表現の研究
―『仮名文章娘節用』

　日本語の歴史の中で、近世後期における江戸語の台頭により、中央語であった京阪語との間に拮抗関係が生まれ、両者の地位が徐々に交替していき、明治維新後には、政治・文化の中心となった近代国家の首都東京(江戸から改称)の言語が全国に普及され、東京語が標準語としての地位を確立していったことは周知の事実である。

　現代日本語の基調をなしているのがまさに明治東京語であるが、近世末期江戸語との間には時代的にも、地域的にも、言語の質においても連綿としたつながりが存在している。江戸語が標準語(国家語)の基調となる「明治東京語の母胎」[6]と言われる所以がここにあり、そのようなことから、現代語の形成・確立に影響を及ぼす明治東京語の運用実態の萌芽を、近世後期江戸語に求めるのは妥当なことであろうと考える。

　本節では、明治東京語における否定表現の研究を視野に入れつつ、語史的にはそれとの連続性が認められる近世後期江戸語において、否定表現が用法別にどのような形式をもって実現されたのかを、人情本[7]『仮名文章娘節用』を資料として明らかにする。

3.1　調査資料

　人情本『仮名文章娘節用』(以下、『娘節用』と略記)は、天保2(1831)年から同5(1834)年にかけて刊行され、作者とされる曲山人(生没年未詳)が補綴したものである[8]。洒落本・滑稽本とともに、江戸語研究において重要な資料として扱

われる人情本の中でも、『娘節用』は日本語研究において特に資料的価値が認められ、そのことについてはすでに先行研究でも指摘がある[9]。『娘節用』は、武家の家庭を描く場面が多く、武家の家族と江戸町人が主要な登場人物であり、話し言葉の中には、遊里以外での男女の会話や、遊女ではない市井の女性同士の会話などもあって、他で見られなかった語法上の特徴も表れる。本節ではそのような語法の中で、「否定表現」に焦点をあてて考察を進める。

テキストとしては、鶴見人情本読書会で翻刻した『仮名文章娘節用』(前編・後編・三編)(『鶴見日本文学』2・3・4号、1998・1999・2000)を使用する[10]。この翻刻の底本は、流布本に属する無刊記三冊本『仮名文章娘節用』(斧政文庫蔵)であり、印刷不鮮明の箇所等を、同版と考えられる数本の『仮名文章娘節用』で補っている。『娘節用』はこれまでにも幾度か翻刻がなされているが、底本と、それに伴う本文の異同(例えば、振り仮名の扱いなど)の根拠が不分明で、いまだ十分信頼するに足る本文はなかったとされる[11]。鶴見人情本読書会の翻刻は、底本と翻刻方針が明確に示されており、諸本との校合もなされ、日本語研究をする上では、現在まで行われた翻刻の中で最も信頼できる、調査に値する本文であると判断される。

3.2 全体の状況

『娘節用』において、否定表現の意味別諸形式がどのように使用されているのかを、表1-1に示す。

表1-1は、上段から「否定・連体形／終止形」、「否定・連用中止形」、「否定・仮定形」、「否定・推量形」、「否定・過去形」、「否定・丁寧形」、「当為」となっている。「当為」は意味としては「否定」にならないが、形式として否定の助動詞が含まれるので一緒に取り上げた。また、それぞれのカテゴリーの中の諸形式の「前編」、「後編」、「三編」での使用度数とその合計を示している[12]。

「否定・推量形」、「否定・丁寧形」の部分を除き、表の左半分をヌ系、右半分をナイ系で並べてみたが、全体的には右側(112例)よりも左側(554例)の方が多いのが見てとれる。つまり、『娘節用』の中で用いられた否定表現は、ナイ系よりも

表1-1 『仮名文章娘節用』における否定表現

		ヌ系	前編	後編	三編	計	ナイ系	前編	後編	三編	計
否定・連体形・終止形	ヌ		63	59	61	183	ナイ		1	16	17
	ズ		47	29	39	115	ネエ・ネヘ	30	29	19	78
	ザル		2	1	2	5					
	デ		2	1	1	4					
否定・連用中止形	ズニ		9	5	7	21	ナフ			1	1
	ズト		4	2	3	9	ナイデ・ネヘデ	1	1	1	3
	ネド		7	2	6	15					
否定・仮定形	ネバ		14	11	3	28	ナケリャア	1	1	1	3
	ズハ		1	1	1	3	ナバ			1	1
	ズバ				1	1	ナイデモ			1	1
	ザレバ			1		1					
	ザリケレバ		1			1					
	ズモ			1	1	2					
	ズトモ		4	2		6					
	ネドモ		1	2		3					
否定・推量形	ジ			4	3	7					
	マジ		1			1					
	マイ		7	11	12	30					
	メヘ		5	5	1	11					
否定・過去形	ザリケリ			1		1	ナンダ	3	1	2	6
	ザリキ				1	1	ナカッタ			1	1
否定・丁寧形	マセヌ		6	7	2	15					
	マセン		24	32	23	79					
	セン		5			5					
	マセズ		1			1					
当為	ネバナラヌ		2	1	3	6	ナケレバナラヌ	1			1
	合計		206	178	170	554	合計	36	34	42	112

第1章 近世後期江戸語における否定表現 —— 17

ヌ系の方が数量的には優勢であるということがわかる。

　一般的に、天保期以後の人情本では完成された江戸語の姿が見られるとされ、否定の助動詞におけるヌ系とナイ系の関係は、上方語（江戸時代前期）と江戸語（江戸時代後期）とによる日本語の東西対立の指標とされてきた。そうであれば、当然、江戸末期の資料ではナイ系が優勢になることが予想されるのだが、『娘節用』では逆の傾向を示している。これは『娘節用』に登場する武家の家族や市井の町人など、主要人物たちの属性に関連したものと考えられ、否定表現においても、上層の人々の中では上方系の言い方が主に選択されていたものとして描かれている[13]。

　次に、否定表現の各形式を用法別に用例[14]を挙げながら考察する。

3.3　考察
3.3.1　否定の連体形・終止形

　否定の助動詞ヌ系とナイ系のそれぞれの連体形、終止形の使用度数を表1-1から見ると、「ヌ」183例、「ズ」115例、「ザル」5例、「デ」4例、「ナイ」17例、「ネエ・ネヘ」78例となっている。ヌ系とナイ系を比較すると307例対95例で、ヌ系が3倍以上となる。ナイ系の中で見ると、訛形の「ネエ・ネヘ」が「ナイ」の約5倍ある。

#1　もちろん文之丞はじめおぬしまでも。かくしてはゐるなれど。お龜とやらいふ容兒よき娘を。親しらずにもらふてそだてあげ。たがひに兄弟のやうにして。にくからぬ中であつたとや。そのお龜でも側にゐたら。又まぎれにもならうけれど。それとても行がたしれず。生死のほどもわからぬと。　　　　　　　　　　（白翁→金五郎[15]、後編115）

#2　白翁はじめ家内の者も。金五郎がこの頃にては。急にうつて變りしごとく。夜あそびにも出ざるゆゑ。さては身持の直りしかと。よろこぶものゝいつとても。何か心に案じ顔。屈宅らしくふさぐのを。見るにつけ又白翁は。……　　　　　　　　　　　　（地の文、三編132）

#3　あぢきなき世とうちかこち。一日二日とおくれども。夜の目もあはさで
　　案じ事。行すへしかたおもふてみれば。よく〳〵幸なきうまれにて。
　　親にはおくれ姉にはわかれ。たよりさへなき身の因果。

(地の文、前編264)

　＃1は、白翁(もと斯波家家臣、仮名屋文字之進。家督をお雪の父、次男文次郎に譲り、隠居してこのように名乗る)から、文次郎の次に家督を継がせるため、その養子とした孫の金五郎への発話である。白翁は旧世代に属する老人で、否定形はすべてヌ系で統一されており、上方系の語法を選択していることが見てとれる。＃2は連体形「ザル」の例であるが、「ザル」は5例すべて地の文での使用である。＃3は「デ」の例である。

#4　紫「ナニサわたしのはほんの當分の事。モウさつはりと心よいヨ。ほん
　　に金ぼうよくお出だネ。ちつと見ないうちに大きくお成だぞ。目つき
　　や口もとがおとつさんに生だねへ　　　　　(紫雲→小三、三編109)

#5　金「うたぐりやアしねへけれど。虚らしいいひやうだから。それが信実
　　まことならかならず短気を出さねへで。便りをするのを待てゐなよ

(金五郎→おかめ、前編261)

　＃4は「ナイ」の例文で、紫雲から小三への発話である。この二人は幼い頃離れ離れになって育ち、再会した姉妹である。紫雲はもと「お鶴」といい、里親にだまされ芸者となって「まな雀」と名乗るが、富家の隠居に愛され、そして死別し、その後尼になって「紫雲」と改名する。表1-1では前編0例、後編1例であった「ナイ」が三編で16例に増えているが、発話者は紫雲、小三、お雪(金五郎の妻)、お雪の母という、遊里以外の女性たちと金之介(金五郎と小三との間の息子)である。新しい形式のナイ系が女性と子どもによって使われているのは注目に値する。＃5は兄弟のように育ち、お互い想い合いながらも別れざるを得ない金五郎

第1章　近世後期江戸語における否定表現 ―― 19

とおかめ(後の「小三」)の会話で、金五郎は親しい間柄の相手と打ち解けて話し合う場面で訛形「ネヘ」を用いている。

3.3.2 否定の連用中止形

否定の連用中止形を見ると、ヌ系では「ズニ」21例、「ズト」9例、「ネド」15例あり、ナイ系では「ナフ」1例、「ナイデ・ネヘデ」が3例あった。

現代語では、否定の連用中止形は「ズ」が一般的で、「ナク」は使用されなくもないが、どちらかといえば規範的ではないと考えられている。近世後期の人情本による今回の調査では、ヌ系が45例に対してナイ系が4例と、その傾向がより顕著になっている。＃6は「ズニ」、＃7は「ズト」、＃8「ネド」の一例である。＃7の話し手である佐介は、若い料理番である。

＃6　「コウ小さんとやらなぜ迯る。氣障な客だからきに入らねへか。きざならきざでいゝけれど。ものもいはずにそしらぬふりは。見わすれたのか見くびつたかよもやわすれはしめへがの。未練が殘つて来たのじやアねへ。聞ことかあるあるから下にゐろ　　（金五郎→小三、前編283）

＃7　佐介「そんな事をおいひなさらずと。ちよつと一ツおやんなせへ。ソレどゞいつどい〳〵なだべこ。ちやら〳〵。どんぶり鉢ア ういた〳〵
　　　　　　　　　　　　　　　　　　　　　（佐介→金五郎、後編145）

＃8　……それにひきかへわたくしは。恩と情を捨かねし。浮世の義理にせめられて。日陰に咲し仇花の。散てゆく身はいとはねど。まだ撫子もめばへにて。育てあげぬか一ツの気がゝり　　（小三→紫雲、三編116）

ヌ系に比べると少数ではあるが、ナイ系の例も以下に挙げる。

＃9　二ツには姉事は御存じの通りまことにたよりなき身のうへこれまでは

およばずながらもたがひに便りにいたしをり候へども末〳〵は猶〳〵たよりなき身にさふらへは何とぞ御見捨なふ御めをかけ被下候やうねんし上まゐらせ候　　　　　　　　　（小三の書置、三編146）

#10　せめておまへは人なみに。世を過てこそ両親が。草葉の影からおよろこび。かならず〳〵わたしが身を。うらやまないで金ぼうや。旦那を朝暮大切に。うき苦労をもしんぼうして末の栄へをたのしみに。時節をまつのが楽のたね。　　　　　　　　　（小三→紫雲、三編114）

#11　そんなことを苦にやまねへで。久しぶりだから。浮〳〵して。ちつとにつこりして見せな。　　　　　　　（金五郎→小三、前編301）

　#9は小三の書置(遺書)の一部で、「ナク」ではなく、書簡文に用いられた伝統的な言い方として音便形「ナフ」が使われている。作品全体を通じて連用中止形「ナク」の用例は見あたらなかった。#10は「ナイデ」の例で、紫雲との会話の場面での小三の発話であるが、実質的には息子金之介に向けられたことばである。#11は「ナイデ」の訛形「ネヘデ」の例で、金五郎が小三に使っている。

3.3.3　否定の仮定形

　否定の助動詞を含む仮定形は、ヌ系が8種類、ナイ系が3種類と、意味による分類の中ではもっとも多様な形式が用いられている。そのうち、ヌ系の「ネバ」が28例でもっとも多く、あとは「ズトモ」が6例、「ズハ」「ネドモ」、ナイ系の「ナケリャア」が各3例、「ズモ」が2例、「ズバ」「ザレバ」「ザリケレバ」「ナバ」「ナイデモ」が各1例となっている。

#12　金五郎は何心なく。見ればふしぎやすぎし頃家出して死したるおかめに。寸分違はぬ顔かたち。これは不思議とまたゝきもせず。見れば見るほど違はねは是もわが身の迷ひかと。思ひ直して見るものゝ。外

の女と思はれ<u>ねば</u>。もしや浮気なこゝろを出し男をこしらへこの廓へ。にげて来てゐることにやと。まはり氣すれば腹立しく。

（地の文、前編280）

#13　若旦那さまもお宿では。万事おぼしめすやうにもいかず。お心づかひもあそばしますから。ちつとづゝ御酒をあがら<u>ずは</u>。お気のはれやうがござりますまい。　　　　　　　　（うば→小三、後編147）

#14　年に不足のないわしが。長命せ<u>ずば</u>このやうに。かなしい泪はこぼさぬもの。なんの因果で生延たか。おもへば年が恨めしい

（白翁→紫雲、三編139）

#12のように「ネバ」は地の文で用いられるものがほとんどで、発話文で用いられているものは28例中3例のみである。テキストとして使用した『娘節用』の翻刻には、#12の「ねは」と「ねば」のように、濁点のあることが期待されるところにない場合も見られる。#13と#14の「ズハ」と「ズバ」は意味の違ってくる場合もある表現であるが、ここでの「ズハ」3例は、すべて「ズバ」と解釈するのが適切であると考えられる。#14は、七・五調の歌舞伎役者の声色を考えての言い方で、古い形のズバが用いられている。

#15　はやくつとめをひかせんとおもへど身請の金とゝのはねば是非なくみやこのこの父のかたへ刀もとむる金なりとていつわりて書状を送りしかどかの地で金とゝのふやそれさへ當になら<u>ざれば</u>とにかくに心安からず

（地の文、後編112）

#16　その明のあさおかめの居ざるを。見つけて文之丞家内の男女も驚きて。其処此処とさがせども。その行方しれ<u>ざりければ</u>。文之丞はつくゞ思ふに。……

（地の文、前編265）

#17 その夜は夜詰の番にあたりて。出る事さへならざるゆへ。心ならずもとやかくと。案じわびても詮方なく。明る夜遅しと待かねて。御殿より内へ帰りても。胸さわぎの常ならねば。食事さへせず着物を着かへ。青柳橋まで急ぎ来る足も空に飛がごとく。小三の許へ来りしは。やう〳〵日の出の頃なるべし。　　　　　　　　　（地の文、三編126）

#18 おかめ「そりやアモウあなたがおつしやらずとも海より山より御恩の深いおとつさんのおつしやることを。そむくこゝろはござりませんが。この夏ばかりはそむきます。たとへ妹伕のおゆるしみをうけずとも。あなたをのけて余の人に。添ますこゝろはござりません。
　　　　　　　　　　　　　　　　　　（おかめ→金五郎、前編254）

#19 たのみといふは茲の事。知つてるかはしらねども。金五郎はわしがためには。惣領むすこの一人孫。　　　　（白翁→小三、後編154）

#15は「ザレバ」、#16は「ザリケレバ」の孤例であり、両方とも地の文での使用である。#17は「ズモ」の例であるが、「ズモ」は2例とも「心ならずも」という慣用表現であった。#18は「ズトモ」、#19は「ネドモ」の例である。

#20 仲間の付あひそのほかも。時宜によつてはのつひきならねど。物事万うちばにして花にさそはれ月にうかれて女郎買なども三度に一度は。はづされなけりやア行がよいはさ。　　（文之丞→金五郎、前編258）

#21 うすき縁にしは前の世の。因果と思ひ定めなば。人をうらみ身をうらむ。よしなき罪はなきものをと。　　　　　　（地の文、三編92）

#22 姉となり妹と生れて来たからは力になつたりなられたりするのは。そりやアいはないてもしれた事。　　　　（紫雲→小三、三編121）

ナイ系の仮定は3形式、6例しか見られなかった。＃20は「ナケリャア」の例であるが、「ナケレバ」の形式では用例が見あたらなかった。＃21は「ナバ」、＃22は「ナイデモ」の孤例である。

3.3.4 否定の推量形

否定の推量形は「ジ」「マジ」「マイ」「メヘ」の4種類で、それぞれ7例、1例、30例、11例であった。ナイやヌに推量の助動詞を加えた複合形式は、本調査では見あたらなかった。

＃23　死んだ勧労の原はといへば、おれが片とき内にゐぬゆゑ。親に不孝といはせ<u>じ</u>と。その身を捨しこゝろねは。真実過てうらめしい。

（金五郎→紫雲、三編130）

＃24　アノ小さんこそ面ざしといひ。上がたから来たといへば。おかめによも相違はある<u>まじ</u>。真名雀にもうち明て。やうすを聞んと思ひしが。……

（庄吉→金五郎、前編282）

＃23は「ジ」の用例であるが、この例だけが発話文での使用で、それ以外の「ジ」6例はすべて地の文での使用となっている。＃24は「マジ」の孤例である。話し手である庄吉は、まな雀のいる茶屋、守田屋の主人である。

＃25　とても日かげで育つたこの子。すへ始終あなたの御家督をつぎますこともなります<u>まい</u>から。……御如才もござります<u>まい</u>が。六ツか七ツにもなりましたら。手ならひや読書も。教えてやつてくださいまし。

（小三→金五郎、三編98）

＃26　ヘン酒を呑ふがのむ<u>めへ</u>が。おれが口だから勝手だによ大きにお世話お茶でもあがれツ。

（金五郎→小三、後編135）

＃25は「マイ」、＃26は「メヘ」の用例であるが、ナイとネヘがそうであったように、[ai]は小三が、訛形の[eː]は金五郎が多用している。

3.3.5 否定の過去形

否定の助動詞の過去形「ナンダ」から「ナカッタ」への交替については、中村（1948）が通時的側面から、金田（1985）が位相的側面から、金澤（1999）が文法的側面から研究を行なっており、その他にもこれまでに多くの先行研究がある。今回の調査では「ナンダ」6例、「ナカッタ」1例、そして「ザリケリ」「ザリキ」が各1例見られた。

＃27　金「ハテおめへも疑ひぶかい今もくどくいふ通り。ちいさい時からひとつに育つて。あんまりかわいがられもし<u>なんだ</u>が。にくがられもしねへ中だにおめへをすてゝ真名鶴に見かへるこゝろがあるものか

（金五郎→小三、前編301）

＃28　金「ヘンあんまりよくも来ねへのよ。来るなといふから来ずに居れば。又うらむのかあきれるのふ。四五日おれが来<u>なかつた</u>から。うるさくなくつてよかつたらう。　　　　　　（金五郎→小三、後編143）

＃27は「ナンダ」、＃28は「ナカッタ」の用例である。話し手（金五郎）と聞き手（小三）は同じでありながら、両形式が使われている。「ナンダ」6例中、「ナンダ＋ガ」が3例、「ナンダ。」（言い切り）が2例、「ナンダ＋カラ」が1例で、「ナンダカラ」だけは話し手が小三であった。

＃29　はやくも二とせばかり立ども。猶不身持の止<u>ざりけり</u>。

（地の文、後編151）

＃30　紫雲は顔に袖おしあて。声くもらせつゝ金五郎に。小三がきのふのや

うすを語り。金の介の行ゑまでを。とにかく憑みて別れ路に。名殘の泪の尽ざりしも。斯いふ覚悟をきはめしゆゑ。情なやかなしやと歎くかたへに書置のありしをうばはとりあげて　　　（地の文、三編129）

＃29は「ザリケリ」、＃30は「ザリキ」の用例で、両方とも地の文で用いられている。今回の調査の結果、連体用法の「ザル」、否定・仮定の「ザレバ」「ザリケレバ」、否定・過去の「ザリケリ」「ザリキ」は少数例ながら、すべて地の文での使用であった。

3.3.6　否定の丁寧形

否定の丁寧形では、「マセヌ」15例、「マセン」79例、「セン」5例、「マセズ」1例であった。

＃31　小三「ヱヽなにも込入た事もござりませんから。あなたをばへだては致ませんが。余うつ〳〵として居ましたから。つい色々な事を案し過して。互にこしかた行末を。咄て果は泪をこぼし。ふさいでなりませぬからとろ〳〵と。少気を休めたのでござります。がわたくしよりはあなたのお顔。いつにないお色のわるさ。お心持でもお悪くはござりませぬか　　　　　　　　　　　　　　（小三→金五郎、後編169）

＃31で見るように、「マセン」は79例中「(ござり・ござい・ごぜへ)マセン」が33例、「なりマセン」が11例、「いたしマセン」が6例、「いけマセン」が4例、「ありマセン」が3例など、前接環境に偏りがあった。同じく「マセヌ」も「(ござり・ごぜへ)マセヌ」が7例であった。

＃32　小三「今さら実を申しましても。一旦お疑ひを受ましたれば。誠とは思し召まいがあなたにお別れ申てより。一日片時わすれませず。泣てはあかし哭てはくらし。いつそかなしい日をおくるも。……（小三→金五郎、前編287）

#33 まなづる「ヲヤ〲アノ子がかへ。どふもさういふやうすには見えいせん
ねへ。もしへさうぢやアおつせんかへ　　　（まな崔→目八、前編281）

　#32は否定・丁寧の連用中止法で、本調査における「マセズ」の孤例である。
#33は「セン」を用いた遊女の発話での例で、遊女である女性が常体より丁寧な
言い方をしていたこと、それが彼女たちより少し上の階層の男性の言い方をま
ねたものであると考えられる。
　今回調査した『娘節用』とほぼ同じ時期に発刊された人情本『春告鳥』(為永春水、
天保7(1836)年)には、丁寧・否定の過去形マセンカッタの使用例として、次の
ようなものがある。

#34 そで「アイサ左様ざましたッけェ。あの朝帰して仕廻しッて私が同床に　薄
「寐てくんなまして、私が欝情でゐるのを気転しておくんなましたッけ
ェ。あの晩の様に嬉しいじれつてへ夜はありませんかッたョ　吉「ナニ
サまた嬉しいじれつてへ事は幾度もあるはな。マア先刻ふとふりよく
〲手紙を書て置なせへ。是非私がたづね当つてくはしく言てあげる
から16)

　#34は3人での会話の場面である。「薄(雲)」は花魁、「(お)そで」は新造、「吉
(兵衛)」はおそでの客である。#34について、中村(1948:74-75)では「その他は、
「有りませんかツたョ」(春告鳥)の一例を除けば、ナンダをもって表現されてい
て……」との言及がある。
　今回調査した『娘節用』の中では、同時期の他作品である『春告鳥』に見られた
このような「丁寧・否定・過去」の形式は見あたらなかった。

3.3.7　その他

　最後に、意味として「否定」にはならないが、形式としては否定の助動詞が二
つ含まれている当為表現の例を#35、#36で取り上げたい。

#35 ……昔の乱世の時で見ななんぼおいらのやうなちよろつかな者でも。武士の種だから軍のところへ。是非出なけりやアならぬは。よしか出れば敵の首を取るやら。こつちの首をとらるゝやら。二ツに一ツ命がけ……

（金五郎→おかめ、前編255）

#36 ……あれが親は家出なし。其弟が今での家督。その養子となりし金五良。あかの他人といふではなけれど。養子と名のつくかなしさは。おもふにまかせぬ世間の人目。家の娘のお雪といへるを。娶合せねはならぬゆゑ。金五郎もふせうへ\\。やうやくこのごろ婚礼しても。……

（白翁→小三、後編154）

#35はナケレバナラヌの訛形、#36はネバナラヌの用例である。ナイ系は金五郎が、ヌ系は白翁が使用しており、世代差によるものと考えられる。

3.4 まとめ

以上の調査から、次のようなことが確認された。

(1)『娘節用』の中で用いられた否定表現は、ナイ系よりもヌ系の方が数量的に優勢である。これは主要登場人物の属性と関連しており、武家の家族や市井の町人など比較的上層に属する人たちが使う否定表現の中にも上方系の語法が選択される傾向があったことを示している。

(2) 否定の助動詞ヌ系とナイ系の連体形、終止形の使用度数を比較すると、ヌ系とナイ系はそれぞれ307例と95例で、ヌ系が3倍以上である。ナイ系の中で見ると、訛形の「ネエ・ネヘ」が「ナイ」の約5倍ある。三編で急に増える「ナイ」は、女性と子どもが用いていた。

(3) 否定の連用中止形を見ると、ヌ系では「ズニ」21例、「ズト」9例、「ネド」15例

であり、ナイ系では「ナフ」1例、「ナイデ・ネヘデ」が3例であった。ヌ系が45例に対してナイ系が4例と、現代語で見られる、「〜ズ」の方が「〜ナク」よりも規範的であるとする傾向が、近世後期江戸語では顕著であったことを示している。

(4) 否定の助動詞を含む仮定形は、ヌ系が8種類、ナイ系が3種類と、意味による分類の中では最も多様な形式が用いられている。そのうち、ヌ系の「ネバ」が28例で最も多く、あとは「ズトモ」が6例、「ズハ」「ネドモ」、ナイ系の「ナケリャア」が各3例、「ズモ」が2例、「ズバ」「ザレバ」「ザリケレバ」「ナバ」「ナイデモ」が各1例となっている。

(5) 否定の推量形は「ジ」「マジ」「マイ」「メへ」の4種類で、それぞれ7例、1例、30例、11例であった。ナイやヌに推量の助動詞を加えた複合形式は見あたらなかった。

(6) 否定の助動詞の過去形は「ナンダ」6例、「ナカッタ」1例、そして「ザリケリ」「ザリキ」が各1例見られた。否定・丁寧・過去の形式は見あたらなかった。

(7) 否定の助動詞が二つ含まれる当為表現でも、少数例ではあるが、ナイ系は若年世代、ヌ系は老年世代が用いていた。

　本節では、人情本『仮名文章娘節用』を取り上げ、その信頼の置けるテキストを資料として、否定表現の諸形式について調査を行なった。
　『娘節用』においても、同時期の他作品と同様に、否定表現の各カテゴリーの形式ごとに、ヌ系がナイ系よりも優勢であること等が詳細に確認された。
　江戸時代の上層に属する人々は、否定表現においても上方的な語法を選択するということが再度裏付けられたことになる。

注

1) 飛田編(2007:330)の「近世語(前期)」(蜂谷清人執筆)の項に次のようにある。
「日本語史の近世の上限については、織田信長が政権を握った天正元年(1573)におくもの、さらにさかのぼって、応仁の乱(応仁元1467～文明九1477)とするもの、そのほかの説もある。」

2) 吉田澄夫(1952:21)。

3) 飛田編(2007:508)、「江戸語」(小松寿雄執筆)の項目を参照した。

4) 小松(2006)(飛田編(2006:30-31))。

5) 「春色梅児誉美」、「春色辰巳園」、「春色恵の花」、「英対暖語」、「春色梅見婦祢」の総称。

6) 森岡編(1981:132)の原口裕「近世後期語(江戸)」より。

7) 「人情本は、文政年間(1818-1830)ごろから現れ、天保年間(1830-1844)に最盛期を迎えて明治初頭にまでいたる、男女の恋愛の機微を、時に混線するほどの複雑な人間関係と絡めながら描いた文芸の一様式である。」(小野1998)、「人情本は洒落本を母胎とした一種の恋愛小説である。」(佐藤編1977)との説明がある。

8) 序文に「こゝにあらはす一部の冊子は。いかなる人の筆に稿けむ。小三金五郎が一期の奇譚を。いと長〳〵しく綴りたるを。書肆のもて来て。補ひてよと。需めにしたかひ。をこかましくも。いさゝかこれに筆を加へて。櫻木に壽くことゝはなりぬ」とある。(『鶴見日本文学』2号、pp.238-239)

9) 小野(1998)、佐藤編(1977)と飛田編(2007)の「人情本」「仮名文章娘節用」の項などを参照した。該当する項目の執筆は、佐藤編(1977)では鈴木丹士郎氏が、飛田編(2007)では小松寿雄氏が担当している。

10) 鶴見人情本読書会は、翻刻発表当時の鶴見大学の教員、大学院生などを中心とした人情本の読書会で、本稿のテキストとして使用した翻刻の著作権を有する。

11) 翻刻『仮名文章娘節用』(前編)(『鶴見日本文学』2号)のpp.235-237(底本、経緯ならびに分担、翻刻の方針)に基づいている。

12) 表の中の空欄は0例を示す。

13) 佐藤編(1977)の「仮名文章娘節用」の項にも、「上品なことばづかいや知識階層・老年層にはまだ上方語的な要素が多く残って」おり、上方語は「東京語の成立を迎えるまで」「老年層に遅くまで尾を引いていた」との指摘がある。

14) 用例の後には、「発話者→受話者」(もしくは「地の文／小三の遺書」)、「○編」、「頁数」を順に示す。

15) 人物名「きんごろう」の漢字表記には「金五郎」と「金五良」の二つがあるが、当然

同一人物である。例文の発話当事者としての「きんごろう」は「金五郎」で統一して示す。同じように「まなづる」も「まな鶴」、「真名鶴」と表記が複数あるが、「まな鶴」で統一した。
16)　♯34は小学館『新編日本古典文学全集80　洒落本 滑稽本 人情本』による。

第2章　明治期東京語における否定表現

1　明治期東京語の概観

　日本の歴史において幕末から明治にわたる半世紀は、近代化にともなう大きな社会的変動を経た時期である。明治維新後、江戸は東京と改称され、中央集権国家の首都、全国的な政治・文化の中心となっていく。そのような時代背景の中で、江戸後期から受け継がれてきた江戸語は次第に衰退していき、東京語が基調となり、現代日本語(以下、現代語)を特徴づけるような語法や表現がつぎつぎと生まれていった。まさにこの時期は、現代語が形成される過程の最初に位置づけられる、現代語の揺籃期[1]であった。

　田中(1983)は、東京語は三つの顔を持っているとする。第一は、東京人の日常語としての顔、第二は、全国各地の人々が寄り集まる植民地・東京、大都会・東京の性格を反映した植民地語・都会語と名づけるべき面、第三は、標準語をめざし、日本の公用語として意識的に手を加えられ続けてきた側面である。

　松村(1957)は東京語について、東京における都市としての発展・変貌の様相と言語的事実の推移との関連から、次のような時期区分をしている[2]。

　　　第一期　明治前期〔形成期〕　　　(明治の初年から明治十年代の終りまで)
　　　第二期　明治後期〔確立期〕　　　(明治の二十年代の初めから明治の末年まで)
　　　第三期　大正期　〔完成期〕　　　(大正の初年から大正十二年九月の大震災まで)
　　　第四期　昭和前期〔第一転成期〕　(大正十二年の関東大震災後から昭和二十年八月
　　　　　　　　　　　　　　　　　　　の終戦まで)

第五期　昭和後期〔第二転成期〕　（終戦後から今日まで）

　上記の区分に従えば、明治期は東京語の形成期と確立期にあたる。
　明治前期では、東京語が形成される過程で影響を及ぼしたものとして、流入者・移住者による地方語の混入、西洋の外国語からの影響、階級制度の崩壊と四民平等の考え方による待遇表現の変化を挙げている。
　また、明治後期における東京語の確立に関連する事実としては、言文一致の確立、口語文典の盛行、国定教科書の編修、小学校における標準語教育の促進などを挙げている。
　飛田(1993)は、東京語を変えた外的要因として、士農工商に代表される身分制度の崩壊、教育の普及、西洋文化の影響の三つを挙げながら、教育の普及度を基準として、東京語を成立期、定着期、展開期の三期に区分している。その各期間と、明治以降に小学校で使用された教科書の分類をあわせて見ると、以下のようになる。

　　　東京語成立期　明治6(1873)年〜明治37(1904)年3月
　　　　　　　　　→指定教科書(明6〜16)、準検定教科書(明16〜19)、
　　　　　　　　　　第一次検定教科書(明19〜37)
　　　東京語定着期　明治37(1904)年4月〜昭和24(1949)年3月
　　　　　　　　　→国定教科書(明37〜昭24)
　　　東京語展開期　昭和24(1949)年4月〜
　　　　　　　　　→第二次検定教科書(昭24〜)

　この区分は明治4年の文部省設置、同5年の「学制」発布・「小学教則」公布を経て、同6年の小学校開設に始まっている。
　東京語の成立期から定着期への移行は、国定教科書の使用を境とするものであり、明治37年4月からは、小学校の就学率が94％以上に達し、義務教育が徹底され、文盲者が急速に減少する。この時期は、国定教科書(第二期ハタタコ読

本、明治43年より使用)の編纂趣意書の「口語ハ……東京語ヲ以テ標準語トセリ」という決定と、教科用図書調査委員会の官制及びその総会での可決という事実により、一国の、規範となる言語として正式に制定された「標準語」の時代となる。

東京語の展開期は「共通語」の時代である。太平洋戦争の終結により、時代は近代から現代へと移っていき、昭和24年4月からは、それまでの国定教科書制度が廃止され、検定教科書制度となる。そして、第二次検定教科書は「全国どでも通ずるような言葉」[3]としての「共通語」が使用される。

このように、東京語の成立・定着・展開の過程を通して、現代語が確立されていく歴史的な経緯が確認される。

2　明治期における否定表現に関する先行研究

明治期の否定表現については、これまでに意味論的分析、語法と内容との関係、解釈上の問題、構文的な生起のし方などさまざまな角度から研究がなされてきた。それらは否定が複合的な意味・機能領域を持つことから見られるものであり、否定の持つ特殊性[4]に起因すると考えられる。

湯澤(1954)は、江戸に行なわれた口語、すなわち「江戸言葉」の概観を明らかにした大著で、江戸の小説・歌舞伎脚本・落語等の用語を観察し、語法を中心に用例を挙げている。特に、否定も含めて、助動詞・助詞についてはすべての語を網羅している。

飛田編(2006)は、江戸文化を代表する二人の作家、式亭三馬と十返舎一九の全作品を文学ジャンルごとに考察し、話し言葉における階層語の実態、書き言葉における表記法、擬古文の単語の性格を白話小説や日本古典との関連から追求している。

江戸語における否定の助動詞について、中村(1959)は、『春色梅児誉美』、『浮世風呂』、『花暦八笑人』の考察を通じて、ヌ・ナイ・ネエの対立と相克、ナカッタの発生が比較的高い層からであったことを述べている。坂梨(1973・1995)は『浮世風呂』、『浮世床』、『梅暦』[5]の考察を通じて、助動詞ナイの発達が形容詞ナイの

活用に倣っていったものであること、その過程は終止連体形の次に連用形のナクあたりから整備されたことを述べている。

明治期における否定の助動詞については、吉田(1971)が現代語助動詞の概観を史的に扱う中で取り上げている。また、飛田(1974)は『安愚楽鍋』の考察を通じて、明治初期東京語の否定表現体系を明らかにしている。

否定過去の「なんだ」から「なかった」への両勢力の交替(もしくは「なかった」の発生)については、中村(1948)が通時的側面から、金田(1985)が位相的側面から考察し、金澤(1999)は文法的側面から、今まさに変化しつつある助動詞「ない」による連用中止法と、言語変化のあり方として平行的な関係にあることを明らかにしている。

丁寧体否定表現の過去形について、松村(1957)は幕末から明治20年代ごろまでにかけての「まし(せ)なんだ」から「ませんでした」への変遷過程を明らかにした。また、田中(2001)は、幕末から現在に至るまでの諸形式(マセナンダ、マシナンダ、マセンダッタ、マセンデシタ、マセンカッタ、ナイデシタ、ナカッタデス)の推移を明らかにした。

以上のような研究は、過去形を除いてはすべて否定表現を個別の問題として扱っている。また、丁寧表現(デス・マス)についても、待遇表現の研究として個別に扱ったものがほとんどである。

3 明治期における否定表現の認識
───アストン『日本口語文典』第四版(1888)

3.1 はじめに

外国人による日本語の研究は、17世紀にポルトガルの宣教師たちによって布教の必要から始まり、19世紀には、ラテン語文法の枠組み[6]を規範として日本語が客観的に観察され、日本語文法が体系的に記述されるようになった。そこで重要な役割を担ったのが英語使用者である英米系の研究者たち(英──サトー(1843-1929)、アストン(1841-1911)、チェンバレン(1850-1935)／米──ブラウン(1810-1880)、ヘボン(1815-1911))であった。したがって、幕末・明治の日本

語の様相を研究するうえで、そのような研究者たちの残した文典、会話書等の著作は大変有益な資料となる。

本節では、そのような英米人の日本語研究の中から、アストン（William George Aston）の『日本口語文典』第四版（明治21）（"A Grammar of the Japanese Spoken Language"(1888)）を中心に、明治期において否定表現がどのように認識されていたのかをその記述から考察したい。

3.2 アストンと日本語文典

3.2.1 アストンについて

アストンの経歴については亀田（1912）、雨宮（1973）、渡邊（1975）をもとに以下に述べる。

アストンは1841年4月9日、ロンドンデリー（北アイルランドの北西部にある都市）で生まれた。クイーンズ・カレッジで主として言語学を学び、古典学の金牌、近世言語学の学士、修士の学位を、クイーンズ・ユニバーシティで文学博士の学位を受けた。故国にいる時からホフマンの文典などで日本語を学んでいたのだが、1864（元治元）年に通訳官の試験に及第して初来日し、堀秀成に師事して古典および言語の学について学んだ。この時に富樫広蔭の影響を受けたのが、のちに日本人の研究成果をも柔軟に受け入れる素地となっている。その後、1870（明治3）年に江戸の公使館の通訳兼翻訳官、翌1871（明治4）年に一時イギリスに帰国して結婚、その後1875（明治8）年から1883（明治16）年まで兵庫の代理公使を兼任、翌1884（明治17）年に朝鮮に渡り総領事、1886（明治19）年に日本に戻って東京の公使館の秘書官となり、1889（明治22）年に退官した。帰国して退隠した後も日本に関する研究を続け、1911（明治44）年11月22日、イングランドのデヴォン州西南部のビーアで病没した。

アストンはイギリスの職業外交官でありながら、日本と日本語に関する該博な知識を備えた研究者として、文典や文学史、日本書紀の翻訳、神道の宗教学的研究の著作等、日本研究、日本語研究に偉大な足跡を残したことで広く認められている。

3.2.2 アストンの著した日本語文典について

日本語の研究におけるアストンの功績については先行研究で詳細に明らかにされているが、その中でも特筆すべきことは、幕末・明治の日本語に話しことば(spoken language)と書きことば(written language)の区別のあることを認め、それぞれの文典を著して語法を説明したことである(表2-1を参照)。当時にあっての話しことばとは、言語が変化していく最前線に位置づけられるものであり、アストンはその部分に焦点を当てて記述を行なっていることになる。これらの成果がアストン以後の研究者に多大なる影響を及ぼしたことは明白である。

表2-1 アストンの著した文典

	刊行年	口語	文語	書名	頁数	発行都市
1	1869 (M2)	●		『日本口語小文典』 第一版	40	長崎
2	1871 (M4)	●		『日本口語小文典』 第二版	84	ベルファスト
3	1872 (M5)		●	『日本文語文典』 第一版	120	ロンドン
4	1873 (M6)	●		『日本口語小文典』 第三版	92	ロンドン
5	1877 (M10)		●	『日本文語文典』 第二版	274	横浜
6	1888 (M21)	●		『日本口語文典』 第四版	212	東京
7	1904 (M37)		●	『日本文語文典』 第三版	286	ロンドン

アストンは最初、話しことばについて『日本口語小文典』("A Short Grammar of the Japanese Spoken Language")の初版を1869(明治2)年に長崎で刊行し、1871(明治4)年にはベルファストで第二版を、1873(明治6)年にロンドンで第三版を刊行している。第二版には仏訳本もある。1888(明治21)年にはこれらを大幅に増補改訂し、書名からshortを削除した第四版を"A Grammar of the Japanese Spoken Language"(『日本口語文典』)として東京で刊行した。

一方、書きことばについては、1872(明治5)年に"A Grammar of the Japanese Written Language"(『日本文語文典』)をロンドンで刊行し、1877(明治10)年に第二版を横浜で、1904(明治37)年に第三版をイギリス帰国後ロンドンで刊行している。アストンの文語文典の中には、日本人研究者の25の文法書も紹介されてお

り、それまでの西洋人による研究に加えて、国学関係の日本人の研究をも合わせたものとなっている。

本節で取り上げる『日本口語文典』第四版は、特に東京語の話しことばに目配りがなされながら、書名はもちろん、内容も第三版から大いに手が加えられ、明治東京語の実態を考察するための資料として価値あるものの一つと言えよう。

3.3 アストン以前の否定表現の認識

アストンの『日本口語文典』第四版を取り上げる前に、それ以前の研究における「否定」の認識についても確認しておきたい。

動詞を肯定の場合と否定の場合の二種類に分けるのは、ポルトガル系のロドリゲス(1561?-1634)以来の伝統的な方法である。ロドリゲスは動詞を、まず「肯定」と「否定」に分け、それを「法」で分け、またその中を「時制」で分けている[7]。池上訳(1993)の「品詞三 動詞」には次のような記述が見られる[8]。

　　日本語の動詞はいかなる種類のものであれ、肯定動詞と否定動詞とに分かれる。肯定動詞とは動詞の表わす行為・動作をそれ自体が肯定している動詞のことで、語根がEまたはI、ŏ、eô、ô、iû、ûで終り、直説法現在時制ではVまたはû、ŏ、ô、ai、ei、ij、oi、uiで終る。例、Motome, motomuru(求め・求むる)、Yomi, yomu(読み・読む)、Curui, curû(狂ひ・狂ふ)、Narai, narŏ(習ひ・習ふ)、Vomoi, vomô(思ひ・思ふ)、Furui, furû(振ひ・振ふ)、Fucŏ, fucai(深う・深い)、Xigheô, xighei(繁う・繁い)、Xirô, xiroi(白う・白い)、Atarax[i]û, ataraxij(新しう・新しい)、Nurû, nurui(ぬるう・ぬるい)。

　　否定動詞とはすべての時制と法を通じてそれぞれ固有の語形を持ち、肯定動詞の表わす行為・動作の否定を意味のなかに含んでいる動詞のことである。直説法現在時制では音節NuまたはZuまたはZaruで終る。例、Motomenu(求めぬ)、motomezu(求めず)、motomezaru(求めざる)。ただし、「ない、存在しない」の意の〔否定〕結合動詞Nai(ない)およびそれとの合成動詞(訳者注―Gozanai(御座ない)、Vorinai(おりない)のこと)は除く。

体系的な日本語研究を行なった功績のあるオランダ系のホフマン（1805-1878）は、否定形について三澤訳（1968）で次のように述べている。

　　……従って、否定の要素nと動詞の要素iまたはsi（§98.と§103.参照）とが結合し、n＋i＝NI形と、n＋si＝ZI形止、（ndziまたはdziと発音される）、とを得る。この二形のうち、前者は話し言葉に、後者は書き言葉に属するものである。
　　……niとziとは幹母音変化の活用をなすが、終止形のnuとzuとはそのまま名詞形、連体形として役立つのである。……
　　語根形のniを著者はやむなく、話し言葉に於ける否定の活用の基礎として採用したが、今は用いられて居らず、詩の中にもne（ね）に変えられてあらわれるだけである。

　ホフマンもやはり動詞に関して肯定形と否定形を区別しているが、書きことばと話しことばを一緒に記述している。アストンが「口語」と「文語」を区別し、その文典を分けて著しているのとは対照的である。しかし、総じて外国人研究者の否定表現に関する認識はロドリゲス以来の考え方を踏襲していると言える。

3.4　アストン『日本口語文典』第四版に見る否定表現
3.4.1　否定の意味を含む形式
　アストンは、"A Grammar of the Japanese Spoken Language"（1888）の第4章で「動詞」を取り上げて、否定表現の形式を明示している。また、「否定形容詞」については「第7章　形容詞」の中でも言及している（当該箇所についての筆者訳を47～65頁に資料として付した）。
　アストンは動詞の記述の中で、その活用形を「第一活用」（四段活用）と「第二活用」（下一段活用、上一段活用）に分け、その他カ行変格活用、サ行変格活用、丁寧の助動詞マスの活用を取り上げている。そして、それぞれで否定を伴う文法的形式を示している。以下にそのセクション番号と小タイトルを示す（「否定」の

意味、もしくはその形式と関連のないセクションは省略)。

　　　第4章　動詞　　§55.否定形の語基　　§56.否定・現在・直説法
　　　　　　　　　　§57.否定の過去　　　§58.否定・条件
　　　　　　　　　　§59.否定・仮定　　　§60.否定・譲歩
　　　　　　　　　　§61.否定・分詞　　　§63.否定・形容詞
　　　　　　　　　　§66.否定・命令　　　§67.否定・未来

　　　第7章　形容詞　§94.否定形容詞

以下、各形式を記述に沿って見ていきたい。

3.4.2　否定形の語基　　カサ、タベ

　否定形の語基は、語幹、現在直説法、条件形の語基とともに「動詞」の冒頭に第一活用、第二活用における主要な部分の語尾として示されている。単独では用いられず、それ自体の意味は持たないとされる。

3.4.3　否定・現在・直説法　　カサヌ、タベヌ

　否定の現在直説法は「否定の語基＋ヌ」の形式が基本であるが、ここで注意すべきことは、東京方言の使い方についてわざわざ言及しているところである。東京方言では、否定の形容詞「〜ナイ」を好むとする。初版では活用表の中で「〜ナイ」を「江戸方言(Yedo dialect)」と明記して扱っているのみだが、四版では明治も半ばになり、東京方言が無視できない存在として認められていたので、東京語に配慮してこのような記述のしかたになったのではないかと考えられる。

3.4.4　否定・過去　　カサナンダ、タベナンダ

　否定の過去においても、「ナンダ」が東京方言では「ナカッタ」となることが確認されている。そして、否定・過去の中に次の5つの表現を挙げている。

否定・過去・選択	カサナンダリ、　タベナンダリ
否定・過去・条件	カサナンダレバ、タベナンダレバ
否定・過去・仮定	カサナンダラバ、タベナンダラバ
否定・過去・譲歩	カサナンダレド、タベナンダレド
否定・過去・予想	カサナンダロー、タベナンダロー

3.4.5　否定・条件　　カサネバ、タベネバ

　カサネバ、タベネバは肯定・条件のカセバ、タベレバに対応する否定形である。また、ここで「ネバ　ナラヌ」という当為表現(英語の助動詞must)についても言及している。

3.4.6　否定・仮定　　カサズバ、タベズバ

　カサズバ、タベズバは肯定・条件のカサバ、タベバに対応する否定形である。カサズバ、タベズバはバの前にmが挿入され、カサズンバ、タベズンバとなり、それが条件形と混同されるとしている。

3.4.7　否定・譲歩　　カサネド、タベネド

　この形式は実際にはあまり用いられず、カレドが続く否定・現在、または否定の形容詞に置き換えられる。また、カサネドはカサヌケレド、あるいは、カサナイケレドとなるとされている。

3.4.8　否定・分詞　　カサデ、カサズ、タベデ、タベズ

　否定語尾としてのデについて述べている。また、カサズの代わりにカサヌデ、カサナイデがよく用いられるとされる。

3.4.9　否定・形容詞　　カサナイ、タベナイ

　動詞につくナイは形容詞として活用すると述べている。3.4.12で後述する。

3.4.10　否定・命令　　カスナ、タベルナ

特に記述はなく、例文だけ示している。

3.4.11　否定・未来　　カスマイ、タベマイ

「マイ」について説明しながら、否定形の語基に付加するarōについて、例えば、シラナカロー、シラヌダロー、シラナイダローを挙げている。

3.4.12　否定形容詞

3.4.9で述べたことをより詳しく説明している。ここでは、動詞の否定形は、動詞に否定の語基、否定形容詞ナイをつけることによって作られるとされ、それは本来の否定形ヌ・ズの代わりに用いられるとされる。これは否定形において東京方言のナイ形式がより一般化していることの証左であろうと考える。

また、当為表現で後続するナラヌ、ナリマセヌは省略され、テワがチャに短縮されると述べている。

3.5　考察

まず、アストンの『日本口語文典』第四版で取り上げた否定の諸形式を、対応する肯定の形式と対比させてみる。

否定　—　肯定	否定の例　—　肯定の例
否定形の語基　—　語幹	カサ　—　カシ
否定・現在・直説法　—　現在・直説法	カサヌ　—　カス
否定の過去　—　過去	カサナンダ　—　カシタ
否定・条件　—　条件	カサナバ　—　カセバ
否定・仮定　—　仮定	カサズバ　—　カサバ
否定・譲歩　—　譲歩	カサネド(モ)　—　カセド(モ)
否定・分詞　—　過去分詞	カサデ　—　カシテ
否定・形容詞　—　(現在・直説法)	カサナイ　—　カス
否定・命令　—　命令	カスナ　—　カセ
否定・未来　—　未来	カスマイ　—　カソー

アストンの口語文典では、否定と肯定の各形式が対になるように列挙されている。ロドリゲスの文典においては肯定と否定の形式で、法と時制を組み合わせた際の形式がすべて揃っていないことが古田(1978)によって明らかにされているが、アストンの場合、口語という特性と、学習者の日本語習得に資するという文典の編纂意図から文法形式を簡潔に整理したように見受けられる。

アストンの口語文典においても、ロドリゲス以来の伝統的な記述方法を踏襲し、動詞を肯定の場合と否定の場合の二種に分けているが、それは、英語で否定の意味を担う形式がnotなど一定の形式だけで単純であるのに比して、日本語における否定のあり方は、その形式がヌ、ズ、ナイといくつか種類があるうえ、それらの否定の意味と他の意味が結合してさまざまな語形を示すので、それらの形式を細かく明記したということであろう。それ自体意義のあることだと考える。またこれは、語順の前方部分で肯否の定まる西洋語的な観点からのものであり、それを日本語に適用して、文末に来ることも多い動詞を、まず優先的に肯定と否定に区別して扱おうとするもので、ある側面からすると合理的な処理の仕方とも考えられる。このような方法は、肯定と否定を対として扱う他の外国人研究者の文典も基本的には変わらない。

アストン以後、口語と文語の区別が明確になされ、西洋語の文法構造に日本語をあてはめるのではなく、あくまでもその枠組みと日本語という言語そのものの実態を同時に考慮したことは、日本における日本語研究を発展させるうえでも大きな契機となり、否定表現についても、否定の意味を含むさまざまな表現がいくつかの形式に収斂されていくものとして史的にとらえられる。

3.6 まとめ

本節では明治期における否定表現の認識を、外国人研究者アストンの『日本口語文典』第四版の記述を確認しながら考察した。この時期の口語については、会話の必要性などから、日本人よりも外国人の方が一層積極的に文法研究を行ったものと見られる。

それでは、日本人研究者の文法研究において、否定表現についての認識はど

うであったろうか。鶴峰戊申、中根淑、田中義廉など、当時の日本人研究者の文典等を調査し、明治期にはどのような言語現象や構造を視野に入れて、否定表現の記述がなされていたのかを確認することも必要であろう。

注
1) 田中(2001:611)。
2) 松村(1957:87)。
3) 1951年発行の国立国語研究所報告2『言語生活の実態——白河市および附近の農村における——』(秀英出版)6頁。
4) 丹保(1980)では、否定そのものの特殊性(性格)として、否定は肯定とちがって常に否定であることを示す形態を必要とすること、否定は常に肯定を前提にしているということ、否定は言語主体の高次の認識作用を必要として、肯定の判断作用が単層なら否定は複層であること、人間の意識としては完全なる否定はありえないこと、否定ということそのものに対する感情的嫌悪感があることなどを挙げている。
5) 1章の注5を参照。
6) 金子(2002)ではラテン語文法の枠組みを、品詞論、文法カテゴリー、活用の類型的把握の三つの観点から説明している。「品詞論」は文法的特徴を基準に単語を分類して整理する見方であり、「文法カテゴリー」は単語の語形を整理する枠組みの一つであり、「活用の類型的把握」とは、動詞などの語形変化をそれぞれの語ごとに一括して説明する方法であるとしている。
7) ロドリゲスは「法」を九つ(直説法、命令法、希求法、接続法、日本語及び葡萄牙語に固有な別の接続法、条件的接続法、可能法、許容法又は譲歩法、不定法)、時制を六つ(現在、不完全過去、完全過去、大過去、未来、完全未来又は確実未来)に分けている。
8) 土井忠夫訳(1955:109)にも次のような記述がある。
　　○否定動詞に就いて
　　○この日本語に、否定の性質を備へた動詞があって，それが肯定動詞から作られる事は，それぞれの形に就いて述べていく通りである。又，肯定動詞と同じく独自の活用がある。その否定動詞の活用に三種あって，一つは肯定第一種活用に従ふ動詞から出来たものの取る活用であり，他は第二種活用の動詞のものであり，残る一つは第三種活用に従ふ動詞から出来たものの活用である事は，

知って置くがよい。

○否定動詞には二通りあって，すべての時及び法にわたって語尾や語形の違った二つに分れてゐる。即ち，一つはNu(ぬ)に終るものであり，他はZu(ず)に終るものである。Nu(ぬ)に終る形の方が確実であって，本来話しことばに用ゐられるものである。それ故活用表ではそれを主として取扱はう。Zu(ず)やそれから派生した語尾に終る形は，話しことばよりも書きことばに多く使はれる。話しことばでは或特定の国々で使ふのである。従って活用表の中でそれを取扱ふのは適当でないけれども，理解する為にすべての時の主要な語形をここに挙げて置かうと思ふ。

○資料　アストン『日本口語文典』第四版(**1888**)の翻訳
　　　　　　　　　　　　　　　（「否定」に関する部分）

第4章　動詞

§36.　日本語における動詞は、数や、人称(間接的なものを除く)を表現する手段を持たない。例えば、カスは、状況によって「私は貸す」、「汝(thou)は貸す」、「彼は貸す」、「私たち、あなたたち、または彼らは貸す」を意味するであろう。
　話し言葉において、動詞には二つの活用がある。次の表は、それぞれの活用における主要な部分の語尾を示している。

	第一活用	第二活用
語幹	*i*	*e* または *i*
否定・未来形の語基	*a*	*e* または *i*
現在直説法	*u*	*eru* または *iru*
条件形の語基	*e*	*ere* または *ire*

　これらの活用が「第一」、「第二」と呼ばれてきたことは、必ずしも恣意的であるわけでもない。派生して作られていない大部分の動詞は、「第一」の活用によって活用される。すべての受動形、使役形、他の派生による動詞は「第二」に属する。

§37.　種々の動詞の主要部分の構成を示した表

	第一活用				第二活用				
	lend	wait	be	write	pour	end	read	call	eat	can
語　幹	カシ	マチ	アリ	カキ	ツギ	シマイ	ヨミ	ヨビ	タベ	デキ
否未基	カサ	マタ	アラ	カカ	ツガ	シマワ	ヨマ	ヨバ	タベ	デキ
現・直	カス	マツ	アル	カク	ツグ	シマウ	ヨム	ヨブ	タベル	デキル
条・基	カセ	マテ	アレ	カケ	ツゲ	シマエ	ヨメ	ヨベ	タベレ	デキレ

　日本語はtu、ti、siの音を持たないので、それらが活用で必要とされるところはどこでもツ、チ、シが代用される。このことが、上記の表でのいくつかの明白な不規則を説明している。
　シマウの活用は本来シマwi、シマwa、シマwu、シマweであろうが、1章で説明したように、wi、wu、weは日本語では未知の音節なので、イ、ウ、エに取り替えられている。

§38. 動詞のおのおのの主要部分には、一定の接尾辞、または語尾が添加される。このように、語形はヨーロッパの文法の法と時制にいくらか類似して作られる。このような語尾は、添付された表に示されている。

多くの場合、それらは単に何の変化もしないで動詞に加えられたものにすぎないことが見てとれる。これは「膠着」と呼ばれるものであり、日本語においてこの方式が広く行き渡っているため、日本語は膠着語とまさに呼ばれてきた。しかし、ただの添加を越えた何かが起こるいくつかの場合がある。未来のカソーは一つの例で、三つの構成要素を持ち、緊密に融合している。カソーは kas＋a＋mu、語根＋否定の base の記号（sign）＋未来の接尾辞である。マツ to wait の過去時制マッタは、もとの諸要素が表面上の考察ではまったく区別がつかないくらい一緒に固められた、もう一つの例である。マッタは、mach＋i＋te＋ar＋u、すなわち、語根＋語幹の記号＋接尾辞の記号＋動詞の語根 to be＋直説法の記号にあたる。

いくつかの場合、この章で扱われた語尾は、9章で記述された語尾とまったく同じである。

法や時制にしたがって、活用のより古いふるまいの形を好むそのような読者たちは、この章の最後に示した表を参照せよ。しかし、彼らには少なくとも、進行中の未来以前のさまざまな時制の形式の原則に熟達することを勧める。

§39. 第一活用　カス、to lend

語幹			カシ、lend
過去分詞	カシ	テ、	having lent or lending.
過去時制	〃	タ、	(he) lent or has lent.
過去時制の条件	〃	タレバ、	if or when (he) lent, or has lent.
過去時制の仮定	〃	タラバ、	if (he) had lent.
推量過去	〃	タロー、	(he) probably lent.
選択	〃	タリ、	at one time lending.
譲歩・過去	〃	タレド、	though (he) lent.
願望の形容詞	〃	タイ、	(he) wishes to lend.
丁寧体	〃	マス、	(he) lends.
否定形の語基			カサ
否定・現在・直説法	カサ	ヌ、	(he) does not lend.
否定・過去	〃	ナンダ、	(he) did not lend.
否定・条件	〃	ネバ、	if (he) does not lend.
否定・仮定	〃	ズバ、	if (he) were not to lend.
否定・譲歩	カサ	ネド、	though (he) does not lend.

否定・分詞	〃	デまたはズ、	not lending.
仮定	〃	バ、	if (he) were to lend.
否定・形容詞	〃	ナイ、	(he) does not lend.
未来		カソー、	(he) will lend.
現在直説法		カス、	(he) lends.
否定・命令	カス	ナ、	do not lend.
否定・未来	〃	マイ、	(he) will not lend.
条件形の語基		カセ。	
命令	カセ、		lend.
条件	〃	バ、	if (he) lend.
譲歩	〃	ド、	though (he) lend.

§40. 第二活用　タベル、to eat

語幹		タベ、	eat.
過去分詞	タベ	テ、	having eaten or eating.
過去時制	〃	タ、	(he) ate.
過去時制の条件	〃	タレバ、	if or when (he) ate, or has eaten.
過去時制の仮定	〃	タラバ、	if (he) had eaten.
推量過去	〃	タロー、	(he) has probably eaten.
選択	〃	タリ、	at one time eating.
譲歩・過去	〃	タレド、	though (he) ate.
願望の形容詞	〃	タイ、	(he) wishes to eat.
丁寧体	〃	マス、	(he) eats.
命令	〃	ロ、	eat!
否定形の語基		タベ。	
否定・現在・直説法	タベ	ヌ、	(he) does not eat.
否定・過去・直説法	〃	ナンダ、	(he) did not eat.
否定・条件	〃	ネバ、	if (he) do not eat.
否定・仮定	〃	ズバ、	if (he) were not to eat.
否定・譲歩	〃	ネド、	though (he) does not eat.
否定・分詞	〃	デまたはズ、	not eating.

仮定	〃	バ、	if (he) were to eat.
否定・形容詞	〃	ナイ、	(he) does not eat.
否定・未来	〃	マイ、	(he) will not eat.
未来	〃	ヨー、	(he) will eat.
現在直説法		タベル、	(he) eats.
否定・命令	タベル	ナ、	do not eat.
条件形の語基		タベレ。	
条件	タベレ	バ、	if (he) eat.
譲歩	〃	ド、	though (he) eat.

§41. 次に挙げる例は、第一活用の動詞の語幹で、母音の後に来るチ、リ、キ、ギ、イ、またはミやビで終わるものが、語尾テ、タ、タレバ、タラ、タラバ、タロー、タリ、タレドの前に来る時に起こる文字の変化を示している。

(訳者注)本文(英文)の日本語を表記している部分の－は、長音符号との混同を避けるため、日本語訳では・とした。(例 ari-te → アリ・テ)

マチテは　　マッテ、マチタ、マッタ等　になる。
アリ・テは　　アッテ　　　　　　　　　〃　。
カキ・テは　　カイテ　　　　　　　　　〃　。
ツギ・テは　　ツイデまたはツイテ　　　〃　。
シマイ・テは　シマッテ　　　　　　　　〃　。
オモイ・テは　オモッテ　　　　　　　　〃　。
ヨミ・テは　　ヨンデ　　　　　　　　　〃　。
ヨビ・テは　　ヨンデ　　　　　　　　　〃　。

例外：イキ・テ(イク to go)は、イイテではなく、イッテとなる。

§42. 不規則動詞。クル to come、スル to do、そして丁寧の助動詞マスはやや不規則である。それらの活用は、下に与えられている。

　クルの未来としては、コヨーがもっともいい。キヨーもやはり用いられるが、それほどいいものではない。コーは、イッテコーカ having gone shall I come という句の中でたまに聞かれる。

　ショーの代わりで、スル to do の未来であるセヨーは、時々聞かれる。否定・未来のセマイは、ある人たちはスマイまたはシマイと言う。しかし、これらの形は、表に与えられ

たものより正しくない。

　マスは願望の形を持たない。イキマシタイの代わりに、われわれはイキトーゴザイマス I wish to go.と言わなくてはならない。マセ（命令）は、不注意な話者によってマシとよく発音される。マスルはより形式的であり、マスよりも普通には用いられない。

　マスは現在独立した語としては用いられず、敬体の時制を形成するために他の動詞と結合してのみ用いられる。

§43.　クル、to come.

語幹		キ	come
過去分詞	〃	キ　テ	coming or having come.
過去時制	〃	タ	(he) came, or (he) has come.
過去時制の条件	〃	タレバ	if or when (he) came.
過去時制の仮定	〃	タラバ	if (he) had come.
推量過去	〃	タロー	(he) has probably come.
選択	〃	タリ	at one time coming.
譲歩・過去	〃	タレド	although (he) came.
願望の形容詞	〃	タイ	(he) wishes to come.
丁寧体	〃	マス	(he) comes.
否定形の語基		コ	――――
否定・現在・直説法	コ	ヌ	(he) does not come.
否定・過去・直説法	〃	ナンダ	(he) did not come.
否定・条件	〃	ネバ	if (he) does not come.
否定・仮定	〃	ズバ	should (he) not come.
否定・譲歩	〃	ネド	though (he) do not come.
否定・分詞	〃	デ、ズ	not coming, or without coming.
仮定	〃	バ	should (he) come.
否定・形容詞	〃	ナイ	(he) does not come.
否定・未来	〃	マイ	(he) will not come.
未来		コーまたはコヨー	(he) will come.
命令		コイ	come!
現在直説法		クル	(he) comes.
否定・命令		クル　ナ	do not come!
条件形の語基		クレ	――――

条件	クレ・	バ	if (he) comes.
譲歩	〃	ド	though (he) comes.

§44. スル、to do.

語幹		シ	do.
過去分詞	シ	テ	doing or having done.
過去時制	〃	タ	(he) did or has done.
過去時制の条件	〃	タレバ	if or since (he) did.
過去時制の仮定	〃	タラバ	if (he) had done.
推量過去	〃	タロー	(he) probably did.
選択	〃	タリ	at one time doing.
譲歩・過去	〃	タレド	though (he) did.
願望の形容詞	〃	タイ	(he) wishes to do.
丁寧体	〃	マス	(he) does.
命令	〃	ロ	do!
否定・形容詞	〃	ナイ	(he) does not or will not do.
否定形の語基		セ	———
否定・現在・直説法	セ	ヌ	(he) does not do.
否定・過去・直説法	〃	ナンダ	(he) did not.
否定・条件	〃	ネバ	if (he) does not.
否定・仮定	〃	ズバ	should (he) not do.
否定・譲歩	〃	ネド	though (he) do not.
否定・分詞	セ	デまたはズ	not doing, or without doing.
仮定	〃	バ	should (he) do.
否定・未来	〃	マイ	(he) will not do.
未来		ショー	(he) will do.
現在直説法		スル	(he) does.
否定・命令	スル	ナ	do not!
条件形の語基		スレ	———
条件	スレ	バ	if (he) does.
譲歩	〃	ド	though (he) does.

§45. マス、to be.

語幹	マシ	be.
過去分詞	〃　テ	being or having been.
過去時制	〃　タ	(he) was or has been.
過去時制の条件	〃　タレバ	if or since (he) was.
過去時制の仮定	〃　タラバ	if (he) had been.
推量過去	〃　タロー	(he) probably was.
選択	〃　タリ	at one time being.
譲歩・過去	〃　タレド	though (he) was.
願望の形容詞	欠落	———
丁寧体	欠落	———
否定形の語基	マセ	———
否定・現在・直説法	マセ・ヌ	(he) is not.
否定・過去・直説法	〃　ナンダ	(he) was not.
否定・条件	マセ　ネバ	if (he) is not.
否定・仮定	〃　ズバ	should (he) not be.
否定・譲歩	〃　ネド	though (he) is not.
否定・分詞	〃　デまたはズ	not being.
仮定	〃　バ	should (he) be.
否定・形容詞	欠落	———
未来	マショー	(he) will be.
命令	マセ	be!
現在直説法	マスまたはマスル	(he) is.
否定・命令	マス・ナ！	do not be!
否定・未来	〃　マイ	(he) will not be.
条件形の語基	マスレ	———
条件	マスレ・バ	if (he) is.
譲歩	〃　ド	though (he) is.

§46.　語幹や不定形。カシ、タベ。（省略）
§47.　過去分詞。カシテ、タベテ。（省略）
§48.　過去時制。カシタ、タベタ。（省略）

§49. 過去時制の条件と仮定。カシタレバ、タベタレバ。(省略)
§50. 推量過去、未来完了。カシタロー、タベタロー。(省略)
§51. 選択。カシタリ、タベタリ。(省略)
§52. 譲歩・過去。カシタレド、タベタレド。(省略)
§53. 願望の形容詞。カシタイ、タベタイ。(省略)
§54. 丁寧体。カシマス、タベマス。(省略)

§55. 否定形の語基。カサ、タベは単独では用いられない。この形は、それ自体による意味を持たない。

§56. 否定・現在・直説法。カサヌ、タベヌ。
　この形の最後のウは、とても明確な発音が意識的になされる時以外は聞き取れない。日本語は、それ自体話し言葉を書くときにその音を省略する。
　この形の代わりに、東京方言は一般的に否定の形容詞カサナイ、タベナイを好む(7章を見よ)。
　他の時制の直説法のように、否定・現在には、動詞、形容詞、名詞の用法がある。(過去時制についての意見を見よ。)

例

1. 動詞として
　カネ　ガ　デキヌ　ト、ホー　ボー　カラ　カケトリ　ガ　クル　ダロー。
　シラヌ。
　アレ　キリ(発音、アレッキリ)　アイマセヌ。

　最後の例は、この形が、われわれが過去形で表すべきところで用いられていることを示している。
　ソラ！　ワラワヌ　ト　モーシテ、ワラッタ　デ　ワ　ナイ　カ？

　(この例は、日本語では間接話法のための特別な形がないという原則を説明している。ある人がワラワヌ I won't laugh と言うなら、同じ語ワラワヌは、英語ではwillをwouldに変えるにもかかわらず、第三者(he)が言ったことを繰り返す中で用いられる。未来形のワラワヌについては、未来形のセクションを見よ。)

2. 形容詞として
　シラヌ　コト　ワ　ゴザリマセヌ。
　シラヌ　コト　アル　モノ　カ？(俗に、モンカ)

デキヌ　トキ　ワ　シカタ　ガ　ナイ。
　シラヌ　ヒト。
　エイゴ　ワカラヌ　ヒト。
　イチ　ネン　モ　タタヌ　ウチ　ニ。

3. 名詞として
　シリマセヌ　デ　ゴザイマス。
　ドーモ　シ　ヤ　シ　ナイ　カラ　ニゲヌ　デ　モ　イイ。
　オ　キ　ニ　イラヌ　ヲ　オ　ナオシ　ナサレ。
　多数の複合時制は、名詞として行われる否定形(または否定の形容詞)にデ　アロー、デ　アッタ等が添加されて形成される。

　　例　シラヌ　ダロー。
　　　　カマワヌ　ダッタロー。

§57．否定の過去。カサナンダ、タベナンダ。この形は、東京方言ではいつもカサナカッタ、タベナカッタに置き換えられる。否定の形容詞の述部の形(カサナク、タベナク)は、アル to be の過去時制と結合する。ウは、アルのアの前で最後に省略される。
　カサヌ(または、カサナイ)デ　アッタは、同じ意味を表現するためにも用いられる。

例　イキマセナンダ。
　　ソンナニ　ヤスク　ワ　ウラナンダ(または、ウラナカッタ)。
　　ハナシ　ニ　ウカレテ　キ　ガ　ツカナンダ。

　日本語は、われわれにとっては過去が適当と見なされるところで、現在時制の否定形か否定の形容詞を用いる。このように、質問 Did you go? オ　イデ　ナサッタ　カ？に対する答では、返事はたぶんイキマセヌ I did not go となるであろう。
　これは、間接節の場合や、否定の過去(もし用いられるなら)が形容詞や名詞であるところで特に正しい。

例　チューモン　シタカ　セヌカ　ト　イウ　コト　ヲ　ハナシテ　オッタ。
　　キオー　マデ　イトマ　ヲ　ネガワナイ　モノ。

　否定の過去は、否定・過去・選択のカサナンダリ、タベナンダリ、否定・過去・条件のカサナンダレバ、タベナンダレバ、否定・過去・仮定のカサナンダラバ、タベナンダラバ、否定・過去・譲歩のカサナンダレド、タベナンダレド、否定・過去・予想のカサナンダロー、タベナンダローから形成される。これらの形は、そのほとんどがあまり一般的では

ないので、活用の枠の中には含まれてこなかった。その構成はとても単純である。他の否定形のように、それらは、否定の形容詞の助を伴って形成される複合時制によってしばしば代替される。

§58. 否定・条件。カサネバ、タベネバ。
　これらは、肯定の形であるカセバ、タベレバと一致する否定形である。

　　ミオーニチ　マデ　ツクラネバ、ホカ　デ　アツラエル。
　ナル to become の否定が続く動詞のこの部分は、次の例の中でのように、英語の助動詞 must の効果を与える。
　　マワラネバ　ナラヌ。
　　テ　ヲ　アラワネバ　ナラヌ。

　ナラヌは、次の例の中でのように時々理解されることを許される。

　　イカネバ。

　テ　ワによって続く否定の形容詞は、同じように用いられ、より一般的である。7章を見よ。
　否定・条件の最後のバは、しばしばヤと発音される。
　if he does not lend については、わずかな区別がこれらの句の意味と適用から引き出されるのだけれども、カサナケレバ、カサヌ　ケレバ、カサヌ　トキワ、カサナイ　トキ　ワ、カサヌ　ナラ、カサナイ　ナラ、カサヌ　ト、カサナイ　ト、カサナク　テ　ワ、カサナイ　デ　ワと言うこともできる。

§59. 否定・仮定。カサズバ、タベズバ。
　カサズバ、タベズバは、カサバ、タベバに対応する否定形である。それらは、語尾バの前の音便として挿入される m を時々持つ。実際には、それらは条件形と混同される。

例　コンニチ　アメ　ガ　フラズバ、ツキジ　エ　オ　トモ　イタシトー　ゴザイマス。
　　　ショーショー　キンス　ヲ　ツカワサズバ　ナリマスマイ。

§60. 否定・譲歩。カサネド、タベネド。

　例　ハコダテ　エ　イッテ　ミネド、ヨホド　サムイ　ヨースデ　ゴザイマス。

　この形はそれほど多く用いられず、普通カレドが続く否定・現在、または否定の形容詞

に置き換えられる。カサネドについては、ほとんどいつもカサヌ　ケレド、またはカサナ
イ　ケレドと聞いている。

§61.　否定分詞。カサデ、カサズ、タベデ、タベズ。
　否定語尾としての「デ」は東京語においてよりも関西地方の方言に見られる。また、否定
分詞は過去分詞と同じように、語幹の統語論もしくは不定形がある。ただし、語幹はほと
んど名詞である。

例　ネガイ　ヲ　トゲズ　ニ　シンダ。
　　ムマ　ニ　カイバ　ヲ　ツケズ　ニ　イッテ　シマッタ。
　　ハンブン　キカズ　ニ　デマシタ。
　　カレ　コレ　イワズ　ニ　トッテ　コイ。
　　ミズ、シラズ　ノ　モノ。
　　ムコー　ミズ　ヲ　スル　ヒト　デ　ハ　ナイ。
　　イカズ　ニ　シマイマシタ。

次の文における「デ」は副詞的な働きを持つ。

　　アイカワラズ　タッシャ　デ　ゴザイマス。

次の例では動詞である。

　　ショーユ　ハ　イレズ　ト　ヨロシュウゴザイマス。
　　ソンナ　コト　ヲ　イワズ　ト、カネ　ヲ　ヤレ。

「カサヌ　デ」「カサナイ　デ」は「カサズ」の代わりによく用いられる。
上述したように§47否定分詞の「ズ」は不定形の働きがあると考えられる。

例　ハジメ　ハ　ゴク　シムビョー　ダッタ　ガ；オイオイ　ゾウチョー　シテ、イイ
ツケル　コト　ハ　スコシ　モ　キカズ、ソノ　ウエ　ウソ　ヲ　ツイテ　オイラ　ヲ
アザムク　コト　タビタビ　ダ。
　（語句の終わりは「ダ」であるので、ここの「キカズ」は否定現在直説法で、「キカヌ」と同じ
ように訳される。）

§62.　仮定形。カサバ、タテバ。（省略）

§63. 否定形容詞。カサナイ、タベナイ。

この形は形容詞として活用され、動詞の否定形の代用語としても、さまざまに組み合わせることによって多く用いられる。第7章を見よ。

§64. 未来形。カソー、タベヨー。（省略）

§65. 現在直説法。カス、タベル。（省略）

§66. 否定命令形。カスナ、タベルナ。

例　イクナ！
　　ショーチ　スルナ！
　　ソレ　ヲ　タベルナ！

§67. 否定未来形。カスマイ、タベマイ。
　この時制の語尾「マイ」は第一活用の場合、現在直説法に付加し、第二活用の場合、否定形の語基に付加する。
　'arō' で接続される否定形容詞、未来形の 'aru'、'to be' はときどきこの形に用いられる。例えば、'shiranai' は 'shiranak'arō'、'he probably does not know' になる。'shiranudarō'、'shiranai darō' も同じ意味である。未来形の本当の意味は§64を見よ。

　否定未来形の例：
　　ミョーニチ　マデ　ナオリマスマイ。
　　ヒトリ　デ　デキマイ。
　　アルマイ。
　　メシ　ヲ　タベマイ。
　　アシタ　ニ　モ　ナオウマイ　モノ　デ　モ　ナイ。

§68. 命令形。カセ、タベロ。（省略）
§69. 条件形。カセバ、タベレバ。（省略）
§70. 譲歩形。カセド、タベド。（省略）
§71. 他動詞と自動詞（省略）
§72. 使役動詞（省略）
§73. 受身動詞もしくは可能動詞（省略）
§74. 他の派生動詞（省略）
§75. （省略）

§76. （省略）
§77. （省略）

§78. 　　　　　　　　第一活用
　　　　　　　　カス，to lend

直説法		
時制	肯定形	否定形
現在	カス	カサヌ
		カサナイ
	カス ノ デス	カサナイ ノ デス
	カス ノ ダ	カサナイ ノ ダ
	カシマス	カシマセヌ
過去	カシタ	カサナンダ
		カサナカッタ
		カシタ ノ デナイ
	カシタ ノ デス	カサナカッタ ノ デス
		カサナカッタ ノ デシタ
		カシマセナンダ
	カシマシタ	カシマセヌ ダッタ
完了もしくは継続	カシテ オル もしくは イル	カシテ オラヌ もしくは イナイ
	カシマショー	カシテ イマセヌ
未来	カソー	カスマイ
	カス ダロー	カサナイ ダロー
	カス ノ デショー	カサナイ ノ デショー
	カシマショー	カシマスマイ
推量過去	カシタロー	カサナンダロー
		カサナカッタロー
	カシタ ノ デショー	カサナカッタ ノ デショー
	カシマシタロー	カシマセナンダロー

条件法		
時制	肯定形	否定形
現在	カセバ	カサネバ
		カサヌ ケレバ
		カサズバ
	カサバ	カサヌ ト
	カス ト	カサナイ ト

時制	肯定形	否定形
現在	カス　ナラ カス　トキ　ハ カシテ　ハ カシマス　ト	カサヌ　ナラ カサヌ　トキ　ハ カサナク　テ　ハ カシマセヌ　ト
過去	カシタラ カシタ　ナラ カシマシタラ	カサナンダラ カサナカッタラ カサナンダ　ナラ カサナカッタ　ナラ カシマセナンダラ
完了もしくは継続		カシテ　イナイ　ナラ

譲歩法		
時制	肯定形	否定形
現在	カセド カス　ケレド カス　ト　イエド カシテ　モ カシマス　ケレド	カサネド カサナケレド カサヌ　ケレド カサナイ　ケレド カサヌ　ト　イエド カサヌ　デモ カシマセヌ　ケレド
過去	カシタレド カシタ　ケレド カシテ　モ カシマス　ケレド	カサナンダレド カサナンダ　ケレド カサナカッタ　ケレド カサンク　テモ カシマセナンダケレド
完了もしくは継続	カシテ　オル　ケレド	カシテ　イナイケレド
未来	カス　ト　モ	カサヌ　ト　モ カサズ　ト　モ

命令法	
肯定形	否定形
カセ	カスナ
オ　カシ　ナサレ	オ　カシ　ナサルナ
カシテ　クレ	カシテ　クレルナ
カシナ	カシ　ナサンナ

分詞	
肯定形	否定形
カシテ	カサズ
	カサズ ニ
	カサナクテ
	カサナイ デ
カシマシテ	カシマセズ
	カシマセズ ニ

選択形	
肯定形	否定形
カシタリ	カサナンダリ

願望形容詞	
肯定形	否定形
カシタイ	カシタク ナイ

使役動詞	
肯定形	否定形
カサセル	カサセヌ

受身もしくは可能動詞	
肯定形	否定形
カサレル	カサレヌ

可能動詞	
肯定形	否定形
カセル	カセヌ

§79.　　　　　　　第二活用
　　　　　　　タベル，to eat

直説法		
時制	肯定形	否定形
現在	タベル	タベヌ
		タベナイ
	タベル　ノ　デス	タベナイ　ノ　デス
	タベル　ノ　ダ	タベナイ　ノ　ダ
	タベマス	タベマセヌ
過去	タベタ	タベナンダ
		タベナカッタ
	タベタ　ノ　デス	タベタ　ノ　デナイ
		タベナカッタ　ノ　デス
		タベナイ　ノ　デシタ
		タベマセナンダ
	タベマシタ	タベマセヌ　ダッタ
完了もしくは継続	タベテ　オル	タベテ　オラヌ
	タベテ　イル	タベテ　イナイ
	タベテ　イマス	タベテ　イマセヌ
未来	タベヨー	タベマイ
	タベル　ダロー	タベナイ　ダロー
	タベル　ノ　デショー	タベナイ　ノ　デショー
	タベマショー	タベマスマイ
推量過去	タベタロー	タベナンダロー
		タベナカッタロー
	タベタ　ノ　デショー	タベナカッタ　ノ　デショー
	タベマシタロー	タベマセナンダロー

条件法		
時制	肯定形	否定形
現在	タベレバ	タベネバ
		タベヌ　ケレバ
		タベナケレバ
	タベタ	タベズ　バ
	タベル　ト	タベヌ　ト
		タベナイ　ト

現在	タベル　ナラ	タベヌ　ナラ
	タベル　トキ　ハ	タベヌ　トキ　ハ
	タベテ　ハ	タベナク　テ　ハ
	タベマス　ト	タベマセヌ　ト

譲歩法		
時制	肯定形	否定形
現在	タベレド	タベネド
		タベナケレド
	タベル　ケレド	タベヌ　ケレド
		タベナイ　ケレド
	タベル　ト　イエド	タベヌ　ト　イエド
	タベテ　モ	タベヌ　デモ
		タベマセヌ　ケレド
過去	タベタレド	タベナンダレド
	タベタ　ケレド	タベナンダ　ケレド
		タベナカッタ　ケレド
	タベテ　モ	タベナク　テモ
	タベマス　ケレド	タベマセナンダケレド
完了もしくは継続	ベテ　オル　ケレド	ベテイナイケレド
未来	ベル　ト　モ	タベヌ　ト　モ
		タベズ　ト　モ

命令法	
肯定形	否定形
タベロ	タベルナ
オ　タベ　ナサレ	オ　タベ　ナサルナ
タベテ　オ　クレ	タベテ　クレルナ
タベ　ナ	タベ　ナサンナ

分詞	
肯定形	否定形
タベテ	タベズ
	タベズ　ニ
	タベナク　テ

タベマシテ	タベナイ　デ
	タベマセズ
	タベマセズ　ニ

選択形	
肯定形	否定形
タベタリ	タベナンダリ

願望形容詞	
肯定形	否定形
タベタイ	タベタク　ナイ

使役動詞	
肯定形	否定形
タベサセル	タベサセヌ

受身もしくは可能動詞	
肯定形	否定形
タベラレル	タベラレヌ

可能動詞	
肯定形	否定形
Wanting	

第7章　形容詞

§94.　否定形容詞

　形容詞のもうひとつの重要な種類は動詞に否定の語基、否定形容詞ナイ(not)をつけることによって作られる。

　ごくわずかの例外を除いて、すべての動詞からこの形が作られ、いつも本動詞固有の否定形(＝ヌ、ズ)の代わりに用いられている。

　これらの形容詞の述語形と副詞形はめったに短縮されず、その抽象名詞は使われていない。

例　ワカラナイ。
　　ウケアワナイ。
　　シラナイ　ヒト。
　　ヤカナク　テモ　ヨロシイ。
　　カゼ　ガ　ナイ　カラ、ホヲ　カケテモ　カケナク　テモ　オナジ　コト　ダ。
　　シラナケレバ、センサク　シマショウ。
　　ソンナ　コト　ヲ　イワナケレバ　イイ　ノニ。
　　モノ　ヲ　モ　イワナイ　デ　ニゲダシタ。
　　イカナク　テ　ワ　ナリマセヌ。

　最後の文の表現形式では、ナリマセヌの部分がよく省略されて、テワはチャに短縮される。

例　カワナクチャ。
　　テ　ヲ　アラワナクチャ。
　　コナクチャ　ナラヌ。

第3章　第一部のまとめ

　第一部では近世から近代、換言すれば、江戸期から明治期にかけての否定表現の系譜について通観した。

　第1章では、近世後期江戸語における否定表現について見るにあたり、近代以前の「近世」という時代と「江戸語」について概観した。それは、江戸語が東京語の基礎になったという事実に鑑み、近世から近代へ、江戸語から東京語へという通時的視点を確保するためであった。
　まず、「近世」という時代については、日本の歴史において政治史的な江戸時代と同一にとらえるが、日本語史的には、その上限を天正元(1573)年や応仁元(1467)年と見る説等がある。本書では、「近世」を江戸時代のことと考え、その時代を宝暦年間(1751-1764)を境に前後期に分け、前期は上方語が、後期は江戸語が優勢であったと見る。「江戸語」については、「江戸で話されていた言葉の中で最も広く通用し、その主流をなす江戸の共通語で、近世後期、上方語と共に文字を持つ中央語として、標準語的地位にあった言語」という定義に従い、江戸語についての吉田(1952)の時期区分、小松(1985)による江戸語の形成についての三つの過程について見た。そこから、近世における江戸語の変遷は上方語的要素の漸減傾向、東国語的要素の漸増傾向として捉えられること、また、江戸語には諸相のあることを確認した。
　次に、近世後期江戸語において否定表現がどのような様相を呈していたのかを先行研究をもとに見た。ヌ系とナイ系のせめぎ合いや、「否定・過去」については江戸語においても上方語的なナンダが多く使用されていたことを確認した。

そして、人情本『仮名文章娘節用』の信頼しうるテキストを資料として否定表現の調査を行なった。作品の中で用いられた否定表現は、全体的にナイ系よりもヌ系の方が数量的に優勢であった。これは主要登場人物の属性と関連しており、武家の家族や市井の町人など比較的上層に属する人たちが使う否定表現としては、上方系の語法が選択される傾向のあることを確認した。

　第2章では、明治期東京語における否定表現について見た。第1章で見た近世後期江戸語との関係性に留意しつつ、「明治」という時代と「東京語」について概観した。
　まず、明治期は、近代化に伴う大きな政治的・社会的変動を経た時期であり、現代日本語が形成される過程の初期に位置づけられる揺籃期で、その基調となったのが東京語であった。東京語については、松村(1954)による、東京における都市としての発展・変貌の様相と言語的事実の推移との関連からなされた五期にわたる時期区分、飛田(1993)による、教育の普及度を基準とした三期にわたる時代区分を確認した。
　次に、明治期東京語における否定表現について、先行研究をもとに確認した。否定・過去のナンダからナカッタへの推移、ズハからナケレバへの推移などに見る上方系のヌ系の減退と東国系のナイ系の伸長、丁寧・否定・過去のマセンデシタの安定について諸研究を概観した。
　そして、明治期における否定表現についての認識を、アストン『日本口語文典』第四版(1888)をもとに見た。アストンが幕末・明治の日本語に話しことば(spoken language)と書きことば(written language)の区別のあることを認め、その語法を説明した諸文典の中から、最新の口語文典をもとに、「第4章　動詞」での否定表現の諸形式と「第7章　形容詞」の否定形容詞を取り上げ、考察を行なった。当時にあっての話しことばは、言語が変化していく最前線に位置づけられるものであるので、そこから当時の否定表現についての認識を確認したのである。

　以上のように、第一部では江戸期、明治期の時代背景と、江戸語・東京語の

概観、江戸語・東京語における否定表現について先行研究をもとに確認し、人情本『仮名文章娘節用』とアストン『日本口語文典』第四版(1888)を資料として、江戸語における否定表現の実態と明治期における否定表現の認識について考察した。

第二部

否定表現構造における否定要素と文法カテゴリー

第4章　丁寧体否定形
　　　　マセヌからマセンへの交替

1　はじめに

1.1　テーマ設定の理由

　日本の歴史において幕末から明治にわたる半世紀は、近代化にともなう大きな政治的・社会的変動を経た時期であり、同時に、そのような背景のもとで現代日本語(以下、現代語)が形成される過程の初めに位置づけられる時期でもある。現代語については、新しい時代に見合う漢語中心の新語彙の創造・増大と言文一致運動の行われた19世紀後半(幕末〜明治30年前後)を形成期、新語彙の定着と口語文の普及によって文体の安定する20世紀初期(明治30年前後〜大正)を確立期と見る観点もある[1]。

　本章では、現代語の形成期に属するとされる明治前期において、丁寧体否定表現がどのように推移したのかを考察することにより、当時の言語実態の一端を明らかにすることをその目的とする。そのために、近世から受け継がれ、この時期に一部要素が衰退しつつあった江戸語と比較したときに、その語法や表現において顕著であった「分析的傾向」と、「複合辞の発達」という観点から論じてみる。

　「分析的傾向」とは、種類の少ない、単純な表現単位のコンビネーションによって、複雑、微妙な表現を成立させようとする傾向のことである[2]。また、「複合辞」は、複合助詞・複合助動詞・複合接続詞・複合感動詞を含む総称[3]として使用し、その認定については、以下の基準[4]に従う。

①単なる構成要素のプラス以上の意味を持っていること（構成要素の合計プラスα）。
②類語（意味の近似した他の助詞や複合助詞）の中にあって、独特の意味やニュアンスを分担していること。
③構成要素の結合が固着していること。
④構成要素が助詞・助動詞のみでなく、自立語が中心の場合は、名詞・動詞・形容詞などの実質的意味が薄れ、形態的にも固定化し、付属語的に機能していること。

近世語からの流れの中で、複雑な表現内容が次第に単純なものに分化し、それらの組み合わせでまた複雑な内容を表現するという分析的傾向は、必然的に複合辞の発達を促したと考えられる。そのような日本語の歴史的な変遷過程をふまえて考察を行ないたい。

1.2 否定表現についての先行研究

否定表現についてはこれまでに、意味論的分析、語法と内容との関係、解釈上の問題、構文的な生起の仕方などさまざまな角度から研究がなされてきた。それらは否定の意味・機能領域が複合的なことから見られるものであり、否定の持つ特殊性[5]に起因するものと考えられる。

本章では丁寧体否定表現、換言すれば、否定辞を含む丁寧体について取り上げるので、それらに関する研究についてのみここでは言及する。

湯澤(1954)は、江戸に行なわれた口語、すなわち「江戸言葉」の概観を明らかにした大著で、江戸の小説・歌舞伎脚本・落語等の用語を観察し、語法を中心に用例を挙げる。特に、否定も含めて助動詞・助詞はすべての語を網羅している。

飛田編(2006)は、江戸文化を代表する二人の作家、式亭三馬と十返舎一九の二人の全作品を文学ジャンルごとに考察し、話し言葉における階層語の実態、書き言葉における表記法、擬古文の単語の性格を白話小説や日本古典との関連

から追求している。

　江戸語における否定の助動詞について、中村(1959)は、『春色梅児誉美』、『浮世風呂』、『花暦八笑人』の考察を通じて、ヌ・ナイ・ネエの対立と相克、ナカッタの発生が比較的高い層からであったことを述べている。坂梨(1973・1995)は『浮世風呂』、『浮世床』、『梅暦』[6]の考察を通じて、助動詞ナイの発達が形容詞ナイの活用に倣っていったものであること、その過程は終止連体形の次に連用形のナクあたりから整備されたことを述べている。

　明治期における否定の助動詞については、吉田(1971)が現代語助動詞の概観を史的に扱う中で取り上げている。また、飛田(1974)は『安愚楽鍋』の考察を通じて、明治初期東京語の否定表現体系を明らかにしている。

　否定過去の「なんだ」から「なかった」への両勢力の交替(もしくは「なかった」の発生)については、中村(1948)が通時的側面から、金田(1985)が位相的側面から考察し、金澤(1999)は文法的側面から、今まさに変化しつつある助動詞「ない」による連用中止法と、言語変化のあり方として平行的な関係にあることを明らかにしている。

　否定過去の丁寧体について、松村(1957)は幕末から明治20年代ごろまでにかけての「まし(せ)なんだ」から「ませんでした」への変遷過程を明らかにした。また、田中(2001)は、幕末から現在に至るまでの諸形(マセナンダ、マシナンダ、マセンダッタ、マセンデシタ、マセンカッタ、ナイデシタ、ナカッタデス)の推移を明らかにした。

　以上紹介した研究では、過去形を除いてはすべて否定表現を個別の問題として扱っている。また、丁寧表現(デス・マス)についても、待遇表現の研究として個別に扱ったものがほとんどである。したがって、これら二つのテーマをあわせた研究は、それほど見られないようである。

　本章では、丁寧体否定表現を、その形式と意味・機能の両面から考察し、このような複合表現によってこそ示され得る語法上の特性を明らかにしたい。

1.3 調査資料

本章では、19世紀後半の人々の言語使用の実態を写した口頭語(発話部分)を含む文学作品(戯作、歌舞伎脚本、落語速記、翻訳も含めた小説等)20編を資料として調査を行なった。対象とした作品を選択する上では、江戸・東京出身者を作者とするもの、さまざまな階層の人物が登場するものを中心とした。以下に調査資料の一覧を示す[7]。

	作者	初出年	作品名	略称	出典
①	仮名垣魯文	1870-72 (明3-5)	『[万国／航海]西洋道中膝栗毛』	「西」	明治文学全集1『明治開化期文学集(一)』、筑摩書房、1966
②	仮名垣魯文	1871-72 (明4-5)	『[牛店・雑談]安愚楽鍋』	「安」	明治文学全集1『明治開化期文学集(一)』、筑摩書房、1966
③	河竹黙阿弥	1873 (明6)	『東京日新聞』	「東」	『黙阿弥全集』第廿三巻、春陽堂、1926
④	高畠 藍泉	1875 (明8)	『怪化百物語』	「怪」	新日本古典文学大系明治編1『開化風俗誌集』、岩波書店、2004
⑤	河竹黙阿弥	1877 (明10)	『富士額男女繁山』	「富」	『黙阿弥全集』第十二巻、春陽堂、1925
⑥	河竹黙阿弥	1879 (明12)	『人間万事金世中』	「人」	『黙阿弥全集』第十三巻、春陽堂、1925
⑦	高畠 藍泉	1879 (明12)	『巷説児手柏』	「巷」	明治文学全集2『明治開化期文学集(二)』、筑摩書房、1967
⑧	河竹黙阿弥	1881 (明14)	『島鵆月白浪』	「島」	新日本古典文学大系明治編8『河竹黙阿弥集』、岩波書店、2001
⑨	三遊亭円朝	1885 (明18)	『業平文治漂流奇談』	「業」	『圓朝全集』巻四、春陽堂、1927
⑩	三遊亭円朝	1885 (明18)	『歐洲小説黄薔薇』	「黄」	『圓朝全集』巻七、春陽堂、1926
⑪	三遊亭円朝	1885 (明18)	『西洋人情話英國孝子ジョージスミス之傳』	「英」	『圓朝全集』巻九、春陽堂、1927

⑫	坪内　逍遥	1885-86 (明18-19)	『[一読／三歎]当世書生気質』		「当」	岩波文庫、1999
⑬	二葉亭四迷	1887-89 (明20-22)	『浮雲』		「浮」	新日本古典文学大系明治編18 『坪内逍遥　二葉亭四迷集』、 岩波書店、2002
⑭	坪内　逍遥	1888 (明21)	『小説外務大臣』		「外」	「翻刻と研究　坪内逍遥「小説外務大臣」」、創文社出版、1994
⑮	依田　学海	1888 (明21)	『政党美談淑女の操』		「操」	明治文学全集86 『明治近代劇集』、 筑摩書房、1965
⑯	三宅　花圃	1888 (明21)	『藪の鶯』		「藪」	明治文学全集86 『明治近代劇集』、 筑摩書房、1965
⑰	依田　学海	1889 (明22)	『政党餘談淑女の後日』		「後」	明治文学全集86 『明治近代劇集』、 筑摩書房、1965
⑱	三宅　花圃	1890 (明23)	『八重桜』		「八」	明治文学全集81 『明治女流文学集(一)』、 筑摩書房、1966
⑲	若松　賤子	1890-92 (明23-25)	『小公子』		「小」	明治文学全集32 『女学雑誌・文学界集』、 筑摩書房、1966
⑳	尾崎　紅葉	1896 (明29)	『多情多恨』		「多」	岩波文庫、2002

　作者の出生年は、その使用言語に多大な影響を及ぼしたと考えられる。ここで取り上げた作者の生没年、享年を生誕順に示すと、以下のとおりである[8]。

　　　河竹黙阿弥　　1816. 2. 3-1893. 1. 22　　　　享年78
　　　仮名垣魯文　　1829. 1. 6-1894. 11. 8　　　　享年66
　　　依田　学海　　1833. 11. 24-1909. 12. 27　　 享年77
　　　高畠　藍泉　　1838. 5. 12-1885. 11. 18　　　享年48
　　　三遊亭円朝　　1839. 4. 1-1900. 8. 11　　　　享年62
　　　坪内　逍遥　　1859. 5. 22[9]-1935. 2. 28　 享年77

二葉亭四迷　　1864. 2. 28[10] - 1909. 5. 10　　　享年46
　　若松　賤子　　1864. 3. 1-1896. 2. 10　　　　　　享年33
　　尾崎　紅葉　　1867. 12. 16[11] -1903. 10. 30　　享年37
　　三宅　花圃　　1868. 12. 23 - 1943. 7. 18　　　　享年76

　作者の中で、坪内逍遥は美濃国(現在の岐阜県)出身である。しかし、幼い頃から江戸文芸に親しみ、18歳の時に上京、その後の文壇での活躍(翻訳・著作などの業績、二葉亭四迷との師弟関係)、学歴等さまざまなことを勘案し、また、ここで取り上げた作品の舞台、登場人物も調査にふさわしいと判断した。若松賤子は会津若松(福島県)の出身であるが、7歳の頃に横浜の織物商の養女となり、女学校で教育を受けた当時の女性高学歴者の典型で、『女学雑誌』と関連する活躍は周知のことでもある。ここで取り上げた若松の作品は外国文学の翻訳である。坪内、若松両名以外は江戸・東京の出身である。

1.4　分析の方法

　本章は形成期の現代語を研究対象としているので、その期間は19世紀後半となる。つまり、幕末の言語資料も対象に含まれるが、江戸語については先行研究を参照しつつ、明治期の文学作品を主に調査した。また、それらの作品の中でも発話文を考察し、地の文は除外した。

　本章では、丁寧体否定表現の語構成と意味・機能との関係について論じるのが目的なので、ひとまず丁寧体否定表現の対義となる丁寧体「肯定」表現、もしくは「普通体」否定表現との対比は行なわない。また、意味・機能の面では、情意的なニュアンスを加える表現として、より下位に分類されると考えられる終助詞については、積極的には取り上げないこととする。

　また、丁寧体否定表現の用例を採集する際には、動詞述語もしくは前接語が動詞のものに限定し、以下のような形容詞述語のものは対象外とした。

　　#1「あれ、大相生意気な事を申しました、つい喋(しゃべり)過ぎまして。」

「いや、然(そ)うでないです、決して那(そんな)様事は無いですよ。何卒(どうぞ)言つて下さい、十分に言つて下さい。……」　　　　　　（「多」、224頁）

　さらに、丁寧体否定表現を取り上げるときに、同じ形態のものも含めて、文末での表現と文中での表現は区別して扱った。テキストによっては、句読点や符号の使い方が異なるので判断が難しかったが、文脈から判断した。

　丁寧体否定表現は、文法学説によっては構成上細かく分解される。例えば、「Vないでしょう」は「V・ない／でしょ／う」とすることもできる。しかし、本章では、このような表現群が文のどの位置で、どのように実現するのかをパラディグマティックな関係の中で考察し、その分析的傾向と複合辞としての発達を見たいので、原則として分解せずに取り上げることにした。

　用例の引用については原文どおりとしたが、必要に応じて漢字は新字体に、変体仮名は現行の字体にあらためた。

1.5　用例数

　前述のような立場で、対象作品20編の丁寧体否定表現を悉皆調査した結果、文末の表現は141種類、1,529例あり、文中の表現は77種類、497例あった。それらを章末の表4-1、表4-2に示した。表の行では作品名を略称で表わし、その上に初出年（明治〇年）を数字で記した。列には見出し語を並べた。

2　丁寧体否定形のマセヌとマセン

2.1　江戸語におけるマセヌとマセン

　本章で対象とする明治期の文学作品について述べる前に、それ以前の幕末の丁寧体否定表現について見る。

　18世紀前期の江戸語の否定（打消）表現の研究として、中村(1959)がある。『春色梅児誉美』(1832-33)、『浮世風呂』(1809-13)、『花暦八笑人』(1820-34)の否定表現について調査し、丁寧体についてはマセヌとマセンの用例数を次のように示した[12]。

表4-3　中村(1959)より

丁寧体否定表現 性別、地方、計	マセヌ				マセン			
	男	女	京阪・西国	計	男	女	京阪・西国	計
『浮世風呂』　　(1809-13)	24	5	7	36	17	59	1	77
『花暦八笑人』　(1820-34)	23	3		26	38	8		46
『春色梅児誉美』(1832-33)	2	2		4	6	65		71

＊『春色梅児誉美』では、マセンの項に、やせん・おっせん・ざんせん・イせんなどを含むとされている。

　上記の表4-3の『浮世風呂』を見ると、マセヌは男、マセンは女の方が比較的に多く使うようである。『花暦八笑人』は、マセヌだけでなくマセンも男が多く使っている。『春色梅児誉美』では、マセンは女の使用例が圧倒的に多く、男の例は、特に威張って言う場合や、逆に、ゆすりが本性を隠してことさらに馬鹿丁寧な口をきいている場合に見られたものである。マセヌの男の例は、心中しようとする主家の若主人をとめる番頭の強い禁止のことばと、身分の高い武士に改まった口調で述べることばであり、女の例は、女中が客にとがめる口調でいうことばと、女が男に身の清浄であることを言い切るときのことばであって、ともに通常の表現ではないとされている(中村1959:107)。このように、マセヌとマセンの使い分けには、話し手の性差を含めた位相や、場面などさまざまな影響が考えられる。ただ、この時期にマスの否定形としてはマセヌ、マセンの両形式とも使用されていたことは確かなようである。
　湯澤(1954:489)でも「ます」の項に、「ませ」(未然形)の用例として、以下のものが挙げられている。

　　○何もござりませぬ　　　　　　　　　　　　　(郭中奇譚、明和6、1769)
　　○此ごろすきといたしませぬ　　　　　　　　　　　　　　(同上)
　　○しんみせ〔新店〕……お出なんしてころうじませんか
　　　　　　　　　　　　　　　　　　　　　　(遊子方言、明和5-6、1768-69)

○する事なす事、若輩(めへかた)のやうにやア参(めへ)りませんはス

(浮世風呂、文化6、1809)

また、S.R.ブラウンの『会話日本語』(文久3、1863)でもマセヌとマセンの両形式が見られる。

249.　*He will not lose by it.*
　　　So-no ko-to de ke-s'-sh-te so-n wo i-ta-shi-ma-se-nu.
　　　ソノコトデケッシテソンヲイタシマセヌ
Do.　A-no ko-to de ke-s'-sh-te so-n wo shi-ma-se-nu.
　　　アノコトデケッシテソンヲシマセヌ

296.　*He is not of age.*
　　　A-no o ka-ta wa ma-da o-to-na ni o na-ri na-sa-re-ma-se-n'.
　　　アノオカタハマダオトナニオナリナサレマセン
Do.　A-re wa ma-da o-to-na ni na-ra-nu.
　　　アレハマダオトナニナラヌ

2.2　調査資料におけるマセヌとマセンの各形式

前で見たように、江戸語においてマセヌとマセンは共存しているが、本章の調査対象の明治期文学作品でもさまざまな意味・機能において両形式が見られる。文末での表現、文中での表現が20作品中どれぐらいの作品に出現するのか、その数を以下の表4-4、表4-5に示した。なお、マセヌ・マセンの後接語が「から」「ので」「で」「が」など接続助詞であるものは、文末での表現にも文中の表現にも見られるが、主節が省略されているものは文末での表現として考えた。

表4-4、表4-5を見ると、文末での表現形式が11対19、文中での表現形式が11対14と、マセヌに比べてマセンのバリエーションが増えており、その傾向は文末の表現の方でより顕著である。その理由については2.4で述べる。

表4-4 マセヌ・マセンの文末での表現

丁寧体否定形＼後接語	。	です。	でした。	か。	かな。	ぜ。	ぞ。	て。	な。	ね。	の。	のさ。	は。	や。	よ。	わ。	から。	ので。	で。	が。
マセヌ	11			8	2	2	6	1	2	1					1				1	4
マセン	16	1	6	17	1	4	1	2	5	5	2	4	1	14	2	5	2	1		4

表4-5 マセヌ・マセンの文中での表現

丁寧体否定形＼後接語	N	こと	ところ	ゆゑ	から	ので	で	が	けれど	でしたが	に	は	のは	と
マセヌ	1	3	1	4	8			8	1		2	2	2	4
マセン	2	1	1	3	13	2	6	13	4	7	1	1	2	7

2.3　ヤセンについて

　明治期以降のマセヌとマセンの相互関係について述べる際には、もう一つの丁寧語ヤスの否定形ヤセンについても考慮しなくてはならない。江戸語の丁寧語としてはマスが一般的であるが、ヤスもあり、男女を問わず町人層での使用が多いとされている[13]。

　ヤセンという文字列の表現は、意味上二通りの解釈が考えられる。次の例から見る。

#1　「イヤ近頃濱で南京が端唄を習ツたりどゝ一や甚九を弾たり唄ツたりしやすから三味線も渡来ているかもしれやせんきいてみやせう（「西」17頁）

　#1は、①（三味線も中国へ）渡っているかもしれません、②（三味線も中国へ）渡っているかもしれはせん、と二通りの意味に解釈ができる。しかし、ここでは従属節に「しやすから」、文末に「きいてみやせう」とあることから、話し手（通次郎という通弁）が聞き手（廣蔵、ここでは弥次と北八も同席）に対してヤスを使用していると見られる。そして、同一作品内にも「～はせん」と解釈されるヤセ

ンは見当たらないので、ここは丁寧語ヤスの否定形であると判断される。

表4-4、表4-5にヤセンを加えると、次の表4-6、表4-7となる。

表4-6　マセヌ・マセン・ヤセンの文末での表現

丁寧体否定形＼後接語	。	です。／でした。	か。	かな。	ぜ。	ぞ。	て。	な。	ね。	の。	のさ。	は。	や。	よ。	わ。	から。	ので。	で。	が。
マセヌ	11		8	2	2	6	1	2	1				1					1	4
マセン	16	1／6	17	1	4	1	2	5	2		4	1	14	2	5	2		1	4
ヤセン	6	／1	3	1					1			1	3						

表4-7　マセヌ・マセン・ヤセンの文中での表現

丁寧体否定形＼後接語	N	こと	ところ	ゆゑ	から	ので	で	が	けれど	でしたが	には	は	のは	と
マセヌ	1	3	1	4	8			8	1		2	2	2	4
マセン	2	1	1	3	13	2	6	13	4		1	1	2	7
ヤセン	1				2			2	1					1

　ヤセンは文末での表現形式が7、文中での表現形式が5と、マセヌやマセンに比べると形式のバリエーションが少ない。また、ヤセンは文末での「ヤセンヤ。」（これも一作品の一人物のみが使用）を除くと、そのすべての形式がマセンと重なっている。ヤセンが出現する作品は20作品中6作品しか見あたらず、ヤセンの全用例は表4-8のようになる。

　ヤセンを使用する発話者を見ると、『業平文治漂流奇談』の森松は主人公業平の子分で手代である。『歐洲小説黄薔薇』の藤蔵は元奉公人で現在は茶屋の爺、馬場良介は元士族で現在は商人、『西洋人情話英國孝子ジョージスミス之傳』の文吉は髪結い、重二郎は御用達清水助右衛門の息子、清次は屋根屋の棟梁である。『［万国／航海］西洋道中膝栗毛』の通次郎が通弁（＝通訳）なので、知識層に属するほかは、商人・職人・車夫・落語家・芝居者などの町人層と、手代・下男などの奉公人という比較的下層に属する人々である。

表4-8 ヤセン全用例の「発話者-受話者」別使用状況

作品名	発話者	受話者	形式・用例数
[万国／航海]西洋道中膝栗毛	通次郎	廣蔵	ヤセン・1、ヤセンガ・1
		弥次・北八	ヤセンゼ・1
	北八	通次郎	ヤセン・1
	弥次	廣蔵	ヤセンカ・1、ヤセンガ・1、ヤセンゼ・1
		書生	ヤセンガ・2、ヤセンカラ・1
	こん平	書生	ヤセンカラ・1
[牛店／雑談]安愚楽鍋	西洋好き男	隣の客	ヤセン・2、ヤセンノサ・1
	芝居者	旦那	ヤセン・2、ヤセンカ・2、ヤセンガ・1、
	落語家	若旦那	ヤセン・3、ヤセンガ・1、
	野幇間	客	ヤセンヨ・1
	人力車夫	客	ヤセンカ・1、
怪化百物語	半可通人	──	ヤセン・1
業平文治漂流奇談	商人	士	ヤセン・1
	森松	おあさ	ヤセン・1
		文治	ヤセン・2、ヤセンヤ・2
歐洲小説黄薔薇	藤蔵	お萬	ヤセン・4、ヤセンN・1、ヤセント・3
		江沼	ヤセンカ・1
	馬場良介	江沼	ヤセンヨ・1
西洋人情話英國孝子ジョージスミス之傳	文吉	重二郎	ヤセン・1
	重二郎	丈助	ヤセンカラ・1
		お虎	ヤセンカラ・1
		おいさ	ヤセンカラ・1
		女	ヤセンデシタガ・1
	清次	重二郎母	ヤセン・1、ヤセンデシタ・1
	重二郎母	清次	ヤセンヨ・1

このようにヤセヌは、バリエーションの少なさと使用人物の階層に偏りがある形式であるので、マセヌ・マセンとは同列には扱えず、傍流とするのが妥当であろうと考える。

2.4　マセヌとマセンの比較

明治期の丁寧体否定表現の主要な形であるマセヌとマセンの対立は、言い換えれば「ぬ」と「ん」の問題とも言える。吉田(1971:169-171)はこれらの意識差について、地の文では「ぬ」、会話文では「ん」というように書き分けた作品例が少なくなく、特に作家が力をこめた表記、主張力説の部分に「ぬ」の表れるのは無視できないとする。また「ん」は粗雑・乱暴な物言いの時、「ぬ」は改まった意識的な固い表現のときに使い、文字づかいの上で「ん」は平常態、「ぬ」は緊張態という感じも持つという。「ん」よりも「ぬ」の方が古風で格式ばった感じがする作例があるとも言う。ここでは、先行研究をふまえつつ、いくつかの点でマセヌとマセンを比較してみる。

2.4.1　作者の世代差

マセヌとマセンを比較するときに、まず考えなくてはならないのが作品を創作した作者の言語体系に関してである。1.3では、本章で取り上げる文学作品20編の作者10人の生没年を確認したが、それに基づいて1.5の表4-1、表4-2を再構成しなおして章末の表4-9、表4-10として示した。ここでは行に作者の生誕順、そして発表順に20作品を並び替え、列の見出し語は、2.3の表4-6、表4-7に記されているものをマセヌ、マセン、ヤセヌに分けて並べた。

章末の表4-9から文末での表現を見ると、三つの傾向が見られる。一つ目は、主にマセヌを使用する作者(河竹黙阿弥と依田学海)のいること、二つ目は、マセンとヤセヌを併用する作者(仮名垣魯文と三遊亭円朝)のいること、三つ目は主にマセンを使用する作者(その他6人)のいることである。次に章末の表4-10の文中での表現を見ても、同様の三つの傾向が示されている。

仮名垣魯文については、彼自身が編集した『仮名読新聞』(明治8.11.1～13.10.29)についての先行研究があるが、その中に「新聞」欄および「寄書」欄の否定の助動

詞についての考察があり、地の文、会話文ともマセヌよりもマセンの用例が多いことが報告されている[14]。

三遊亭円朝については、速記本ではなく、「自ら筆を採りて平易なる言文一致体に著述し」[15]たとされる作品、『指物師名人長二』を見ても、やはりマセン・ヤセンを使用しており、マセヌはほとんど使用していない。円朝の演じたものを速記し、それを再び文字化して出版物として刊行する過程で、円朝の音声とは離れて、速記者の基準によって表記が変わってくることは十分可能性として考えられるが、円朝に関しては速記本と本人自筆の作品が同じような傾向を示しているので、一応それは信ずるに値すると判断した。

このように、魯文と円朝については少し問題があるにしても、大きな流れとして見れば、高畠藍泉より前とそれ以後という世代の差でマセヌとマセンの使用傾向が明確に分かれていることがわかる。

2.4.2 作者の傾向と異なる形式の使用

マセヌとマセンを使用する上で、作者とその世代差によって傾向が見られることを前で述べたが、そのような傾向を持つ作者が、そうではない形式を使用する場合が多くはないけれども見られる。そのような場合には、作者がその形式をかえって意図的に使用している蓋然性が高いと考えられる。当時の録音資料などがほとんどないために音声によって比較して確認はできないが、マセヌとマセンについては、音声よりも作者自身の表記の意識が関連するとも考えられる。そのようなことからも、自らの傾向と異なる形式を用いることの持つ意味は決して小さくないと考える。

ここでは、まず主にマセヌを使用する作者がマセンを使用する場合、次に主にマセンを使用する作者、また、マセン・ヤセンを併用する作者がマセヌを使っている場合についてそれぞれ考察する。

2.4.2.1 主にマセヌを使用する作者がマセンを使用する場合

主にマセヌを使用する作者である河竹黙阿弥、依田学海の作品の中にも、そ

れほど多くはないが、マセンを使用する発話が見られる。以下に、その全用例を示す[16]。

『東京日新聞』
#2　附いて参りませんでどうしませう、御勘定を下さらぬ内は、何處までも附いて参ります。
　　　　　　　　　　　　　　　　　　　　　　　　　（「東」、彌太→大蔵）

『富士額男女繁山』
#3　お高い事は申しませんから、一円二分下さいまし。　　（「富」、直→繁）

#4　仮令旦那が見たらうと、何をお疑ひかは存じませぬが、風呂の中は湯気が籠り、何が何やらぼんやりと、さつぱり分りやあいたしません。
　　　　　　　　　　　　　　　　　　　　　　　　　　　（「富」、直→繁）

#5　何ぼ皆さんがお小食でも、此摺鉢では間に合ひません。
　　　　　　　　　　　　　　　　　　　　　　　　　（「富」、お辰→角蔵）

#6　存じたどころではござりません、此お嬢さんはお得意先きでござりまして、つい川向うの花川戸で、戸倉屋といふ本屋の家の、お嬢さんでござります。
　　　　　　　　　　　　　　　　　　　　　　　　　（「富」、お連→正道）

#7　や、お前さんは戸倉屋の、お嬢さんではござりませんか。
　　　　　　　　　　　　　　　　　　　　　　　　　（「富」、お連→お芳）

#8　旦那残を忘れちやあいけませんぜ。　　　　　　　　（「富」、豚吉→角蔵）

#9　それは折角のおいでだが、今日は旦那はお留守だから、お前に逢はす事は出来ませんよ。
　　　　　　　　　　　　　　　　　　　　　　　　　（「富」、お繁→直次）

#10 いやな所に栄耀して、長居するより短い命、好いた男と共々に、苦労するのが女の楽しみ、色恋知らぬお前達の知つた事ぢやアあり<u>ません</u><u>よ</u>。　　　　　　　　　　　　　　　　　　　（「富」、お繁→小助）

#11 爰は見世二階と違ひまして、お馴染様の外お合宿は一切家ではいたし<u>ませんから</u>、お着物などは御心配はござりませぬ。（「富」、お仙→繁）

#12 何ぞ御用がござりましたら、奥二階で聞え<u>ませんから</u>、廊下にござります針金を、ちよつと引いて下さりませ。　　　（「富」、お仙→繁）

#13 ほんやくら、膏薬やら、私には分り<u>ません</u>が、お嬢さまには蒟蒻のやうに、ぐにやりとなられてでござりまする。　（「富」、お虎→繁）

#14 ほんに花がござい<u>ません</u>と、とんと樒でございます。（「富」、お倉→右膳）

『人間万事金世中』
#15 いえ常談ではござり<u>ません</u>、真実に貸して下さりませ。

（「人」、林之助→しな）

#16 情人などをした事のないわたしだから、そんな智慧はあり<u>ません</u>。

（「人」、林之助→蒙八）

#17 いえ、別に手間は取れ<u>ません</u>、おくらさん〳〵。（「人」、蒙八→くら）

#18 その内にもわたくしは大嫌ひでござりますが、どうかお前さんが内々で、入口にある判取をちよつと取つて下さい<u>ませんか</u>。

（「人」、荷介→林之助）

#19 なに、朝から晩までの小言ゆゑ何とも思ひはしませんが、お前さんは奉公人と違つて現在の甥御さんでありながら、私共同様にあゝがみ〳〵おつしやるとは、実に喧しい旦那でござります。

(「人」、荷介→林之介)

#20 そんな口綺麗なことを言つて、お前さんの顔のやうに又凹んぢやいけませんよ。　　　　　　　　　　　　　　(「人」、野毛→蒙八)

#21 これから直に積出さうとも、少しも差支へはござりませんから、

(「人」、電吉→荷介)

#22 御親切にお前様がお案じなされて下さいますが、塩梅が悪いその上に貧乏に追はれますので、段段重くなるばつかり、あれでは快くなる筈はないと案じられてなりませんから、それでお願ひに参りました。

(「人」、千之助→林之介)

#23 祖母さんが達者で居れば、異人さんの洗濯屋の下仕事をして稼ぎますから、そんなに困りもしませんが、其おばあさんが去年の暮から長煩ひをして居るので、米屋や薪屋へ借りが出来、やいやい催促されましても、辻占こぶを売つた位の儲けの内では返されず、薬を買つてお米を買ひお粥を炊いて二人して啜つて居るのが精一ぱい、余計な銭が儲からぬ故それを案じておばあさんが、年の行かぬ一人の孫に苦労をさせるが気の毒だから、一日も早く死にたいが、病気で死んでは葬ひや何かでやつぱり跡で物が入るゆゑ、いつそ人に見られぬやう海ツ端まで這つて行き身を投げて死ぬと言ひますから、そんな事でもされましては大変でござりますゆゑ、案じなさんなと力をつけ、據ろなく御無心に参りましてござりまする。　　　(「人」、千之助→林之介)

『島衛月白浪』

#24 夫だと云つて気味の悪い、人通のない此山中、私や怖くてなりません。

(「島」、お照→千太)

#25 転んで怪我でもなすつては、私が済ません。　(「島」、三太→岩松)

#26 旦那、お湯をお召被成いませんか。　(「島」、みち→千右)

#27 モシお内義さん、今のお袋だと云人は、一筋縄ではいけませんね。

(「島」、太助→みち)

#28 ツイ大工さんが出てなりませんね。　(「島」、お常→お清)

#29 イエ、何も忘れは致しませんよ。　(「島」、お常→お欲)

#30 口を出しては済ませんが、新聞屋にでも聞れると、直に明日の続き物、ぱつと世間へ仕ますから、爰はこつそりと弁山さんに任してお金を貰ふ方が、上分別でござりますぜ。　(「島」、お常→弁山)

#31 モシ旦那、おねだり申ては済ませんが、最う少し下さいませぬか。

(「島」、徳→千太)

『政党美談淑女の後日』

#32 いゝえ檀那ようございますよ。いくら上たツて、茨木さんは、当時日の出の官員さんですから、御用多で容易に御役所を抜られやしませんハね、そこで御気が利てゐらツしやるから、あなたに御迷惑でないやうに、早く上てくれろと仰しやツたのでございますよ。ほんたうに人を待ツて、ぽかんとしてゐるほど、つまらないものハ御座いませんの

さ。そこを知ツて早くなすッたのさ。感心な方ねえ、茨木さんハ。

(「後」、松吉→長澤)

以上の用例数、前接語を作品別に示すと表4-11になる。

表4-11 主にマセヌを使用する作者がマセンを使用する場合

		東	富	人	島	後	前接語
文末	ません。	3	3	2			ござる2、合ふ、ある、いたす、済む、取る、なる
	ませんか。	1	1	1			ござる、下さる、なさる
	ませんぜ。	1					いく
	ませんね。				2		いく、なる
	ませんよ。	2	1	1			ある、いく、いたす、出来る
	ませんのさ。					1	ござる
文中	ませんから	3	2				ござる、いたす、なる、聞える、申す
	ませんが	1	2	2			する2、済む2、分る
	ませんで	1					参る
	ませんと	1					ござる

前接語は、「ござる」が6例(文末4、文中2)、「いく」3例(文末3、文中0)、「いたす」3例(文末2、文中1)、「すむ」3例(文末1、文中2)、「なる」3例(文末2、文中1)、ある2例(文末2、文中0)、する2例(文末0、文中2)で、あと「合ふ」「聞える」「下さる」「出来る」「取る」「なさる」「参る」「申す」「分る」が各1例である。前接語については、3節で文末での表現について述べる際に、詳しく考察しその推移を考えてみたい。

＃2～＃32の全用例の発話者の職業を見ると、居酒屋店員、人力車夫、旅館女房、下女、髪結、番頭、丁稚、商人、芸者など、先に見たヤセン使用者同様、下層に属する人々であり、下女の一部に比較的年配の者がいる他は、すべて若者である。これらの者は、そのほとんどがマセヌとマセンを併用しているのであるが、『人間万事金世中』の中に、発話例は少ないながらも、丁稚として働く複数の若者がマセンだけを用いているものも見られる。ここから、マセヌを使用

する老年世代の作者が、その対極にある若年世代、それも下層の者にマセンを使用させているということがうかがえる。

2.4.2.2 主にマセンを使用する作者、また、マセン・ヤセンを併用する作者がマセヌを使用する場合

主にマセンを使用する作者(高畠藍泉、坪内逍遙、二葉亭四迷、若松賤子、尾崎紅葉)、また、マセン・ヤセンを併用する作者(仮名垣魯文、三遊亭円朝)が作中の登場人物にマセヌを使用させている全用例を作品発表年代順に示す。なお、三宅花圃の作品ではマセヌの用例が見あたらなかった。

『[牛店/雑談]安愚楽鍋』

#33 わたくしなぞも、よい年(とし)になりますまで、肉食(にくしょく)はけがれるものとおぼへまして、とんと用ひずにをりましたが、御時世(ごじせい)につれまして此味(あじ)をおぼへましたら、わすられませぬが、当夏(たうなつ)の新聞(しんぶん)に出(いで)ました、リンテルポストとやらの伝染病(でんせんびやう)がおそろしさに、昨今までやめてをりましたが、あの説(せつ)は、外国(ぐわいこく)だけのことで、日本(にっぽん)へはわたらずにすみましたと見へますテ。　　　　　　　　　　　　(「安」、町人→士)

#34 せんこくのおはなし通(どほ)り、きん／＼の比例(わりあひ)をかんがへて見升れば貴(たか)いやら賎いやら條理(わけ)がわかりませぬ。　　　　(「安」、町人→士)

#35 実(じっ)に西洋流(せいやうりう)でなくては夜(よ)があけませぬ。　(「安」、町人→士)

#36 又髪結賃(かみゆひせん)もその比例(わりあひ)で、丁度半ぶん直〇ト申て当百銭(てんばうせん)ではらへば六倍(ばい)になり升が、米(こめ)は大都(おほよそ)十二倍(ばい)、布帛(たんもの)るゐは六七倍ゆゑ、おなじわりにまはりませぬが、工匠の作料(さくりやう)、諸職の手間(しょしょく)(てま)も、みなそれ／＼にあがり升ゆゑ、米(こめ)がたかいと申て、さほどにこまるはづはございませぬテ。

(「安」、町人→士)

『巷説児手柏』

#37　小倉さんではござりませぬか　　　　　　　　　（「巷」、お節→道覚）

#38　歎くハ武士の妻らしくないとて毎も叱られますが御傷所もありながら百里余りの戦場へお出遊ばす思し召を御止申しハ致しませぬが万一是が御名残に成でもしたら未だ七歳の娘ハ先も長けれど吾儕ハ最う男の厄年殊にハきつい病身なり如何いふ艱難致しても再縁ハ致さずに寡婦で暮したいのが願ひ　　　　　　　　　　（「巷」、お節→静馬）

#39　……子が看病を致すのハ当然でハござりませぬか　（「巷」、お濱→お節）

#40　……お正月が来ても雑煮も上られますまいに吾儕バかり新衣を着て何を致して遊でも面白くハござりませぬから御心遣ひを遊ばさずに早くお癒り遊ばせ　　　　　　　　　　　　　　　　（「巷」、お濱→お節）

#41　「今朝から何も上りませぬがお粥を火鉢へかけませうか」
　　　　　　　　　　　　　　　　　　　　　　　　　（「巷」、お濱→お節）

#42　住吉屋のお内さん久しふ御目に懸りませぬが眷家も御変りなされませぬか　　　　　　　　　　　　　　　　　　　　（「巷」、お君→住吉屋お内）

#43　「モウ只今からお帰でも夜明に間もござりませぬから其召物を脱かへて失礼ながら此浴衣を召てゆるりと熟睡まし　　（「巷」、お君→青我）

『業平文治漂流奇談』

#44　さうか、そんなら話すが実は己も死なうと思つてゐる、といふ訳は、旦那の金を二百六十両を遣ひ込んで、払ひ月だがまだ下りませぬへと云つて、今まで主人を云ひ瞞めたが、もう十二月の末で、大晦日迄

第4章　丁寧体否定形マセヌからマセンへの交替 ── 93

には是非とも二百六十両の金を並べなければ済まねえから、種々考へたが、此の晦日前では好い工夫もつかず、主人に対して面目ないし、……
　　　　　　　　　　　　　　　　　　　　　　　　　（「業」、友之助→お村）

『歐洲小説黄薔薇』

#45　……凡そ文明の社会に立つて事を為さんとせば、常に豪邁活撥の気象を蓄へ、才智に富んで進退をせねば勝は制せられぬ、五拾円貰つたら途中で娼妓でも買うといふ惰弱な了簡が未失せぬものには五拾銭遣るも惜しい、飲食の銭は恵まれ<u>ませぬぞ。</u>　　（『黄』、江沼→桑出）

#46　「宜しいさういふ訳なら明白には申し<u>ませぬ</u>が、今日の散財が馬鹿々々しいから、後でお吉にお前は今日は芝居を二つ見たから、今日の払ひはお前が持てと云ふ位な事を云つて遣ります。　（『黄』、馬場→江沼）

『西洋人情話英國孝子ジョージスミス之傳』

#47　「はい、帰ります〳〵、貴方も元は御重役様であつた時分には、私が親父は度々お引立になつたから、貴方を私が家へ呼んで御馳走をしたり、立派な進物も遣つた事がありますから、少しばかりの事を恵んでも、此の大え身代に障る事もありますまい、人の難儀を救はねえのが開化の習ひでございますか、私は旧弊の田舎者で存じ<u>ませぬ</u>、もう再び此家へはまゐりません只今貴方の仰しやつた事は、仮令死んでも忘れません、左様なら。　　　　　　　　（「英」、重二郎→丈助）

#48　「いゝえ左様ではございませぬ、どのやうな御用でもいたしやすから願ひやす　　　　　　　　　　　　　　　　　　（「英」、重二郎→婆）

#49　「その御心配には及び<u>ませぬ</u>、と申すは七ヶ年以前、貴君の親御より十萬円恩借ありて、今年返済の期限来り、萬一延滞候節は所有地家蔵を

娘(むすめ)諸共(もろとも)、貴殿(きでん)へ差上候(さしあげそろ)と申(まう)す文面(ぶんめん)の證書(しゃうしょ)を認(したゝ)めて、残(のこ)し置(お)き、拙者(せっしゃ)は返金(へんきん)に差迫(さしせま)り、発狂(はっきゃう)して切腹致(せっぷくいた)せしとお届(とゞ)けあらば、貴殿(きでん)へ御難義(ごなんぎ)はかゝりますまい。 　　　　　　　　　　　　（「英」、丈助→重二郎）

『[一読／三歎]当世書生気質』

#50 妻は末女を抱きまして、同じく一所にかけ出しましたが、拠何處(いづこ)へ落(しよ)ました事やら、一向に行方がわからず、程経て其凶報(しらせ)を得ましてゆゑ、百方色々と手を尽(しゅくへきま)して、心当りを尋ねましたが、トント手掛を得ま<u>せぬから</u>、到底死んだ事と諦めましてネ、全く思ひ断(た)えて居りましたが、六七年も後でありました歟、ある晩思ひ寄らぬ夢を見ました。
　　　　　　　　　　　　　　　　　　　　　　（「当」、友定→小町田）

『浮雲』

#51 「あゝ仲が好(よ)のは仕合(しあ)はせなやうなものゝ両方とも若い者同志だからさうでもない心得違(こゝろえちが)ひが有ツてはならぬからお前が始終看張(しじふみは)ツてゐなくツてはなり<u>ませぬぜ</u>」 　　　　　　（「浮」、孫兵衛→お政）

#52 「お袋(ふくろ)の申(まう)す通り家(うち)を有(も)つやうになれば到底妻(たうていさい)を貰(もら)はずに置けますまいが　しかし気心も解(わか)らぬ者を無暗(むやみ)に貰ふのは余りドツトし<u>ませぬから</u>此縁談(このえんだん)はまづ辞(こと)ツてやらうかと思ひます」　　（「浮」、文三→お政）

#53 さうしたら案外で　御免になるもいゝけれども面目(めんぼく)ないとも思はないで出来た事なら仕様(しやう)が有り<u>ませぬ</u>と済(す)マアしてお出でなさる……アヽ最(もう)ういふまい　　幾程(いくら)言ツても他人にしてお出ぢやア無駄だ
　　　　　　　　　　　　　　　　　　　　　　（「浮」、お政→文三）

『小公子』

#54 フォントルロイ殿も御成人となりたる上如何ほど悦ばるゝか、斗(はか)れま

　　　　せぬ。　　　　　　　　　（「小」、ハヴィシヤム→エロル夫人）

#55　殊に申迄もなく、かくなる上はフォントルロイ殿にとりては教育其他
　　　萬事に如何程の御利益か測られませぬこと故、篤と御勘考願升。
　　　　　　　　　　　　　　　　　　　　　（「小」、ハヴィシヤム→エロル夫人）

#56　若ぎみは最も情愛深き御祖父様と信じて居られます、誠に完全無欠の
　　　御性質と確信いたされる其点に於て疑を引起すことなどは、一切お聞
　　　かせ申したものは御座りませぬ、況してニューヨウクに於きましては、
　　　一々御指揮の通り取斗らひましたれば、御前をば非常な慈善、寛大の
　　　御方と思ふて居られ升。　　　　　（「小」、ハヴィシヤム→ドリンコート）

#57　一事の請求をなされた訳ではなし、只御恩賜の金子をお請せぬと申丈
　　　では御座りませぬか？　　　　　　（「小」、ハヴィシヤム→ドリンコート）

#58　……舌長しとお叱りを蒙るかは存じませぬが、母きみのことは……
　　　　　　　　　　　　　　　　　　　（「小」、ハヴィシヤム→ドリンコート）

　以上の用例数、前接語を作品別に示すと表4-12になる。
　前接語では「ござる」が8例(文末6、文中2)で最も多いが、そのうち「ござりマセヌ」が7例、「ございマセン」が1例である。その他、「する」2例(文末0、文中2)、「存ずる」2例(文末1、文中1)、「はかられる」2例(文末1、文中1)で、「上る」「あける」「ある」「いたす」「える」「及ぶ」「かかる」「さがる」「なさる」「なる」「まゐる」「恵む」「申す」「わかる」が各1例である(前述のように、前接語については3節で考察する)。
　上記の全用例の話し手と聞き手との関係を見ると、『安愚楽鍋』では町人が士に対してのみマセヌを使用している。その他の作品も、妻が夫に、娘が母に、遊女がお客に、下男が主人に、商人が官員に、若者が老人にというような会話部

表4-12 主にマセンを使用する作者、また、マセン・ヤセンを併用する作者がマセヌを使用する場合

		安	巷	業	黄	英	当	浮	小	前接語
文末	ませぬ。	2		1		3			2	ござる2、明ける、及ぶ、下る、存ずる、わかる、はかられる
	ませぬか。		3						1	ござる3、なさる
	ませぬぜ。							1		なる
	ませぬぞ。				1					恵む
	ませぬて。	1								ござる
文中	ませぬこと								1	はかられる
	ませぬから		2				1	1		ござる2、える、する
	ませぬが	2	3		1			1	1	上る、いたす、かかる、する、存ずる、まゐる、申す、わすらる
	ませぬと							1		有る

分に見られる。『浮雲』では年輩者が使用する例、甥がお世話になっている叔母（好意を寄せる相手の母親）に使用する例などが見られる。

　主にマセンを使用する高畠藍泉以下の若い世代の作者たちは、作中の登場人物のうち、老年世代の一部に古い形式を使用させる傾向があり、一方では、社会通念から考えられる目下から目上に配慮した待遇表現として、若年世代などにも古い形式を聞き手の位相によっては意図的に選ばせているという傾向も見られた。

2.4.2.3　考察

　マセヌからマセンへの推移から考えると、主にマセヌを使用する作者がマセンを使用する場合というのは、ほとんどの作中人物が同時代的にマセヌを使用する中で、少しずつではあるが新しい形式マセンを使用する層、話し手が出現しているということである。それは発話主体（会話の話し手）である登場人物の社会的属性、位相がその形式を選んでいると言える。ここでは、マセヌを使用する老年世代の作者が、その対極にある若年世代、それもより下層の作中人物に少しずつマセンを使用させている。

一方、主にマセンを使用する作者、また、マセン・ヤセンを併用する作者がマセヌを使用する場合というのは、二つの傾向がある。
　一つは、マセヌが漸次マセンに変化していく中で、古い時代の形式を使用する層が一部残っていて、その作中人物たちが使用する場合である。これは、年輩の世代がマセヌを使用する例にあたる。
　もう一つは、普段はマセンを使用する幅広い年齢層の話し手が、聞き手の属性を考慮した上で、ある種の表現効果を狙って意図的に古い形式を使用する場合である。このような用例は、同一人物が多様な否定形式を併用しながら使い分ける実態としてあらわれる。社会通念上変えられない上下関係の中、目下の者が目上の者に対して使用する例、それほど親しくない作中人物同士の間で使用される例などがあった。
　作者の世代による老若、つまり河竹黙阿弥、依田学海と高畠藍泉以後の作者が各々対極に位置する世代の作中人物にマセヌ・マセンを使い分けさせているということは、マセヌからマセンへの推移の中で交差するような形になっており、マセン使用者のマセヌ使用にはそれに加えて、受話者を意識した待遇的な価値の問題も関わってくるのである。

2.4.3　音声的側面と一語化

　マセヌとマセンの問題は、音声に対する表記の問題でもある。三遊亭円朝の落語速記本などは、その音声が忠実に文字化されているのかという資料性の問題が当然提起される[17]。本章では落語についても、他の作品との均衡性から発話者と受話者が明らかな発話部分だけを取り上げる立場を取ったが、落語は地の文といえども落語家から聴衆への音声言語であるので、そこでマセヌ・マセンのどちらを選択するか、あるいはどちらが選択されるかも一緒に考えていくべき課題となる。
　音声に対する表記の問題で言うならば、単純に、「ヌ」の部分の母音が脱落して「ン」になったのだとすることも言えるし、「ヌ」「ン」と両方の音声があるにもかかわらず表記はどちらかに統一した可能性もある。しかし、マセヌとマセンの用

法上に何らかの差異が見られるとすれば、それはマセヌからマセンへと置き換えられる推移の実態を解き明かす一つのヒントになり得る。

マセヌからマセンへの推移は、音声的側面からは、丁寧語のマスの未然形マセに否定辞ヌがつく「マセ・ヌ」という形から、強く結合された一語としての「マセン」への変化であろうと考えられる。形態論の側面から見れば、二語のマセ・ヌがマセンと一語化し、そこからは否定の意味を担った「ヌ」単独の意識は薄れている。そのような意味で、マセンは丁寧体否定表現として複合辞化したものとも考えられる。

2.2の表4-4、表4-5で見たように、文末での表現形式は11対19、文中での表現も11対14と、マセヌに比べてマセンのバリエーションが増えている。マセヌではなかったものとして、文末での表現は、後接語が「です。」「でした。」「の。」「のさ。」「は。」「わ。」「から。」「ので。」があるし、文中での表現は「ので」「で」「でしたが」がある。

「ませんでした」については、松村（1956）において江戸語には見られず、東京語になってから発生発達した形であり、明治10年代の後半、特に20年以後にその使用が一般化されたと述べている。「ませんです」についても調査資料の中では、以下の一例のみである。

#59 「お帰り早々誠に如何（どう）も済み<u>ませんです</u>。私も御父（おとっさん）様には面目なし、鷺見（すみ）様には又お気毒で。」　　　　　　（「多」、お種→葉山）

[n]音や[d]音で始まる後接語は、音声的には「ヌ」よりも「ン」の方が発音しやすい。また、「の」「は」「わ」など、女性の言葉を表す終助詞も見られる。

マセヌでは見あたらないのに、マセンでは見られる形式があり、バリエーションが拡大しているのは、使用者の意識の中でマセンが丁寧体否定表現の複合辞として機能していることの証左ではないだろうか。したがって、過去形の変遷についても、丁寧体否定形であるマセンに後接語「カッタ」「ダッタ」「デシタ」がつく形態で推移するし、モダリティを表す終助詞なども丁寧体否定形につ

くものが増大するのである。マセヌはあくまでも「マセ＋否定辞ヌ」で、ヌの部分に否定の意味が付与されるのに対し、マセンは丁寧体否定表現の複合辞としてふるまっているのである。

2.5 小括

本節ではマセヌとマセンを比較した結果、次のようなことがわかった。

(1) 明治初年から20年代までの作品を見ると、それらの作者は、世代の差で、主にマセヌを使用する作者(河竹黙阿弥と依田学海)、マセンとヤセンを併用する作者(仮名垣魯文と三遊亭円朝)、主にマセンを使用する作者(その他6人)と三つの傾向がある。

(2) 作者と作中人物について言うと、マセヌを使用する老年世代の作者が、その対極にある若年世代、その中でもより下層の作中人物に少しずつマセンを使用させている。一方、主にマセンを使用する作者、また、マセン・ヤセンを併用する作者がマセヌを使用する場合は二つあって、一つは老年世代の作中人物が使用する場合であり、もう一つは、社会通念上変えられない上下関係の中、目下の者が目上の者に対して使用したり、それほど親しくない作中人物同士の間で使用される場合などがあった。

(3) マセヌからマセンへの推移は音声的側面とも関わりあっているが、より重要なのは二語の「マセ・ヌ」から「マセン」への一語化、丁寧体否定表現の複合辞化であり、それが過去形をはじめ用法の拡大の一因となっている。

3 文末での丁寧体否定表現

前節では、マセヌとマセンの使用に関する作者の世代差の問題、作者と作中人物の問題、マセヌからマセンへの丁寧体否定表現の複合辞化とそれに伴う用

法の拡大について論じた。

　本節では、それらを前提として、マセヌからマセンへの推移が語法上どのような特徴を有しているのかを、文末での形式とその前接語の関係を通じて考察する。

3.1　「ませぬ。」と「ません。」、「ませぬか。」と「ませんか。」

　文末での形式については、マセヌとマセンを比較するという観点からまとめた表4-9を先に示した。ここでは、文末の各形式の中でも特に多用されている「ませぬ。」と「ません。」、「ませぬか。」と「ませんか。」を取り上げる。表4-9から「ませぬ。」と「ません。」、「ませぬか。」と「ませんか。」の部分だけを抜き出して章末の表4-13に示す。

　章末の表4-13に見られるように、「ませぬ。」が10作品、225例見られるのに対して「ません。」は16作品、455例見られ、「ませぬか。」が8作品、64例見られるのに対して「ませんか。」は17作品、170例見られる。

3.2　「ませぬ。」と「ません。」

3.2.1　「ませぬ。」

　まず、マセヌの前接語一覧を章末の表4-14に示す。

　2節で確認したように、主にマセヌを使用する作者は河竹黙阿弥と依田学海なので、前接語一覧を見ても、この二人の作品に集中している。生誕順ではこの二人の間に仮名垣魯文がいるが、マセン・ヤセン併用という特徴があり、その用例数が大勢に影響を与えるほど多くないということから、ここでは対象外にして以下述べる。

　マセヌの前接語の異なり語数は55であり、用例数の多い順に上位10位までを示すと、①ござる(76例、8作品)、②なる(21例、6作品)、③および(20例、6作品)、④いたす(9例、4作品)、⑤すむ(8例、4作品)、⑥できる(6例、4作品)、⑥まいる(6例、4作品)、⑧しる(5例、4作品)、⑧ぞんずる(5例、4作品)、⑩わかる(4例、4作品)となる。

出現作品数と用例数で最多であった前接語「ござる」との組み合わせ「ござりませぬ」の例文をいくつか挙げる。

#1 　お礼を戴かうといつて、持つて参つた訳ではござりませぬ。
　　　　　　　　　　　　　　　　　　　　　　　　　　　　（「富」、猿兼→お辰）

#2 　イエヘどう致して、左様な事でハ御座り升ぬ。さうおつしやらずと、
　　　根岸を教えて下さり升。　　　　　　　　　　　（「操」、露子→勘太）

#3 　そりやアおよし被成ませ、中ヘ以てあなた方の御覧被成芝居ぢやア
　　　ござりませぬ。　　　　　　　　　　　　　　　　（「島」、太助→お照）

#4 　外の事でもござりませぬ、此間より御吟味になつて居ります人殺し、
　　　覚えないとおつしやれど、どうぞ主人を殺せしこと、白状なされて下
　　　さりませ。（「東」、徳助→門三）

#5 　何も珍らしいことはござりませぬ、親父が借りたを子が返すは、こり
　　　や当り前でござりまする。　　　　　　　　　（「人」、林之介→勢左衛門）

#6 　仰有る通山の手計り、下町にはござりませぬ。　（「島」、蕎麦屋→客）

#7 　仰をうけて直さま仕度し、宿へ下りて様子を知らせ、こゝまで急いで
　　　参りしゆゑ、御嬢様の御蘇生を一向にぞんじませず、麁相なことを御
　　　知らせ申し、面目次第もござりませぬ。　　　　　（「後」、お春→正三）

#8 　近来御学問益御進と申事、又婦人矯風会にての御演説の事も委細うけ
　　　給ハり、感服の外御座りませぬ。　　　　　　　　（「操」、頼國→露子）

#9　はい〳〵、それに相違(さうゐ)ござりませぬ。　　　（「東」、浅茅→朝光）

　存在動詞「ござる」との組み合わせ「ござりませぬ」という形式は、先行する助詞との関係でいくつかの形式を持つ。#1〜#4は断定の否定表現で、「ござりませぬ」が補助形容詞的な役割を担っている。#1、#2は「ではござりませぬ」という形式、#3はその話し言葉としてくだけた言い方の「ぢやアござりませぬ」という形式、#4は「でもござりませぬ」という形式のものである。それに対して、#5〜#9は存在の否定を表す非在の表現で、形容詞的な役割を担っている。#5〜#7は「ござりませぬ」の前に「は」「には」「も」という助詞のついた形式、#8は助詞の先行しない形式、#9は状態の名詞の先行する形式である。調査した資料においては「ございませぬ」の用例は見あたらなかった。
　次に、出現作品数と用例数で二位であった前接語「なる」との組み合わせ「なりませぬ」の例文をいくつか挙げる。

#10　一度(ひとたびおか)犯した罪(つみ)有(あ)れば、明日(あす)にも悪事(あくじ)が露顕(ろけん)すれば、軽(かる)くて十年重(じふねんおも)ければ生涯出(しやうがいで)られぬ終身(しうしん)の、苦役(くえき)をせねば成(なり)ませぬ。　（「島」、島蔵→磯右）

#11　いや〳〵使(つか)ひなどでは失礼千万(しつれいせんばん)、自身(じしん)に上(あが)らにやなりませぬ。
　　　　　　　　　　　　　　　　　　　　　　　　（「人」、臼右衛門→林之助）

#12　直(すぐ)にも応(おう)と御返事(ごへんじ)を申(まを)し上(あ)げたうござりますが、慾気(よくけ)を離(はな)れた五郎右衛門様(ごろえもんさま)から申(まを)し込(こ)みがござりますれば、此のお話しを致(いた)しませねば御返事(ごへんじ)がなりませぬ。　（「人」、林之介→勢左衛門）

#13　仏国の大統領も、婿(むこ)が勲章売却(くんしやうばいきやく)の一事に、終(つひ)に辞職せねバならぬ事になりました事も御座りますれバ、実に油断はなりませぬ。
　　　　　　　　　　　　　　　　　　　　　　　　（「操」、長澤→道臣）

「なりませぬ」の使い方で注意すべきものに、当為表現の後方部分のものがある。#10は「ねばなりませぬ」、#11はそのくだけた形式「にやなりませぬ」、#12は「〜ねばNがなりませぬ」の形式である。当為でない形式には#13のようなものがある。

出現作品数と用例数で三位であった前接語「およぶ」との組み合わせ「およびませぬ」は、全例が#14、#15のような「〜には(にや)およびませぬ」の用例であった。

#14　右の次第(しだい)でござり升ゆゑ、決して御遠慮には及びませぬ。
(「後」、正三→頼國)

#15　イヤサ、元(もと)より遊(あす)んで居(ゐ)る金故(かねゆゑ)、仮令二年(たとへにねん)が三年(さんねん)でも此方(こつち)はお貸(かし)申(まうし)心(こころ)、イヤ御都合の能イ其時迄(そのときまで)、お返(かへ)し被成(なし)るにや及(およ)びませぬ。
(「島」、島蔵→お常)

マセヌの前接語を一位の「ござる」対その他の動詞として分けると、76例対145例と、その比率は約1対2である。言い換えれば、マセヌの用例の実に3分の1が「ござりませぬ」であったということになる。

3.2.2　「ません。」

次に、マセンの前接語一覧を章末の表4-15に示す。

2節で確認したように、主にマセンを使用する作者は高畠藍泉以後に生まれた作者たちであり、マセンの前接語一覧を見てもやはりその作者たちの作品に集中している。三遊亭円朝についてはマセン・ヤセンを併用する作者として分類したが、用例数を見るとヤセンを使用しつつもマセンの方が圧倒的に多いので、ここでは便宜上マセンを使用する作者のグループに入れて考えることにする。

マセンの前接語の異なり語数は89であり、用例数の多い順に上位を示すと、①ある(91例、12作品)、②ござる(67例、11作品)、③いける(54例、10作品)、④できる(20例、4作品)、⑤する(21例、9作品)、⑥いたす(16例、20作品)、⑦

しれる（15例、9作品）、⑧なる（18例、8作品）、⑨まいる（15例、4作品）、⑩すむ（13例、4作品）となる。

　出現作品数と用例数で最多であった前接語「ある」との組み合わせ「ありません」の例文をいくつか挙げる。

＃16　……、外部の刺戟が静まるに随つて、既往の疑団が浮んできて、一度見た夢をまた見るわけで、何も不思議な事では<u>ありません</u>。

（「当」、任那→友定）

＃17　私なんぞは見物どこぢやア<u>ありません</u>。　　　　　（「怪」、麦湯女）

＃18　でも格別な大暴風雨ではありませんから、骨の折れる事もありますまい、これしきの雨は私には何でも<u>ありません</u>。（「黄」、番頭→若旦那）

＃19　それで兎に角事実の探索にとり掛つて、差支は<u>有りません</u>。

（「小」、ハリソン→ホツブス）

＃20　へー、誠に好い男で、どうも色の白いことは役者にも<u>ありません</u>、眼の黒い眉の濃い綺麗な男で、水色の帷子を着て旗下の次三男と云ふ品です。　　　　　　　　　　　　　　　　　　（「業」、安兵衛→蟠龍軒）

＃21　若し耶蘇に不撓の精神がなくツて輿論と習慣に負けて逡巡してゐましたならバ命を失はない代りに耶蘇教も成立なかツたに相違<u>ありません</u>

（「外」、秀子→みな子）

＃22　ヘヽヽヽ面目は御座んせんがしかし……出……出来た事なら……仕様が<u>ありません</u>。　　　　　　　　　　　　　　　　（「浮」、文三→お政）

存在動詞「ある」との組み合わせ「ありません」については、前述した「ござりませぬ」と形式面や意味・機能の面で似た部分がある。マセヌからマセンへの推移の中で、前接語も含めて「ござりませぬ」が「ありません」に置き換えられていったとも考えられる。＃16〜＃18は断定の否定表現で、「ありません」が補助形容詞的な役割を担っており、それに対して、＃19〜＃22は存在の否定を表す非在の表現で、「ありません」が形容詞的な役割を担っている。

マセヌでは、最多であった前接語「ござる」との組み合わせとして「ござりません」と「ございません」があるが、用例数では「ござりません」より「ございません」の方が圧倒的に多かった。例文をいくつか挙げる。

＃23　数回御ぶ約束をするといふわけではございません必ともあしからず
（「怪」、若商）

＃24　恐入りますことを御意遊ばす、私は元より嫁に参りたいと願ひました訳ではございません、……
（「業」、お町→文治）

＃25　いゝえ、何も邪魔な事はございません、お待ちなさいまし。
（「多」、お種→鷲見）

＃26　思ひがけなき旦那さまに思はぬ所でお目にかゝり、何とお詫をしてよろしいやら、寔にお面目もございません。
（「当」、お秀→三芳）

＃27　……、大方友之助は食酔つて前後も打忘れ、左様なる悪口を申したに相違ございません、……
（「業」、文治→蟠作）

＃28　侯爵さまが私をばさまでにお忌み遊ばす處ですから、若し金子を戴けば、どふやら、セドリツクを金に引返へる様で心よく御座いません、……
（「小」、エロル夫人→ハヴィシヤム）

「ございません」も「ありません」と同様、「ござりませぬ」と置き換えられた形式であると考えられる。#23、#24は断定の否定表現で、「ございません」が補助形容詞的な役割を担っており、それに対して、#25～#28は存在の否定を表す非在の表現で、「ございません」が形容詞的な役割を担っている。一方、「ございません」の形式は、若松賤子、三宅花圃のように比較的新しい作者が使用している。

#29 夫が矢張り其通りに致し度と思ふだろうと存升上は私くしは他の考も<u>御座りません。</u>　　　　　（「小」、エロル夫人→ハヴィシヤム）

#30 お伯母さんうそで<ruby>ム<rt>ば</rt></ruby>り升。そんな事は<u>ムりません。</u>
　　　　　　　　　　　　　　　　　　（「藪」、葦男→宮崎母）

#31 何貴君、お八重様も斯して毎日々々御書見計りしてゐらツしやツて、実に御病気でも出なけれバいゝと気が気ぢや<u>アござりません。</u>
　　　　　　　　　　　　　　　　　　（「八」、乳母→八重）

#29は、主人公の母親が自分を嫌う義父の代理人に、#30は長屋の住人（学生）が長屋の主の母親に、#31は乳母がお嬢様に行う発話で、#29と#30はあらたまって話す場面、#31は年輩者が話す場面である。

マセンの前接語を一位の「ある」、二位の「ござる」対その他の動詞として分けると、158例対295例と、その比率は約1対2である。マセンにおいても用例の実に3分の1が「ありません／ございません」であったということになる。

3.2.3 考察

「ませぬ。」と「ません。」の前接語を考察すると、存在動詞「ござる」「ある」とその他の一般動詞がおおむね1対2の割合であるということが用例数の上で確認できた。マセヌからマセンへの推移の中で、存在動詞が前接する「ありませぬ。」「ございませぬ。」、もしくは「ありません。」「ございません。」「ござりません。」の

形式が「ませぬ。」「ません。」全用例の3分の1にのぼるということは他に比べてもひときわ目立っており、マセヌからマセンへの文法変化の中でそれをつき動かす非常に強い力が作用したこと、または存在動詞の前接するものが、マセヌからマセンへの流れの中で大きな位置を占めたのではないかということを考えさせる。その流れがどのようなものであったのかを章末の表4-16に示す。

表4-16を見ると、「ござりませぬ。」が76例、「ござりません。」が14例、「ございません。」が53例、「ありません。」が91例となり、2節で試みたように、作品を作者の生誕順、発表順に並べると左上から右下へと大きく流れる傾向がはっきりと見て取れる。

3.3 「ませぬか。」と「ませんか。」

文末での表現において、マセヌ・マセンの両形式ともよく用いられている「ませぬか。」と「ませんか。」を、前接語に注目して比較してみる。

まず、「ませぬか。」と「ませんか。」の前接語一覧を章末の表4-17、表4-18に示した。「ませぬ。」「ません。」で見たよりも、前接語の種類が少なく、一方で存在動詞対一般動詞の対立がより顕著に見られる。

3.3.1 「ませぬか。」

表4-17をみると、「ませぬか。」に前接する存在動詞「ある」、「ござる」の用例がそれぞれ1例、28例で計29例であり、全用例64例のうち約半分を占める。例をいくつか挙げる。

＃32 御母様の御病気に子が看病を致すのハ当然でハございませぬか

（「巷」、お濱→お節）

＃33 ヲヤ、お前さんは能く見世へ曲物にお出被成た、弁山ぢやアございませぬか。

（「島」、お常→弁山）

＃34 されバいなア、吉原さんハ御酒をあがると、いつでも悪ふざけばつか

り成さるにハホンにこまるぢやアありませぬか。　　　（「操」、下女→女）

#35　もし父さん、臼右衛門さんがお帰りになさるが、何ぞ御用はござりませぬか。
　　　　　　　　　　　　　　　　　　　　　　　　　（「人」、しな→勢左衛門）

#36　合点の行かぬ其詞、親御様の御身の上を、あなたは御存じござりませぬか。
　　　　　　　　　　　　　　　　　　　　　　　　　（「富」、利右衛門→お繁）

#32～#34は断定の助動詞の否定である。#35、#36は存在の否定である。

3.3.2　「ませんか。」
　表4-18をみると、「ませんか。」に前接する見出し語は「ませぬか。」に比べると増えるが、その数は少なく、存在動詞「ある」「ござる」の用例はそれぞれ107例、37例（「ござい」32例、「ござり」5例）で計144例であり、全用例170例のうち85％を占める。例をいくつか挙げる。

#37　其事ハ兎も角も突然帰ツたとて宜いでハありませんか
　　　　　　　　　　　　　　　　　　　　　　　　　（「外」、繁子→稲村）

#38　……、それからお居間で御膳をめし上ることに致しませうでは御座いませんか。
　　　　　　　　　　　　　　　　　　　　　　　　　（「小」、ドウソン→セドリツク）

#39　この歌はもしあなたのお詠ではござりませんか。　（「藪」、宮崎→お秀）

#40　其様な事は我々には出来んぢやアありませんか。　（「浮」、文三→お勢）

#41　私が飲むのぢやございませんから私が嫌ひだつて管はないぢやございませんか。
　　　　　　　　　　　　　　　　　　　　　　　　　（「多」、お種→葉山）

＃42 ……、去年の仕初に勧進帳を見せた格でごぜへますが、いゝおもひつきじやアごぜへませんか。　　　　　　　　　　　　（「安」）

＃43 何卒其女の名前を仰せ聞けられよ、当地とあれば本町通りの呉服屋の娘ですか、まさかさうでもあるまい泉屋の妹ですか、まさかさうでもありませんか、あれさ仰せ聞けられよ、何の様な婦人でもお世話致しますから御心配には及びません。　　　　　（「黄」、生間→江沼）

＃44 どらお暇を致しませう、何か、何處へ御用ハありませんか。
　　　　　　　　　　　　　　　　　　　　　（「八」、乳母→八重）

＃45 戸棚へお入なすつたに相違はございませんか。（「当」、番台細君→須河）

＃46 あなた喰事ありませんか　　　　　　　　　（「西」、モテル→弥次）

＃37〜＃43は断定の助動詞の否定である。＃44〜＃46は存在の否定である。

3.3.3　考察

「ませぬか。」と「ませんか。」においても、前接語に占める存在動詞の比率はますます大きくなり、「ませんか。」にいたっては8割以上が存在動詞を前接語としているものである。それらの用例が具体的にどのような形式で現れたのかを章末の表4-19で示す。

表4-19でわかることは、「ませぬか。」と「ませんか。」の比較においても、「ませぬ。」と「ません。」の比較でも見た傾向と同様、「ござりませぬか。」から「ありませんか。」「ございませんか。」へと置き換えられた傾向が明確に見られるということである。

3.4 小括

以上、文末での丁寧体否定表現を、主に前接語についての分析を通して考察してきた。

限られた資料の範囲内ではあるが、「ませぬ。」と「ません。」、「ませぬか。」と「ませんか。」の形式の前接語を調査すると、「ませぬ。」「ませぬか。」に比べて「ません。」「ませんか。」が前接語の種類が多かった。また、前接する動詞の中でも特に存在動詞「ござる」「ある」が際立っており、「ませぬ。」「ません。」では、全用例の3分の1、「ませぬか。」においては全用例の約半分、「ませんか。」においては全用例の8割以上を占めた。

本来、前接語は文法変化そのものに直接影響を与えないものである。しかし、ここで考察したように、存在動詞が前接する形式が全用例に占める割合が大きいということは、マセヌからマセンへの文法変化の中でそれをつき動かす非常に強い力として作用したか、もしくは存在動詞を前接する形式がマセヌからマセンへの流れの中で大きな位置を占めたのではないかということを考えさせる。

前接語が存在動詞である形式が、その先行する助詞など、具体的にどのように現れるのかを細分化し、その流れがどのようなものであったのかは表4-16、表4-19で考察した。

全体を通して、マセヌからマセンへの変遷における文末での丁寧体否定表現は、「ござりませぬ。」から「ありません。」、「ございません。」、「ござりませぬか。」から「ありませんか。」「ございませんか。」への推移が大きな割合を占めていたということが確認される。

マセヌからマセンへの推移は、前接語を含めると主にゴザリマセヌからアリマセン、ゴザイマセンへの推移が主であったとも言えよう。

4 まとめ

本章では、明治前期における丁寧体否定表現について、明治初めから20年代までの文学作品20編を対象に調査し、マセヌとマセンの使用状況を比較した結果、以下のことが明らかになった。

(1) 調査した文学作品の作者には、世代の差で、主にマセヌを使用する作者(河竹黙阿弥と依田学海)、マセンとヤセンを併用する作者(仮名垣魯文と三遊亭円朝)、主にマセンを使用する作者(その他6人)という三つの傾向が見られた。

(2) 作者と作中人物について言うと、マセヌを使用する老年世代の作者が、その対極にある若年世代、その中でもより下層の作中人物に少しずつマセンを使用させていた。一方、主にマセンを使用する作者、また、マセン・ヤセンを併用する作者がマセヌを使用する場合は二つあって、一つは老年世代の作中人物が使用する場合であり、もう一つは、社会通念上変えられない上下関係の中、目下の者が目上の者に対して使用したり、それほど親しくない作中人物同士の間で使用される場合などであった。

(3) マセヌからマセンへの推移は音声的側面とも関わりあっているが、より重要なのは二語の「マセ・ヌ」から一語の「マセン」への丁寧体否定表現の複合辞化であり、そのことが過去形をはじめとした用法の拡大、つまりは分析的傾向を進める一因となった。

(4) 文末での丁寧体否定表現に注目し、「ませぬ。」と「ません。」、「ませぬか。」と「ませんか。」の形式を、主に前接語に注目して分析すると、マセヌ(「ませぬ。」「ませぬか。」)に比べてマセン(「ません。」「ませんか。」)に前接語の種類がより多かった。また、前接する動詞の中でも特に存在動詞「ござる」「ある」が際立っており、「ませぬ。」「ません。」では全用例の3分の1、「ませぬか。」においては全用例の約半分、「ませんか。」においては全用例の8割以上を占めた。

(5) 全体を通して、マセヌからマセンへの変遷における文末での丁寧体否定表現は、「ござりませぬ。」から「ありません。」と「ございません。」へ、「ござりま

せぬか。」から「ありませんか。」と「ございませんか。」への推移が大きな割合を占めているということが確認された。つまり、マセヌからマセンへの推移は、前接語を含めると主にゴザリマセヌからアリマセン・ゴザイマセンへの史的変遷が主要な部分であった可能性がある。

注
1)　田中(2005:1-2)。
2)　田中(1965:17)。
3)　永野(1952:179)。なお、ここの「詞」「辞」という概念は時枝(1941)に従う。
4)　永野(1952:174)、松木(1995)による。
5)　2章注3を参照。
6)　1章注5を参照。
7)　本章で用例を挙げるときには、末尾に作品名を略称で示す。
8)　日本近代文学館編(1984)『日本近代文学大事典』(講談社)による。
9)　新暦6月22日。
10)　新暦4月4日。ただし元治元年2月3日、または文久2年10月8日出生説もある。
11)　新暦明治元年1月10日。
12)　表4-3は、論文に示された統計を抜き出して筆者が再構成したものである。表の空欄は0例を示し、以下の表でも同じようにする。
13)　飛田編(2006:378-379)。
14)　蔡(2004:55-79)。
15)　『円朝全集』巻九、「指物師名人長二」序文(土子笑面識)。
16)　用例の後ろに、作品名の略称と「発話者→受話者」を示した。
17)　清水(2004)(飛田編(2004:259-282))参照。

表4-1 文末での丁寧体否定表現

	出現作品数	3 西	4 安	6 東	8 怪	10 富	12 人	12 巷	14 島
Ｖませぬ。	10		2	32		42	41		47
Ｖません。	16	2			7	3	3	2	2
Ｖまへん。	1								
Ｖやせん。	6	2	5		1				
Ｖやへん。	1								
Ｖせん。	2	2	2						
Ｖませんです。	1								
Ｖませんのです。	1								
Ｖませんさうでございます。	1								
Ｖませんだろう。	1								
Ｖませんでしたろう。	1								
Ｖませんでしたろうよ。	1								
Ｖませんでせう。	1								
Ｖませんでせうか。	1								
Ｖませなんだ。	2								2
Ｖませんかつた。	1								
Ｖませんでした。	6								
Ｖやせんでした。	1								
Ｖませんでございました。	1								
Ｖませんでしたか。	4								
Ｖませんでしたが。	1								
Ｖませんでしたとも。	1								
Ｖませぬか。	8			10		11	15	3	12
Ｖませんか。	17	3	1		3	1	1	1	1
Ｖやせんか。	3	1	3						
Ｖせんか。	1		4						
Ｖませんかえ。	2								
Ｖませんかと。	1								
Ｖませんのか。	1								
Ｖませぬかな。	2					1	1		
Ｖませんかな。	1								
Ｖませんかね。	1								
Ｖませんかねえ(ねへ)。	3				1				
Ｖませぬぜ。	2								
Ｖませんぜ。	4			2		1			
Ｖやせんぜ。	1	2							
Ｖせんぜ。	2	1	1						
Ｖませぬぞ。	6			1		1			1
Ｖませんぞ。	1								
Ｖませぬぞえ。	1								
Ｖませぬて。	1		1						
Ｖませんて。	2								

18業	18黄	18英	18当	20浮	21外	21操	21藪	23後	23八	23小	29多	計
1		3				32		23		2		225
177	51	52	10	17	21		16		24	14	54	455
1												1
4	4	5										21
1												1
												4
											1	1
											1	1
1												1
									1			1
									1			1
									1			1
									1			1
					1							1
							1					3
										5		5
4	1	3					1		1		3	13
		1										1
		1										1
1				1	1						1	4
						1						1
											1	1
						7		5		1		64
12	23	6	15	21	17		6		5	17	37	170
	1											5
												4
2	2											4
	2											2
										1		1
												2
										1		1
										1		1
			1					1				3
			1				1					2
5					2							10
												2
												2
	1					3	1					8
	1											1
							1					1
												1
				1	1							2

	出現作品数	3 西	4 安	6 東	8 怪	10 富	12 人	12 巷	14 島
Ⅴませんつて。	1								
Ⅴませぬてね。	1								
Ⅴませんてね。	2								
Ⅴませんとも。	1								
Ⅴませぬといなあ。	1					1			
Ⅴませぬな。	2			1		4			
Ⅴませんな。	5								
Ⅴませんなあ。	3								
Ⅴませんに。	1								
Ⅴませぬね。	1					1			
Ⅴませんね。	5								2
Ⅴませぬねえ。	2								
Ⅴませんねえ(ねへ、ねい)。	7				2				
Ⅴませんの。	2		1						
Ⅴませんのに。	1								
Ⅴませんのをや。	1								
Ⅴませんのさ。	4				2				
Ⅴやせんのさ。	1		1						
Ⅴませんは。	1				2				
Ⅴませんはね。	1								
Ⅴませんはねえ。	1								
Ⅴやせんや。	1								
Ⅴませんやね。	2								
Ⅴませんやあね。	1								
Ⅴませぬやうに。	1								
Ⅴませぬよ。	1								
Ⅴませんよ。	14				3	2	1		1
Ⅴやせんよ。	2								
Ⅴませんよう。	3				2				
Ⅴませんよねえ。	1								
Ⅴませんわ。	2								
Ⅴませんわね。	1								
Ⅴませぬわいな(あ)。	4					5	4		1
Ⅴませんえ。	1								
Ⅴませんから。	5								
Ⅴませんからさ。	1								
Ⅴませんからね。	1								
Ⅴませんからねゑ。	1								
Ⅴませんので。	2								
Ⅴませんもので。	1								
Ⅴませぬで。	1								
Ⅴませんで。	1								
Ⅴませんでは。	2								

18 業	18 黄	18 英	18 当	20 浮	21 外	21 操	21 藪	23 後	23 八	23 小	29 多	計
	1											1
								1				1
							1			1		2
1												1
												1
												5
1	3		1							1	1	7
	1	1						2				4
							1					1
												1
				6			2			1	3	14
								1	1			2
3	1	1					1			1	2	11
				4								5
							1					1
				1								1
			1	1				1				5
												1
												2
								1				1
										1		1
1												1
1					1							2
				2								2
1												1
								1				1
18	42	10	12	11	8		2		2	20	14	146
	1	1										2
	3		1									6
				1								1
			3	5								8
										1		1
						1						11
				1								1
1	1	1	1				1					5
1												1
	1											1
					1							1
							1			5		6
1												1
						1						1
										1		1
					1					1		2

	出現作品数	3 西	4 安	6 東	8 怪	10 富	12 人	12 巷	14 島
Vませぬが。	4			8		6	7		
Vませんが。	4				3				
Vませんがなア。	1				1				
Vませんがねえ。	2								
Vませんがね。	2								
Vませんじやないか。	1								
Vますまい。	17			3		5	4	2	5
Vますめへ。	1								
Vやすめへ。	1		1						
Vますまいか。	7			1			1	1	
Vますめえか。	1								
Vますまいがな。	2								
Vますまいし。	1								
Vますめえぜ。	1								
Vますまいね。	1						1		
Vますまいよ。	3								
Vますまいわいの。	1			1					
Vましねえ。	1								
Vましねえか(ねいか)。	2								
Vないです。	2								
Vないでせう。	2								
Vないんでせう。	1								
Vないでせうね。	1								
Vないのです。	2								
Vないんです。	1								
Vないのですか。	2								
Vないんですか。	1								
Vないんですからね。	1								
Vないのですと。	1								
Vないんですね。	1								
Vないんですもの。	1								
Vないのですものを。	1				1				
Vないんですものを。	1								
Vなそうですもの。	1								
Vないんですよ。	1								
Vないんですよう。	1								
Vないのでござります。	1				1				
Vないのでございます。	1								
Vんでございます。	1								
Vなかつたです。	1								
Vなかつたんです。	1								
Vなかつたのでした。	1								
Vなかつたんでしたね。	1								

18 業	18 黄	18 英	18 当	20 浮	21 外	21 操	21 藪	23 後	23 八	23 小	29 多	計
								7				28
		1				2		1				7
												1
1			3									4
						1			1			2
									1			1
6	2	4	1	1	5	1	3	5	3	6	5	61
		1										1
												1
	2	1			1					2		9
		1										1
1							2					3
						1						1
		1										1
												1
			1						2	1		4
												1
		1										1
								1	1			2
				1					1			2
							2		2			4
								1				1
									1			1
				1					1			2
								12				12
						1				1		2
								4				4
								2				2
									1			1
								1				1
								7				7
												1
				1								1
								1				1
								5				5
			1									1
												1
										1		1
										2		2
										1		1
								5				5
										1		1
								1				1

	出現作品数	3 西	4 安	6 東	8 怪	10 富	12 人	12 巷	14 島
Ｖなかつたのでせう。	1								
Ｖんです。	1								
Ｖんのです。	1								
Ｖんですか。	1								
Ｖんですがね。	1								
Ｖんですな。	1								
Ｖんですね。	1								
Ｖんですよ。	1								
Ｖんでした。	1								
Ｖんでしたか。	1								
Ｖんでせう。	1								
Ｖぬのでせうか。	1								
Ｖずです。	2								
計		7	12	8	13	14	11	5	10

表4-2 文中での丁寧体否定表現

	出現作品数	3 西	4 安	6 東	8 怪	10 富	12 人	12 巷	14 島
ＶませぬN	1			3					
ＶませんN	2								
ＶやせんN	1								
Ｖませぬこと	3					1			
Ｖませんこと	1								
Ｖませぬところ	1						1		
Ｖませんところ	1								
Ｖませんもの(もん、の)	6								
Ｖませんやう(に)	2								
Ｖませぬゆゑ、	4			3		2			1
Ｖませんゆゑ、	3								
Ｖませぬそれゆゑに、	1					1			
Ｖませぬから	8			2		2	2	2	3
Ｖませんから	13		1		1	3	2	2	
Ｖやせんから	2	2							
Ｖませんので	2								
Ｖませんで	6			1					
Ｖませいで、	1					1			
Ｖませんでは、	4					2	1		
Ｖませんでも、	3					1			
Ｖませいでも、	1					1			
Ｖませぬが、	8		1			13		3	10
Ｖませんが、	13	3				1	2		2
Ｖやせんが、	2	4	2						

18業	18黄	18英	18当	20浮	21外	21操	21藪	23後	23八	23小	29多	計
										1		1
										11		11
										3		3
										1		1
										1		1
										8		8
										2		2
										3		3
										2		2
										1		1
										2		2
									1			1
			2		1							3
24	21	18	13	16	16	9	16	16	9	41	30	1529

18業	18黄	18英	18当	20浮	21外	21操	21藪	23後	23八	23小	29多	計
												3
	3				1							4
		1										1
								1		1		3
	1											1
												1
		1										1
1	1		3	1	2						2	10
								1	1			2
					1							7
2	1	1										4
												1
			1	1				1				14
21	20	12		6	2				5	4	9	88
		3										5
	2									1		3
8	3	3			1						2	18
												1
		1									2	6
										1	1	3
												1
	1			1		1				1		31
27	19	22	4	12	5			3		4	1	105
												6

	出現作品数	3 西	4 安	6 東	8 怪	10 富	12 人	12 巷	14 島
Vせんが、	1	1							
Vませぬけれど、	1								1
Vませんけれど、	4								
Vませんけれども、	2								
Vませねど	3					2	1		
Vませねども	1								
Vませんし、	5								
Vませず、	10					3	1		3
Vませずに、	1								
Vませずば、	1					1			
Vませんでしたが、	7								
Vやせんでしたが、	1								
Vませんでしたから	1								
Vませんでしたけれど	1								
Vませんのですけれど	1								
Vませんでしたところ、	1								
Vませんやうでしたこと	1								
Vませぬに	2					3			
Vませんに	1								
Vませぬは、	2						1		2
Vませんは、	1								
Vませぬのは、	2					1			
Vませんのは、	2								
Vませぬと、	4					1	1		1
Vませんと、	7					1		1	
Vやせんと、	1								
Vませんとか	2								
Vませんとさ	1								
Vませんとは	1								
Vませなんだが、	5					2	1	1	2
Vませなんだら、	1								1
Vませんければ、	2					1			
Vませねば	7			3		9	10	1	2
Vませぬば、	1					1			
Vませんなら	1								
Vませんならば、	1								
Vますまいもの	1					1			
Vますまいが、	9			1		1		1	
Vますめえが、	1								
Vますまいから、	1								
Vますまいけれども	1								
Vますまいし	2								
Vますめえし、	1								

18業	18黄	18英	18当	20浮	21外	21操	21藪	23後	23八	23小	29多	計
												1
												1
		1		3					1	3		8
2						1						3
				4								7
				1								1
1	2	2		1						1		7
2		1	2			4	1	1		1		19
1												1
												1
3	1	1	2	2	1				1			11
		1										1
	1											1
								1				1
										1		1
		1										1
									1			1
							1					4
								1				1
												3
									1			1
							2					3
	1										1	2
			1									4
1	2	1	2							1		9
	4											4
	1	1										2
										1		1
			2									2
							2					8
												1
						1						2
						4	1					30
												1
							1					1
			1									1
												1
3	2	1	1			1			2			13
	1											1
	1											1
			1									1
			1							1		2
		1										1

	出現作品数	3	4	6	8	10	12	12	14
		西	安	東	怪	富	人	巷	島
Vますまいと、	1								
Vますまいに、	1					1			
Vないのですが	1								
Vないんですが	1								
Vないのでしたが	1				1				
Vないさうですけれど	1								
Vなくなつたのですから	1								
Vんですから	1								
Vんのですから	1								
Vんですけれど	1								
計		4	3	6	2	24	11	8	11

表4-9 文末の丁寧体否定表現(作者の生誕順)

	出現作品数	河竹黙阿弥				仮名垣魯文		依田学海	
		6	10	12	14	3	4	21	23
		東	富	人	島	西	安	操	後
Vませぬ。	10	32	42	41	47		2	32	23
Vませぬか。	8	10	11	15	12			7	5
Vませぬかな。	2		1	1					
Vませぬぜ。	2								1
Vませぬぞ。	6	1	1					3	1
Vませぬて。	1						1		
Vませぬな。	2	1	4						
Vませぬね。	1		1						
Vませぬよ。	1								1
Vませぬで。	1							1	
Vませぬが。	4	8	6	7					7
Vません。	16		3	3	2	2			
Vませんです。	1								
Vませんでした。	6								
Vませんか。	17		1	1	1	3	1		
Vませんかな。	1								
Vませんぜ。	4		1				2		
Vませんぞ。	1								
Vませんて。	2								
Vませんな。	5								
Vませんね。	5			2					
Vませんの。	2						1		
Vませんのさ。	4								1
Vませんは。	1								
Vませんよ。	14		2	1	1				
Vませんわ。	2								

18	18	18	18	20	21	21	21	23	23	23	29	計
業	黄	英	当	浮	外	操	藪	後	八	小	多	計
	1											1
												1
		1										1
								1				1
												1
										1		1
										1		1
										3		3
										1		1
										1		1
12	19	14	8	11	12	6	4	7	6	13	18	497

高畠藍泉		三遊亭円朝			坪内逍遥		二葉亭	若松	紅葉	三宅花圃		計
8	12	18	18	18	18	21	20	23	29	21	23	計
怪	巷	業	黄	英	当	外	浮	小	多	藪	八	計
		1		3				2				225
	3							1				64
												2
							1					2
		1										8
												1
												5
												1
												1
												1
												28
7	2	177	51	52	10	21	17	14	54	16	24	455
									1			1
		4	1	3					3	1	1	13
3	1	12	23	6	15	17	21	17	37	6	5	170
									1			1
		5					2					10
			1									1
						1	1					2
		1	3		1			1	1			7
						6		1	3	2		14
							4					5
2					1		1					5
2												2
3		18	42	10	12	8	11	20	14	2	2	146
					3		5					8

	出現作品数	河竹黙阿弥				仮名垣魯文		依田学海	
		6	10	12	14	3	4	21	23
		東	富	人	島	西	安	操	後
Vませんから。	5								
Vませんので。	2								
Vませんに。	1								
Vませんで。	1								
Vませんが。	4								
Vやせん。	6					2	5		
Vやせんでした。	1								
Vやせんか。	3					1	3		
Vやせんぜ。	1					2			
Vやせんのさ。	1						1		
Vやせんや。	1								
Vやせんよ。	2								
計		52	73	69	66	10	16	43	39

表4-10 文中での丁寧体否定表現(作者の生誕順)

	出現作品数	河竹黙阿弥				仮名垣魯文		依田学海	
		6	10	12	14	3	4	21	23
		東	富	人	島	西	安	操	後
VませぬN	1	3							
Vませぬこと	3		1						1
Vませぬところ	1			1					
Vませぬゆゑ、	4	3	2		1			1	
Vませぬから	8	2	2	2	3				1
Vませぬが、	8		13		10	1	1		
Vませぬけれど、	1				1				
Vませぬに	2		3						1
Vませぬは、	2			1	2				
Vませぬのは、	2		1						2
Vませぬと	4		1	1	1				
VませんN	2								
Vませんこと	1								
Vませんところ	1								
Vませんゆゑ、	3								
Vませんから	13		3	2			1		
Vませんので	2								
Vませんで	6	1							
Vませんが、	13		1	2	2	3			
Vませんけれど、	4								

高畠藍泉		三遊亭円朝			坪内逍遥		二葉亭	若松	紅葉	三宅花圃		計
8	12	18	18	18	18	21	20	23	29	21	23	
怪	巷	業	黄	英	当	外	浮	小	多	藪	八	
		1	1	1	1					1		5
									5	1		6
										1		1
							1					1
3					1					2	1	7
1		4	4	5								21
				1								1
			1									5
												2
												1
			1									1
			1	1								2
21	6	224	129	82	44	59	57	57	119	32	33	1231

高畠藍泉		三遊亭円朝			坪内逍遥		二葉亭	若松	紅葉	三宅花圃		計
8	12	18	18	18	18	21	20	23	29	21	23	
怪	巷	業	黄	英	当	外	浮	小	多	藪	八	
												3
								1				3
												1
												7
	2				1		1					14
	3		1				1	1				31
												1
												4
												3
												3
								1				4
			3		1							4
			1									1
				1								1
		2	1	1								4
1	2	21	20	12		2	6	4	9		5	88
			2					1				3
		8	3	3		1			2			18
		27	19	22	4	5	12	4	1		3	105
					1	3		1	3			8

	出現作品数	河竹黙阿弥				仮名垣魯文		依田学海	
		6 東	10 富	12 人	14 島	3 西	4 安	21 操	23 後
Vませんでしたが、	7								
Vませんに	1								
Vませんし、	5								
Vませんは、	1								
Vませんのは、	2								
Vませんと、	7		1						
VやせんN	1								
Vやせんから	2					2			
Vやせんが、	2					4	2		
Vやせんでしたが、	1								
Vやせんと、	1								
計		9	28	9	20	9	4	2	5

表4-13 文末の丁寧体否定表現(マセヌ／マセン、マセヌカ／マセンカ)

	出現作品数	河竹黙阿弥				仮名垣魯文		依田学海	
		6 東	10 富	12 人	14 島	3 西	4 安	21 操	23 後
Vませぬ。	10	32	42	41	47		2	32	23
Vません。	16		3	3	2	2			
Vませぬか。	8	10	11	15	12			7	5
Vませんか。	17		1	1	1	3	1		

表4-14 マセヌの前接語一覧

	出現作品数	河竹黙阿弥				仮名垣魯文		依田学海	
		6 東	10 富	12 人	14 島	3 西	4 安	21 操	23 後
あいなる	1							1	
あいみえる	1							1	
あがる	1				1				
あける	1						1		
ある	2			1				1	
いう	1							1	
いく	2		2	1					
いたす	4	1	2	3	3				
いただく	1	1							
いとう	1			1					
いわれる	1				1				
うける	1		1						
える	1								1
おかれる	1	2							
おしむ	1				1				

高畠藍泉		三遊亭円朝			坪内逍遥		二葉亭	若松	紅葉	三宅花圃		計
8	12	18	18	18	18	21	20	23	29	21	23	計
怪	巷	業	黄	英	当	外	浮	小	多	藪	八	
		3	1	1	2	1	2				1	11
											1	1
		1	2	2		1			1			7
								1				1
			1						1			2
	1	1	2	1			2		1			9
		1										1
				3								5
												6
			1									1
			3									3
1	8	63	60	47	8	14	25	13	18	0	10	353

高畠藍泉		三遊亭円朝			坪内逍遥		二葉亭	若松	紅葉	三宅花圃		計
8	12	18	18	18	18	21	20	23	29	21	23	計
怪	巷	業	黄	英	当	外	浮	小	多	藪	八	
			1		3			2				225
7	2	177	51	52	10	21	17	14	54	16	24	455
			3						1			64
3	1	12	23	6	15	17	21	17	37	6	5	170

高畠藍泉		三遊亭円朝			坪内逍遥		二葉亭	若松	紅葉	三宅花圃		計
8	12	18	18	18	18	21	20	23	29	21	23	計
怪	巷	業	黄	英	当	外	浮	小	多	藪	八	
												1
												1
												1
												1
												2
												1
												3
												9
												1
												1
												1
												1
												1
												2
												1

	出現作品数	河竹黙阿弥				仮名垣魯文		依田学海	
		6	10	12	14	3	4	21	23
		東	富	人	島	西	安	操	後
おちつく	1			1					
おぼえる	1							1	
おもう	2		1						1
おりる	1								
おる	3			1	2				1
およぶ	6	2	6		5			1	5
かえられる	1				2				
かかる	2			1	1				
かける	1			1					
かまう	1			1					
かりる	1			1					
くださる	1				1				
くう	1	1							
くる	1	1							
ござる	8	11	16	10	13			13	11
さだまる	1			1					
しる	4	2	1		1			1	
すかされる	1			1					
すむ	4	5		1	1				1
する	2			1	1				
せんじる	1		1						
ぞんずる	4		1		1			2	
たまる	1								1
たい(帯)す	2	1							1
つく	1		1						
つくす	1		1						
できる	4	1		1	3			1	
なる	6	1	3	6	6			4	1
なさる	1		1						
はいる	1		1						
はかる	1								
はれる	1							1	
ほれる	1			1					
まいる	4		2	2	1				1
まかす	1			1					
まげる	1							1	
もうす	2	1						2	
わかる	4	1	1	1			1		
わすれる	1			1					
ゐる	1				1				
計		31	41	39	45	0	2	31	24

高畠藍泉		三遊亭円朝			坪内逍遥		二葉亭	若松	紅葉	三宅花圃		計
8	12	18	18	18	18	21	20	23	29	21	23	計
怪	巷	業	黄	英	当	外	浮	小	多	藪	八	
												1
												1
												2
		1										1
												4
			1									20
												2
												2
												1
												1
												1
												1
												1
		1						1				76
												1
												5
												1
												8
												2
												1
		1										5
												1
												2
												1
												1
												6
												21
												1
												1
								1				1
												1
												1
												6
												1
												1
												3
												4
												1
												1
0	0	1	0	3	0	0	0	2	0	0	0	219

表4-15 マセンの前接語一覧

	出現作品数	河竹黙阿弥				仮名垣魯文		依田学海	
		6 東	10 富	12 人	14 島	3 西	4 安	21 操	23 後
あいすむ	3								
あう	2		1						
あきらめられる	1								
あげられる	1								
あげる	1								
ある	12			1					
いう	1								
いく	2								
いける	10								
いたす	8		1						
いただく	2								
いただける	1								
いらつしやい	1								
いる	3								
うけとる	1								
うけられる	1								
うなずく	1								
おく	3								
おける	1								
おどられる	1								
おもう	1								
おもわれる	1								
おる	2								
およぶ	5								
かえす	1								
かえされる	1								
かえられる	1								
かす	1								
かなう	1								
きく	2								
きる	2					1			
くう	1								
くる	1								
こころえる	1								
ござい(ござえ、ごぜい)	7								
ござり	6		1	1					
させる	1								
しぬ	1								
しる	3								
しれる	9								
すむ	4				1				

高畠藍泉		三遊亭円朝			坪内逍遥		二葉亭	若松	紅葉	三宅花圃		計
8	12	18	18	18	18	21	20	23	29	21	23	
怪	巷	業	黄	英	当	外	浮	小	多	藪	八	計
			1	1					1			3
			1									2
		3										3
				1								1
		2										2
2		30	17	5	3	7	10	1	11	2	2	91
					1							1
				1					1			2
1		19	3	9	2	2	1		9	1	7	54
1		5	3	1		1			3		1	16
			1	1								2
			1									1
			1									1
		1	1	1								3
		1										1
		1										1
		2										2
		2	1						1			4
		1										1
										1		1
		1										1
	1											1
			1	1								2
		1	2		1	1			1			6
		2										2
		1										1
				1								1
		1										1
									1			1
		1					1					2
		2										2
		1										1
				1								1
		2										2
1		34	5	2	4			2	5			53
1								6		3	2	14
			1									1
									1			1
			3				1		1			5
		5	1	2		2	1	1	1	1	1	15
		7		4					1			13

	出現作品数	河竹黙阿弥				仮名垣魯文		依田学海	
		6 東	10 富	12 人	14 島	3 西	4 安	21 操	23 後
する	9								
せんじる	1								
そむく	1								
ぞんずる	3								
たつ	1								
たてる	1								
たべる	2								
たまる	2								
できる	4								
でる	1								
とどく	1								
とれる	1			1					
なおる	1								
なる	8				1				
ねる	1								
のぞむ	1								
はなされる	2								
はなす	1								
まいる	4								
まつ	1								
みえる	1								
みせられる	1								
みられる	1								
もうされる	1								
もうしきる	1								
もうしあげられる	1								
もうす	3								
やる	2								
ゆきとどく	1								
ゆく	1								
よぶ	1					1			
わかる	4								
わすれる	3								
計		0	3	3	2	2	0	0	0

高畠藍泉		三遊亭円朝			坪内逍遥		二葉亭	若松	紅葉	三宅花圃		計
8	12	18	18	18	18	21	20	23	29	21	23	
怪	巷	業	黄	英	当	外	浮	小	多	藪	八	
		5	1	2		5	2	1	1	2	2	21
	1											1
		1										1
		2						1	1			4
		2										2
				1								1
		1		1								2
			1						1			2
		10	2	6							2	20
		1										1
									1			1
												1
		3										3
		5		1		1	1	1	7		1	18
			1									1
											1	1
		1		1								2
			1									1
		6		3					4	2		15
		1										1
		1										1
									1			1
						1						1
											1	1
								1				1
								1				1
		5							1		2	8
		1		1								2
										1		1
				1								1
												1
		6	3						2		1	12
		2		3							1	6
6	2	177	51	52	10	21	17	14	54	16	24	453

第4章　丁寧体否定形マセヌからマセンへの交替　── 135

表4-16 存在動詞の前接するマセヌ、マセン

	出現作品数	河竹黙阿弥				仮名垣魯文		依田学海	
		6 東	10 富	12 人	14 島	3 西	4 安	21 操	23 後
(では)ございませぬ。	7	1	4	5	5			5	2
(ぢやア)ございませぬ。	2		1		1				
(は)ございませぬ。	7	3	5	2	4			3	5
Nございませぬ。	4	5	1	1					1
(も)ございませぬ。	5	1	4		2			2	2
(でも)ございませぬ。	2	1						1	
(には)ございませぬ。	1				1				
ございませぬ。	4		1	2				2	1
小計	32	11	16	10	13			13	11
(ぢやア)ありませぬ。	1							1	
(は)ありませぬ。	1			1					
小計	2			1				1	
(ぢやア)ございません。	1								
(では)ございません。	4		1	1					
(で)ございません。	1								
(は)ございません。	2								
(も)ございません。	1								
Nございません。	1								
ございません。	1								
小計	11		1	1					
(では)ごいません。	6								
(で)ごいません。	1								
(は)ごいません。	4								
(は)ございえません。	1								
(も)ごいません。	2								
ごいません。	4								
ごぜいません。	1								
小計	19								
(では)ありません。	4								
(ぢやア)ありません。	6								
(は)ありません。	9			1					
Nありません。	2								
(も)ありません。	3								
(でも)ありません。	2								
(で)ありません。	1								
(にも)ありません。	1								
(には)ありません。	1								
ありません。	8								
小計	37			1					

高畠藍泉		三遊亭円朝			坪内逍遥		二葉亭	若松	紅葉	三宅花圃		計
8	12	18	18	18	18	21	20	23	29	21	23	計
怪	巷	業	黄	英	当	外	浮	小	多	藪	八	
			1									23
												2
							1					23
												8
												11
												2
												1
												6
		1					1					76
												1
												1
												2
										1		1
1							2					5
										1		1
							1		2			3
							2					2
							1					1
									1			1
1							6		3	2		14
1		7	2	1	1				2			14
		1										1
		3	3		1				2			9
		1										1
		8			2							10
		14			1			1	1			17
								1				1
1		34	5	2	4		2		5			53
		8	3	1	1							13
1		5	3				2	6	5			22
		8	3	2			1	1	5	2	1	24
			2			4						6
		1			1		1					3
		1	1									2
					1							1
		1										1
									1			1
1		6	5	2		1	1		1		1	18
2		30	17	5	3	7	10	1	11	2	2	91

表4-17 マセヌカの前接語一覧

	出現作品数	河竹黙阿弥				仮名垣魯文		依田学海	
		6 東	10 富	12 人	14 島	3 西	4 安	21 操	23 後
あいなる	1							1	
あう	1				1				
ある	1							1	
あわれる	1				1				
いく	1				1				
お気に入り	1		1						
おぼしめす	1								1
かなう	1	1							
ください	1				2				
くださり	3		3	9				2	
ござる	8	7	3	5	4			3	3
する	1				1				
とどく	2			1	1				
なされ	4	2	3		1				
なる	2		1						1
計		10	11	15	12	0	0	7	5

表4-18 マセンカの前接語一覧

	出現作品数	河竹黙阿弥				仮名垣魯文		依田学海	
		6 東	10 富	12 人	14 島	3 西	4 安	21 操	23 後
ある	12					3			
いける	1								
いたす	1								
いらつしやい	2								
いる	1								
おきる	1								
おめしなさい	1				1				
おもう	1								
かかわる	1								
ください	1			1					
ござい	9						1		
ござり	3		1						
する	2								
(気が)つく	1								
できる	1								
なさい	2								
なる	1								
まいる	1								

高畠藍泉		三遊亭円朝			坪内逍遥		二葉亭	若松	紅葉	三宅花圃		計
8	12	18	18	18	18	21	20	23	29	21	23	
怪	巷	業	黄	英	当	外	浮	小	多	藪	八	
												1
												1
												1
												1
												1
												1
												1
												1
												2
												14
		2						1				28
												1
												2
		1										7
												2
0	3	0	0	0	0	0	0	1	0	0	0	64

高畠藍泉		三遊亭円朝			坪内逍遥		二葉亭	若松	紅葉	三宅花圃		計
8	12	18	18	18	18	21	20	23	29	21	23	
怪	巷	業	黄	英	当	外	浮	小	多	藪	八	
3		6	14	6	12	9	21	12	15	2	4	107
								1				1
						1						1
		1	1									2
								1				1
								1				1
												1
								2				2
			1									1
												1
		2	3		1	3		2	18	1	1	32
	1									3		5
		2	1									3
						2						2
					1							1
			1			1						2
						1						1
					1							1

	出現作品数	河竹黙阿弥				仮名垣魯文		依田学海	
		6	10	12	14	3	4	21	23
		東	富	人	島	西	安	操	後
もうす	1								
わかる	3								
計		0	1	1	1	3	1	0	0

表4-19 存在動詞の前接するマセヌカ、マセンカ

	出現作品数	河竹黙阿弥				仮名垣魯文		依田学海	
		6	10	12	14	3	4	21	23
		東	富	人	島	西	安	操	後
(ぢやア)ありませぬか。	1							1	
小計	1							1	
(では)ござりませぬか。	8	6	1	3	1			3	2
(ぢやア)ござりませぬか。	1				2				
(は)ござりませぬか。	5	1	1	1	1				1
(御存じ)ござりませぬか。	2		1	1					
小計	16	7	3	5	4			3	3
(では)ありませんか。	5								
(ぢやア)ありませんか。	12					2			
(でも)ありませんか。	1								
(は)ありませんか。	4								
ありませんか。	4					1			
小計	26					3			
(では)ございませんか。	4								
(ぢやア)ございませんか。	4								
(じやア)ごぜへませんか。	1						1		
(は)ございませんか。	3								
小計	12						1		
(では)ごさりませんか。	3		1						
小計	3		1						

高畠藍泉		三遊亭円朝			坪内逍遥		二葉亭	若松	紅葉	三宅花圃		計
8	12	18	18	18	18	21	20	23	29	21	23	計
怪	巷	業	黄	英	当	外	浮	小	多	藪	八	
		1										1
	1	1							2			4
3	1	12	23	6	15	17	21	17	37	6	5	170

高畠藍泉		三遊亭円朝			坪内逍遥		二葉亭	若松	紅葉	三宅花圃		計
8	12	18	18	18	18	21	20	23	29	21	23	計
怪	巷	業	黄	英	当	外	浮	小	多	藪	八	
												1
												1
	2							1				19
												2
												5
												2
	2							1				28
			3	3		1			2		1	10
3		2	9	3	11	8	21	11	12	2		85
			1									1
		2			1			1			2	6
		2	1						1			5
3		6	14	6	12	9	21	12	15	2	4	107
			1					1	5	1		8
		2	2			3		1	13			21
												1
					1						1	2
		2	3		1	3		2	18	1	1	32
	1								3			5
	1								3			5

第5章　丁寧体否定形マセンとナイデスの併存

1　現代語のマセンとナイデス

　日本では平成7(1995)年度から毎年度、文部科学省傘下の文化庁が今後の国語施策を審議する際の参考とするため、言語使用に関する意識やその実態に迫る「国語に関する世論調査」を行なっている。敬語に関する意識や常用漢字の問題、カタカナ語の認知、特定の語や慣用句の正しい言い方、使い方と意味の誤認など、調査項目とその結果からは、その時々に垣間見られる日本語の変化の一端が示され、大変興味深いものがある。

　平成10(1998)年度には、丁寧体否定形マセンとナイデス[1]の選択に関して、次のような設問があった[2]。(%は回答率)

　　Q7 〔回答票〕ここに挙げた(1)から(5)について，あなたは，ふだん(a)と(b)のどちらの言い方をしますか。両方するという人は，多いと思う方を答えてください。
　　(1)(この本,)難しいんじゃ[(a)ないですか(70.6%)／(b)ありませんか(17.2%)]？
　　(2)一緒に[(a)行きませんか(86.4%)／(b)行かないですか(6.0%)]？
　　(3)今日は特に予定が[(a)ありません(67.3%)／(b)ないです(21.6%)]
　　(4)[(a)見掛けませんでしたか(64.3%)／(b)見掛けなかったですか(22.0%)]？
　　(5)(目上の人に対して)[(a)はい,(86.6%)／(b)ええ,(6.4%)]元気です[3]

日本全国の16歳以上の男女2,200人から、個別面接の方法で有効回答を得たと

ころ、(2)〜(4)ではマセンの方が優勢で、約1〜3割がナイデスもしくは両形式を同程度に用いると答えた。しかし、(1)だけは逆で、約7割がナイデスを用いると答えている。報告書では、地域別・性別・年齢別に回答率が示され、その他の分析はなされていないが、現代日本語の丁寧体否定形としてはマセンとナイデスの二形式が併用されており、さまざまな場合にどちらの形式も選択される可能性のあることがここから看取される。

　現代日本語における丁寧体否定形マセンとナイデスの二形式の使い分けについては、近年多くの研究成果が発表され、田野村(1994)、野田(2004)、小林(2005)、川口(2006・2014)、澤邊・相澤(2008)等がある。上記の「国語に関する世論調査」のように、日本語母語話者の使用実態と許容度、ゆれに関する研究はもちろん、日本語を母語としない外国人日本語学習者の習得実態、また、それらの表現を負担を少なくしながら効率よく学習することを目指した、日本語教育の立場からの研究も幅広く行なわれている。そして、そのような調査に用いられる資料も多岐にわたっており、コーパス、日本語教育教材(教科書・参考書・文法書)、談話資料(録音資料、シナリオ・対談集・小説の会話文等の書記資料)などがあり、実際の言語使用状況を把握するためのアンケート調査などもあわせて行なわれている。

　本章では、このように多方面から研究されている丁寧体否定形マセンとナイデスの二形式が、近代日本語ではどのように使い分けられていたのかを、明治後期に発表された文学作品を通して考察する。

2　テーマ設定の理由

　丁寧の助動詞デスが近世末の文化(1804-1818)・文政期(1818-1830)からその使用例があり、幕末・明治期以後広く用いられるようになったことについては大槻(1917)[4]、湯澤(1954)、中村(1936)、辻村(1971)、小島(1974)、吉川(1977)、松村(1990)等ですでに明らかにされており、デスよりも以前から丁寧の助動詞としてマスが使用されていたことも宮地(1980)によって詳細に述べられている。

マス、デスの否定形としてはそれぞれマセン、ナイデスという形式があるが、後者は明治期以後のデスの伸張とともに出現し、使用されていったものと考えられる。比較的新しい形式である丁寧体の否定形ナイデスが、それ以前から存在したマセンとどのように関わり、どのような意味を担って使われ始めて今日に至ったのかという語誌については、未だ十分に解明されていないようである。

　本章は、現代日本語において併用されている丁寧体否定形マセンとナイデスのうち、ナイデスの明治から現代までの通時的記述を目指す立場から、夏目漱石の小説を資料として、ナイデスという形式が、明治東京語において一般化されたと考えられる比較的早い時期の実態を調査し、マセンとの相互関係を考察することをその目的とする。

3　ナイデスについての先行研究

　明治期以降に普及したと考えられる丁寧体否定形ナイデスに言及したものとしては、田中(1996)、浅川(1998・1999)、福島・上原(2003・2005)がある。田中(1996)では否定(打消)・過去の丁寧形の諸形式の推移を論じる中で、浅川(1998・1999)は形容詞承接の「です」について述べる中で、ナイデスの例(田中：＃1、浅川：＃2、＃3)を挙げている。また、その他にも使用例(＃4)が見られる。

＃1　惣次郎『呼ぶ位な事は何様でもいゝが、此方等に惚れたの腫れたのといふなァ、眞實にやァ受けられめえぢやァねえか。』
　　　お幸『餘り左様でもありますまい。』
　　　小照『左様は體が續かないですか。』
　　　　　　　　　　　　（元治元(1864)年刊行の人情本、山々亭有人「春色江戸紫」）

＃2　僕等が希望する衣服と食とは。決して其様なものではないです。
　　　　　　　　　　　　（明治19(1886)年、坪内逍遥「諷誡京わらんべ」）

#3 ((米国で何したンです。金はよくないです。彫刻が唯……))

(明治23(1890)年、尾崎紅葉「飾海老」)

#4 「貴方の言うゝ事は能う解つて居る、決して無理とは思はんです。如何にも貴方に誨へて上げたい、誨へて貴方の身の立つやうな處置で有るなら、誨へて上げんぢや<u>ないです</u>。……」

(明治35(1902)年、尾崎紅葉「金色夜叉續篇」)

　#1は動詞にナイデスのついた例、#2、#4は形容詞ナイにデスのついた例、#3は補助形容詞ナイにデスのついた例である。#1は終助詞「か」が後接する例、#4は「ぢや」が前接する「ぢやないです」の例である。

　マセンとナイデスの二形式の通時的な使用状況、用法・機能については、福島・上原(2005)が明治21(1888)年から大正9(1920)年までの小説13作品からナイデスの用例を19例、福島・上原(2003)が大正9(1920)年から平成14(2002)年までの小説6作品からナイデスの用例を12例採集し、その検討を行なっている。しかし、ナイデスの用例数が少なく、それをもってナイデスの通時的な記述がなされたとは言い難い。

　その他に、三尾(1941)[5]、時枝(1950)[6]、寺村(1984)[7]などにも丁寧体の否定形マセン・ナイデスに関する言及がある。

4　調査対象

　本章では、明治後期の夏目漱石の小説10編を調査対象とし、作品中の丁寧体否定形マセンとナイデスの二形式を考察する。発表年及び作品名[8]、出典は以下のとおりである。

　　明治38(1905)年―『吾輩は猫である』(『漱石全集第一巻』、岩波書店、1993)
　　明治39(1906)年―『坊っちゃん』(『漱石全集第二巻』、岩波書店、1994)

『草枕』(『漱石全集第三巻』、岩波書店、1994)
明治40(1907)年―『野分』(『漱石全集第三巻』、岩波書店、1994)
『虞美人草』(『漱石全集第四巻』、岩波書店、1994)
明治41(1908)年―『坑夫』(『漱石全集第五巻』、岩波書店、1994)
『三四郎』(『漱石全集第五巻』、岩波書店、1994)
明治42(1909)年―『それから』(『漱石全集第六巻』、岩波書店、1994)
明治43(1910)年―『門』(『漱石全集第六巻』、岩波書店、1994)
明治45(1912)年―『彼岸過迄』(『漱石全集第七巻』、岩波書店、1994)

　今回、夏目漱石の小説を調査対象とした理由には、彼自身、江戸・東京で生まれ育ち、現代日本語の共通語へとつながっていく東京語の母語話者で、その使用集団に属していること、小説の中に多様な位相の人物が登場すること、作品ごとに多様な文体を使いこなしていることがあげられる。加えて漱石の作品は、書生、地方出身者など特定階層の男性専用であった形容詞承接の「です」が、女性の間でも一般化されたと言われる明治30年代末以後の作品であるため、丁寧体否定形ナイデスの用例を、分析するに値する程度に採集できることによる。
　調査には『漱石全集』(岩波書店、1993-1999)の本文を使用し、『CD-ROM版 新潮文庫 明治の文豪』(1997)も補助的に利用した。

5　調査結果と分析

5.1　漱石作品以外における例

　『CD-ROM版 新潮文庫 明治の文豪』に収録されている漱石以外の作品を参考的に調べてみたところ、6人の作家による8作品において丁寧体否定形ナイデスの用例を確認できた。作家名、発表年、各作品名とその用例数を表5-1に示し、特徴的な用例[9]をその後に挙げた。

表5-1　漱石以外の作品におけるナイデス

作家名	二葉亭四迷(翻訳)		尾崎紅葉	国木田独歩	伊藤左千夫	泉鏡花	田山花袋		計
発表年	M21	M29	M30	M39	M40		M42		
作品名	めぐりあひ	片戀	金色夜叉	巡査	野菊の墓	婦系圖	蒲団	田舎教師	
ナイデス	1	3	7	1	5	3	2	6	28

#5 「イヤ……頼まれた譯でも<u>ないです</u>、」と吃りながら答へた。(「めぐりあひ」)

#6 ……其娘は父の<ruby>定<rt>きめ</rt></ruby>てあつたヴォルテール椅子の蔭やら、書棚の蔭やらへ<ruby>隠<rt>かく</rt></ruby>れて<ruby>了<rt>しま</rt></ruby>つて、如何しても出て來<u>ないです</u>。　　　(「片戀」)

#7 「<ruby>貴方<rt>あなた</rt></ruby>の<ruby>言<rt>い</rt></ruby>るゝ事は<ruby>能<rt>よ</rt></ruby>く<ruby>解<rt>わか</rt></ruby>つて居る、決して<ruby>無理<rt>むり</rt></ruby>とは思は<u>んです</u>。如何にも貴方に<ruby>誨<rt>をし</rt></ruby>へて上げたい、誨へて貴方の身の立つやうな<ruby>處置<rt>しょち</rt></ruby>で有るなら、誨へて上げんぢや<u>ないです</u>。……」(「金色夜叉」)

#8 『イヤ<ruby>全<rt>まった</rt></ruby>く<ruby>孤獨<rt>きびし</rt></ruby>く<ruby>感<rt>かん</rt></ruby>じないことも<u>ないです</u>がナ、ナニ<ruby>私<rt>わたし</rt></ruby>も<ruby>時々<rt>ときどき</rt></ruby><ruby>歸<rt>かへ</rt></ruby>るし<ruby>妻<rt>さい</rt></ruby>もちよい〳〵やつて來ますよ、……』(「巡査」)

#9 それであなたの<ruby>お母<rt>かあ</rt></ruby>さんはどうしても<ruby>泣<rt>な</rt></ruby>き<ruby>止<rt>や</rt></ruby>ま<u>ないです</u>。(「野菊の墓」)

#10 「<ruby>知<rt>し</rt></ruby>ら<u>ないです</u>か。」
「えゝ、<ruby>前<rt>ぜん</rt></ruby>にからですもの。<ruby>内<rt>うち</rt></ruby>の<ruby>人<rt>ひと</rt></ruby>と<ruby>同一<rt>おんなじ</rt></ruby>ですから、<ruby>何時頃<rt>いつごろ</rt></ruby>からだか<ruby>分<rt>わか</rt></ruby>りませんの。」(「婦系圖」)

#11 『……本當に實際問題に觸れてつまらなく苦勞したつて<ruby>爲方<rt></rt></ruby><u>ないです</u>からねえ。』(「蒲団」)

#12 『旅順が何うも取れ<u>ないです</u>な。』

『何うしてかう長引くんでせう。』　　　　　　　　　（「田舎教師」）

＃5は『明治の文豪』で確認した中では一番古い例で、ロシア文学の翻訳であり、形容詞ナイにデスのついた形である。同じように形容詞ナイが前接しているもので、＃7は「ぢやないです」の例であり、＃8は後ろに接続助詞「が」と終助詞「ナ」、＃11は「為方ない」という表現にデスが付き、接続助詞「から」と終助詞「ねえ」が後続する例である。＃6、＃9、＃10、＃12はすべて動詞が前接しているもので、そのうち＃10、＃12は終助詞「か」「な」の後接したものである。全28例中、前接語が動詞であるものはこの4例のみで、残りはすべて形容詞ナイにデスのついたナイデスであった。

ナイデスという形式が使用され始めた初期は、「形容詞ナイ＋デス」がより一般的な形式であったようである。

5.2　漱石作品における例
5.2.1　全体の概観

本章で対象とする、明治後期の夏目漱石の小説10編を調査したところ、マセンとナイデスの用例数は表5-2[10]のようになった。

表5-2　夏目漱石の小説10編におけるマセンとナイデス

発表年	M38	M39		M40		M41		M42	M43	M45	計
作品名	吾	坊	草	野	虞	坑	三	そ	門	彼	
マセン	308	58	56	90	131	15	67	106	47	98	976
マセンデシタ	4			2	1		1	1		6	15
マセンデショウ											0
ナイデス	30	8	2	20	27	4	10	3		4	108
ナカッタデス	2	1			3	1		2	1	1	12
ナイデショウ	11	5	3	14	9		1	6	8	4	13	74

マセン、ナイデスの現在形、過去形、推量形をそれぞれ調べたが、現在形はマセンが976例（90.0％）に対してナイデスが108例（10.0％）で、9対1の割合でマ

センが圧倒的である。これはナイデスという形式がマセンより遅れて使われ始めたことを考えても、予想された結果だと言える。過去形では、マセンデシタが15例(55.6%)、ナカッタデスが12例(44.4%)と、調査した範囲内では数量的に拮抗している。しかし、推量形では、ナイデショウが74例見られるのに対して、マセンデショウの用例は見当たらなかった。

今回は、過去形については、分析をするには用例数があまりに少ないことから取り上げないこととする。また、推量形についても、同形式で否定推量と確認要求の両方の意味があるので、それらを分けて考える必要がある上、マセンデショウの用例が見当たらず二形式を比較することができないことから、取り上げないこととする。

本章では、現在形に限って、マセンとナイデスの構造上の差異を中心に論じてみたい。

5.2.2　後接環境

丁寧体否定形が用いられるとき、それに続く構成要素にはどのようなものがあるのか。漱石作品におけるナイデスの後接環境についての調査結果を、表5-3にまとめた。

ナイデスの後接環境はバリエーションがそれほど多彩ではなく、ある一定の限られた構成要素が来るようである。

ナイデスの用例を＃13〜＃16に示す。

＃13　「少し御待ちよ。——糸子さんも少し待つて頂戴。何が気に入らないで、親の家を出るんだか知らないが、少しは私の心持にもなつて見て呉れないと、私が世間へ対して面目がないぢやないか」
　　　「世間はどうでも構はないです」
　　　「そんな聞訳のない事を云つて、——頑是ない小供見た様に」　　　（虞）

＃14　出来る事なら、あの島の上へ上がつて見たいと思つたから、あの岩の

表5-3 ナイデスの後接環境

発表年 作品名	M38 吾	M39 坊	M39 草	M40 野	M40 虞	M41 坑	M41 三	M42 そ	M43 門	M45 彼	計	%
。	13	2		7	14	4	2			1	43	39.8
か	3		1	6	5		7	3		1	26	24.0
よ	6			1	3		1			2	13	12.0
ね	1	1		2	1						5	4.6
ぜ					1						1	0.9
が	4	3	1	1	3						12	11.1
から	1			1							2	1.9
けれども	1										1	0.9
からね		1									1	0.9
もの				2							2	1.9
その他	1	1									2	1.9
計	30	8	2	20	27	4	10	3	0	4	108	100

ある所へは舟はつけられないんですかと聞いて見た。つけられん事も<u>ないですが</u>、釣をするには、あまり岸ぢやいけないですと赤シヤツが異議を申し立てた。　　　　　　　　　　　　　　　　　　　　　　　　（坊）

#15 「だつて、メリメの本を借(か)しちまつて一寸調べられ<u>ないですもの</u>」（野）

#16 「成程善い音ですな、我輩抔は生れてから、そんな立派なものは見た事<u>がないですよ</u>」
　　　　　　　　　　　　　　　　　　　　　　　　　　　　　　（吾）

#13は言い切りの形、#14は接続助詞「が」、#15は終助詞「もの」、#16は終助詞「よ」が続く形である。このようにナイデスを後接環境から見ると、言い切りの形、接続助詞が続く形、終助詞が続く形と大きく三つに分けられる。表5-3を見ると、ナイデスは4割が言い切りの形で、終助詞では「か」「よ」、接続助詞では「が」が後接する場合が比較的に多く見られるようである。

次に、マセンの後接環境の調査結果を、表5-4にまとめた。

表5-4　マセンの後接環境

発表年 作品名	M38 吾	M39 坊	M39 草	M40 野	M40 虞	M41 坑	M41 三	M42 そ	M43 門	M45 彼	計	%
。	120	35	27	25	53	6	28	31	21	42	388	39.8
か	60	9	14	42	40	3	26	56	9	30	289	29.6
よ	24	4	4	7	11	2	6	7	4	4	73	7.5
ね	9	3	3	3	12	1	4		1	2	38	3.9
ぜ	3		1		1						5	0.5
が	28	4		2	2		1	2	3	12	54	5.5
から	9	1		2	1			2	4	4	23	2.4
けれども					1						1	0.1
からね	2			1							4	0.4
もの	3				1						4	0.4
その他	50	1	7	8	10	2	2	8	5	4	97	9.9
計	308	58	56	90	131	15	67	106	47	98	976	100

表5-4を表5-3と比較してみると、その傾向において著しい違いは見られない。ただし、後接する終助詞の中で「か」の比率が相対的に高いことから、「〜ませんか」という形で、否定形を用いた疑問や、確認を求める表現でマセンが多用されることがうかがえる。また、「その他」の例が1割を占めるが、これは「ぜ」「ぞ」「わ」「わね」「な」「がな」「て」などの終助詞、「ので」「けれど」などの接続助詞の後接する少数例であった。

#17　「御茶つて、あの流儀のある茶ですかな」
　　　「いゝえ、流儀も何もありやし<u>ません</u>。御厭なら飲まなくつてもいゝ御茶です」
　　　　　　　　　　　　　　　　　　　　　　　　　　　　　　　（草）

#18　……従つて食はなければ食はないでも済む。長蔵さん何か食はして呉

れませんかと云ふ程苦しくもなかつた。然し何だか口が淋しいと見えて、しきりに縄暖簾や、お煮〆や、御中食所が気にかゝる。　　　　　（坑）

#19　「何実を云ふと、二十年も三十年も夫婦が皺だらけになつて生きてゐたつて、別に御目出度も<u>ありません</u>が、其所が物は比較的な所でね。私は何時か清水谷の公園の前を通つて驚ろいた事がある」と変な方面へ話を持つて行つた。　　　　　（門）

#20　雨に鎖された家の奥から現はれた十六七の下女は、手を突いて紹介状を受取つたなり無言の儘引つ込んだが、少時してから又出て来て、「甚だ勝手を申し上げて済み<u>ません</u>で御座いますが、雨の降らない日に御出を願へますまいか」と云つた。　　　　　（彼）

　#17は言い切り、#18は終助詞「か」、#19は接続助詞「が」が続く形であり、#18は地の文での使用であるが、「準発話」[11]と言うことができる。#20は、マセンに指定の助動詞「でございます」と接続助詞「が」のついた形である。

5.2.3　前接環境

　次に、ナイデス、マセンの前接環境を表5-5、表5-6に示す。

表5-5　ナイデスの前接環境

	M38 吾	M39 坊	M40 草	M40 野	M41 虞	M41 坑	M42 三	M43 そ	M45 門	M45 彼	計
可能動詞	4	1		3	2						10
V	2	1		2	4					2	11
当為表現				1							1
かまわ		1			4						5
し			1								1
しら											0

第5章　丁寧体否定形マセンとナイデスの併存

	M38 吾	M39 坊	M39 草	M40 野	M40 虞	M41 坑	M41 三	M42 そ	M43 門	M45 彼	計
しれ	2	1			1						4
でき											0
なら											0
わから	1			1						1	3
Nじゃ	2			1	1		3	1		1	9
V(ん)じゃ	1		1	1				1			4
A(の)じゃ	1		1	2	1		1				6
〜ようじゃ				1			1				2
Aく(は)	1	1			2	1	3	1			9
事が(は)	3	1		1	2	1					8
Nは	3		2	2							7
仕方が	2	1			1	1					5
(相)違	3				1						4
〜はず(が)	1			1	1						3
何にも／何でも							2				2
先行文脈なし				2							2
Nが	2										2
Nも		1									1
Nでは	1										1
Nでも					1						1
Nなんか				1							1
見っとも					1						1
差支は	1										1
結構で				1							1
〜ようが				1							1
〜より外に				1							1
〜そうも						1					1
計	30	8	4	20	25	4	10	3	0	4	108

表5-6　マセンの前接環境

	M38	M39		M40		M41		M42	M43	M45	計
	吾	坊	草	野	虞	坑	三	そ	門	彼	
可能動詞	20		4	11	6		9	3	4	5	62
V	57	16	13	9	26	4	18	7	10	18	178
当為表現	4	1		1	1	1					8
じゃあり	79	13	16	39	45	3	22	48	10	23	298
あり	58	8	6	7	18	5	6	19	10	16	153
ござい	19	1	1	2	7			1	3	4	38
かまい	6	3	2		2		1	1		2	17
し	20	2	5	8	10		1	14	4	4	69
しり	9	1	2	3	1		3	2		3	24
しれ	13	6	2	5	6	1	2	6	2	12	55
でき	8	4		2					1		15
なり	5	2	1		2		4	2	3	3	23
わかり	10		4	2	7		1	3		7	35
その他									1		1
計	308	58	56	90	131	15	67	106	47	98	976

　表5-5、表5-6から数の多いものを中心に、以下に用例を挙げてみる。＃21〜＃26はナイデスの例、＃27〜＃29はマセンの例である。

＃21　「なる程、少し御手際(おてぎわ)が落ちますね。あの表面は超絶的曲線で到底普通のファンクションではあらはせ<u>ないです</u>」と、理学者丈(だけ)に六づかしい事を云ふと、主人は
　　　「さうさね」と好い加減な挨拶をした。　　　　　　　　　　　（吾）

＃22　「好きだか、嫌だか自分にも解らないんぢや<u>ないです</u>か」　　（草）

＃23　「石の門は可いがな。新らしい男爵の様で可いぢや<u>ないです</u>か、先生」（三）

#24 「外(ほか)のものが、みんな稼(かせ)いでるのに、君許り寐てゐるのは苦痛ぢや<u>ないですか</u>」
「いえ、左様(さう)でもありませんな」　　　　　　　　　　　　（そ）

#25 「例の二人静(ふたりしづか)？　例にも何にも今迄聞いた事が<u>ないですね</u>」　（虞）

#26 「君は妻君があるかい」
「<u>ないです</u>。貰ひたいが、自分の口(くち)が大事ですからな」　　　（虞）

　#21は動詞接続の例であるが、その動詞は「あらわせる」と可能の形になっている。すなわち、可能動詞の否定としてナイデスが用いられた例である。#22〜#24はともに「〜じゃないですか」の例であるが、「じゃ」の前接語が#22は動詞、#23は形容詞、#24は名詞である。「〜じゃないです」の例を見ると、ナイデスという形式が発話の中で使われやすいことが見て取れる。#25は「〜事が（は）ナイデス」の例である。「〜事が（は・も）」はナイデスの前に出現しやすい語である。#26は先行文脈の明示されていない例である。
　ここに挙げた例以外に、ナイデスは「仕方がない」「(相)違ない」「〜はず(が)ない」「差支はない」「見っともない」などの慣用的表現でよく見られる。このことから、「〜ない」という形で結合している表現を丁寧体で言い表すときには、単純にデスをつけて「〜ナイ・デス」という形式が使われやすいのではないかと考えられる。

#27 美禰子は、
「あらさう」と云ひながら三四郎を見たが、
「雪ぢや詰(つま)らないわね」と否定を許さぬ様な調子であつた。
「何故(なぜ)です」
「何故(なぜ)でも、雲は雲でなくつちや不可(いけ)ないわ。かうして遠くから眺めてゐる甲斐がないぢやあり<u>ませんか</u>」　　　　　　　　　　　　　　（三）

#28 「校長が辞職でもすれば、君は何か儲かる事でもあるんですか」
「冗談云つちや不可ません。さう損得づくで、痛快がられやしません」（そ）

#29 「ホヽヽどうして、そんな病気が出たんでせう」
「どうしてゞすかね。遺伝かも知れません。それでなければ小供のうち何かあつたんでせう」　　　　　　　　　　　　　　　　　　（野）

　表5-6を見ると、マセンの前接要素として「(じゃ)あり～」「ござい～」など、存在動詞がくる場合が976例中489例あり、半分にのぼる。これは、「動詞＋ナイデス」と等しい表現として「動詞＋マセン」が使われる一方で、「形容詞ナイ＋デス」と等しい表現としてアリマセン、「形容詞＋(補助形容詞ナイ＋デス)」と等しい表現として「形容詞＋アリマセン」が用いられるからだと考えられる。＃27のように、「～じゃありませんか」の形での用例が特に多く見られる。また、＃28、＃29でも見られるように、ある特定の語と結合した「かまいません」「しません」「しりません」「しれません」「できません」「なりません」「わかりません」として使われる場合が多く、逆に、「しら・ないです」「なら・ないです」「でき・ないです」のような語は、現代日本語ではそれほど抵抗なく使用されていそうであるが、本調査では漱石作品中に用例を見つけることはできなかった。

6　まとめ

　明治後期に発表された夏目漱石の小説10編を調査し、丁寧体否定形マセンとナイデスの二形式を考察した結果、以下のことが明らかになった。

(1) マセン、ナイデスの現在形、過去形、推量形をそれぞれ調べると、現在形はマセン976例(90.0%)、ナイデス108例(10.0%)で、9対1の割合でマセンが圧倒的であった。過去形では、マセンデシタが15例(55.6%)、ナカッタデスが12例(44.4%)と、調査した範囲内では数量的に拮抗していた。推量

形では、ナイデショウの74例に対して、マセンデショウの用例は見当たらなかった。

(2) マセン、ナイデスの後接環境を見ると、双方とも、言い切りの形、接続助詞が続く形、終助詞が続く形と大きく三分できた。ナイデスでは4割が言い切りの形で、終助詞では「か」「よ」、接続助詞では「が」が後接する場合が多かった。マセンでは、後接する終助詞では「か」の比率が高かった。

(3) 「動詞＋ナイデス」と等しい表現として「動詞＋マセン」、「形容詞ナイ＋デス」と等しい表現としてアリマセン、「形容詞＋(補助形容詞ナイ＋デス)」と等しい表現として「形容詞＋アリマセン」が見られた。

(4) ナイデスの前接環境は動詞の場合が最も多く、その他は「～じゃ(ナイデス)」「～事が(は)ナイデス」などの例が多い。また、「仕方がない」「～はず(が)ない」など、元来「～ナイ」という表現を用いた慣用的表現を丁寧体で表わす際に「～ナイ・デス」という形式が用いられる。

(5) マセンの前接語として「(じゃ)あり～」「ござい～」などの存在動詞がくる場合が976例中489例と、約半分にのぼり、「～じゃありませんか」の用例が特に多く見られた。また、ある特定の語と結合した「かまいません」「しません」「しりません」「しれません」「できません」「なりません」「わかりません」の使用が多く、逆に、「しら・ないです」「なら・ないです」「でき・ないです」のような語は、今回は用例が見当たらなかった。

今回、マセンとナイデスの形式が使用される構造上の差異を、後接環境と前接環境の比較から考察した。調査を通じて、少数例ながら、マセンに後接する終助詞、接続助詞の種類が多いということ以外は、マセンとナイデスの双方とも、後接環境では似たような傾向しか示さなかった。また、前接環境によって、

①「動詞＋ナイデス」＝「動詞＋マセン」、②「形容詞ナイ＋デス」＝「アリマセン」、③「形容詞＋補助形容詞ナイ＋デス」＝「形容詞＋アリマセン」の三種があることを確認した。

以上のような結果を踏まえた上で、マセンとナイデスの類似形式において、前接環境によって異なる三者がどのように推移し今日に至っているのかを、相互関係の中でその構造を研究する必要があろう。また、マセンとナイデスの両表現に顕著な統計的差異が見られなかったが、より幅広く資料を調査し、個別具体的な場面においてはどのように使用されているのか、さまざまな用例を集め、特に発話場面では発話者、受話者の位相等も考慮しながら、その表現差を考察する必要があると考える。

注
1)　本章におけるマセン、ナイデスという用語は、各々現在形、過去形、推量形等を含む丁寧体の否定形表現の総称として用いる。ただし、ナイデスの現在形では、「あぶないです」のように助動詞デスの前接語の語尾が「〜ナイ」の文字列であるものは除外する。
2)　文化庁文化部国語課(1999:36-39)『世論調査報告書 平成10年度 国語に関する世論調査』。
3)　(5)の問いは丁寧体否定形の問いに対する答え方の問題なので、ここでは特に言及しない。
4)　大槻(1917:297-298) に以下のように述べられている。
「です」わ、随分古くから、つかつて來た語のやうであるが、江戸でわ、元と、藝人言葉で、軽薄な口調の「でげす」などゝ同じもので、明治以前わ、咄家、太鼓持、女藝者、新吉原の茶屋女などに限つて、用いられて居たもので、その女が、素人になつても、「です言葉」が出て咎められて、困つたもので、町人でも、身分のある者わ、男女共に、用いなかつた。それが、今のように、遍く行はれるようになつたのわ、明治の初に、田舎の武士が、江戸へ出て、柳橋新橋あたりの女藝者などの言葉で聞いて、江戸の普通の言葉と思つて、真似始めたからの事であろう。それであるから、餘り馨ばしくない語でわあるが、今でわ、身分のある人々まで用いられて、もはや止められぬ程の言葉となつた。

5) 三尾(1941)の改訂版、三尾(2003:175)に以下のように述べられている。
　　推量の打消は「ませんでしょう」よりも「ないでしょう」のほうが「です体」としてはふつうですから、それとの釣合いからいえば、「(知ら)ないでした」のほうが用いられてよさそうです。が、それはまだ書生ことば的で「(知り)ませんでした」がふつうです。
6) 時枝(1950:212-215)は、日本語の話し言葉にマセンとナイデスの二形式のあることを文法書として初めて指摘したとされる。時枝は、打消の機能を持つ敬語表現として、各品詞において「〜ません」形を挙げているが、補足的説明の中に「降らないです」「寒くないです」「天気でないです」などの言い方があることを指摘し、これらは打消と敬語との言い方が逆になったものであると述べている。
7) 寺村(1984:53)では、以下のように述べている。
　　動詞、たとえば「読ム」の否定形は「読マナイ」であるが、その丁寧な形は、「読ミマセン」のほうがふつうで、「読マナイデス」はあまり使われない。しかし、過去の形としては、「読ミマセンデシタ」も「読マナカッタデス」も共に使われているようである。後者は不自然とする人もいる。
8) 例文の出典は、それぞれ下線部分を略称として例文の最後に示した。
　　例)『吾輩は猫である』→(吾)
9) ここに挙げた例文については、全集本などで該当箇所を確認して引用した。確認に用いた資料は次のとおり。『二葉亭四迷全集』(筑摩書房)、『金色夜叉續篇』(春陽堂、複製本)、『定本國木田獨歩全集』(学習研究社)、『左千夫全集』(岩波書店)、『鏡花全集』(岩波書店)、『花袋全集』(花袋全集刊行會)、『漱石全集』(岩波書店)。
10) 表の中の空欄は0例を示す。以下の表も同じ。
11) 小野(2009)に、「地の文に埋めこまれている発話相当部分」と定義がある。

第6章 複数の否定要素を含む述語部の構造

　本章では、明治期の言文一致体の文学作品である二葉亭四迷『浮雲』を取り上げ、一述語部内における複数の否定要素の形式と意味について考察する。また、尾崎紅葉『金色夜叉』を資料として、複数の否定要素を含む述語部構造を分析し、通時的な視点に立って、述語部における否定要素を含む複合辞を、文法化の程度に焦点をあてて階層化を試みる。

1　複数の否定要素からなる述語部構造の特質
　　　──二葉亭四迷『浮雲』

1.1　はじめに
　明治期の日本語の変遷過程を見るとき、近代化という大きな社会的変動に影響を受けざるをえなかったという面は確かにあるが、その一方で、そのような言語を取り巻く環境と連動しながら、人為的な言語の改変を目指して意識的に推進された動き、特に、言文一致運動に着目することには大きな意義があろうと考えられる。それまでに流れた時間とともに拡大し形成された、話し言葉と書き言葉の懸隔を克服し、口語文法主導の新しい文体、すなわち言文一致体を創出するうえで、文末表現はそのメルクマールとなり、多くの研究者や文学者がその工夫に取り組んだ。
　本節では、こんにち残されている明治期の膨大な言語資料のうちから言文一致体の文学作品を取り上げ、複数の否定要素を含む文の述語部の構造について考察する。

具体的には、活用可能な否定要素を含む述語部の用例を採集し、調査する。一述語部内の否定要素は、一つのみ単独で用いられている場合と、二つ以上の複数で用いられている場合の二種類があり得る。ここでは後者に注目し、一述語部内で連なって現れる複数の否定要素の形式を確認し、意味上の関係性による分類を試みる。

1.2　調査資料

調査資料は、二葉亭四迷の『浮雲』とした。『浮雲』は、精緻な写実と心理描写による最初の近代小説として評価が定着している、明治期の代表的な文学作品である。特に、坪内逍遥の助言を受けて実現された二葉亭四迷の言文一致の清新な文体は、日本語の歴史においても画期的なものであった。『浮雲』は、作品の進行に従って文体が進化していると評価されることがあり、未だ戯作調の残存する第一篇に比べ、第二篇以降はより言文一致体が洗練されている。

第一篇は明治20(1887)年6月、第二篇は明治21(1888)年2月に金港堂から刊行され、続き（後の第三篇にあたる）は明治22(1889)年7月から雑誌『都の花』(18-21号)に連載された。そして、明治24(1891)年9月24日に金港堂から全三篇合冊本が出された。

今回の調査では「新選 名著復刻全集 近代文学館」の複製本の第一・二篇、国立国会図書館デジタルコレクションにある第三篇を資料として用いた。

用例を掲出する際には、末尾の[　]内に「第〇編第〇回」と明らかにし、発話文の場合はその前に「発話者→受話者」を（　）内に示した。また、旧漢字は通行の漢字に改めた。

1.3　否定要素相互の関係についての考察

1.3.1　形式上の問題

本節では、一述語部内において、形式上で否定要素Aの後に否定要素Bが存在し、意味上でそれら否定要素間にある関係性の認められるものについて考察する。

＃1　若しヒヨツと先に姑でもある所へ往んで御覧なか〱此様なに我儘気儘をしちやアゐられないから今の内に些と覚悟をして置かなくつちやアなりませんヨ」
　　　　　　　　　　　　　　　　　　　　　　　　［第一篇第四回］

　＃1は、お政が文三に話す内容の中で、自分(お政)と娘であるお勢の会話を直接引用している部分である。述語部にあたる下線部は「し・ておく・ない・ちやア・なる・ます・ん・ヨ」と語構成上は細かく分解することも可能であるが、このような組み合わせをもって一述語部を形成していることを前提にして、語構成の考察を行なうものとする。
　先ず、形式上の問題として、それぞれの表現の否定要素AとBの間に他の要素がどのように挿入されているのかを見る。そのことによって、一述語部内において、複数の否定要素が意味上のつながりを保持しながら、どのように隔たりを持ち得るのかを確認する。
　一述語部内で、否定要素AとBの間に他の要素が挿入された形式を挙げると、以下のようになる(前の数字は、間にはさまる要素数。用例が地の文のみに見られるものには「地の文のみ」、発話文にも地の文にも見られるものには「発話文、地の文」と(　)内に明記した。明記の無いものは、発話文のみに見られた形式である)。

1　ない　・ぢや　・ない　・か
　　ん　　・ぢや　・ない　・か

2　ない　・で　　・は　　・ない　　　　　　　　　(地の文のみ)
　　ない　・で　　・も　　・ない　　　　　　　　　(地の文のみ)
　　ぬ　　・で　　・は　　・ない　　　　　　　　　(地の文のみ)
　　ない　・のみ　・なる　・ず　　　　　　　　　　(地の文のみ)
　　ない　・か　　・しる　・ん
　　ない　・ば　　・なる　・ない　・とこ　・だ
　　ない　・ば　　・なる　・ない　・が

第6章　複数の否定要素を含む述語部の構造 ── 163

	ない	・ば	・なる	・ぬ			
	ない	・ば	・なる	・ぬ	・が		（発話文、地の文）
	ない	・ば	・なる	・ず			
	ない	・ば	・なる	・ん			
	ない	・ちやア	・なる	・ない			
	ない	・ちやア	・なる	・ない	・やアね		
	ぬ	・ば	・なる	・ぬ			（地の文のみ）
	ず	・ば	・なる	・まい			（地の文のみ）
	ん	・ぢやー	・たまる	・ん			
	ぬ	・こと	・も	・ない	・が		（地の文のみ）
3	ない	・ぢや	・ある	・ます	・ん	・か	
	ん	・ぢや	・ある	・ます	・ん	・か	
	ない	・ば	・なる	・ます	・ん		
	ない	・ちやア	・なる	・ます	・ん	・ヨ	
	ない	・た	・の	・ぢや	・ない		
	ない	・か	・も	・しれる	・ない		
	ない	・か	・も	・しれる	・ない	・けれども	
	ぬ	・と	・も	・つく	・ぬ		（地の文のみ）
	ず	・に	・は	・おく	・ない		（地の文のみ）
	ず	・に	・は	・ゐる	・ない	・た ・らう	（地の文のみ）
	まい	・もの	・で	・も	・ない		
	まい	・と	・も	・する	・ず		（地の文のみ）
4	ない	・て	・は	・なる	・ます	・ぬ	・ぜ
	ない	・て	・も	・いい	・ぢや	・ない	・か
	ない	・たつ	・て	・いい	・ぢや	・ない	・か
	ない	・わけ	・に	・は	・いく	・ない ・た	（地の文のみ）
	ず	・に	・は	・をる	・れ	・まい	（地の文のみ）

調査した範囲内では、一述語部内にある、否定要素AとBの間に他の要素が挿入される場合、その要素数は2か3であるものが多く見られ、最大でも4であった。また、それらは地の文、発話文にかかわらずどちらにも見られた。一述語部内という制限から、複数の否定要素がそれほど離れていないということは明らかである。
　次に、このような形式の中で、否定要素AとBとの間にくる要素には、どのような種類があるのかを分類して示す。

①［副助詞］系
ない　・のみ　・なる　・ず　　　　　　　　　　　　　　　　（地の文のみ）

②［で・は］系
ない　・ぢや　　　　　　　　・ない　・か
ん　　・ぢや　　　　　　　　・ない　・か
ない　・ぢや　・ある　・ます　・ん　・か
ん　　・ぢや　・ある　・ます　・ん　・か
ん　　・ぢやー・たまる　　　　・ん

ぬ　　・で　　・は　　・ない　　　　　　　　　　　　　　　（地の文のみ）
ない　・で　　・は　　・ない　　　　　　　　　　　　　　　（地の文のみ）
ない　・で　　・も　　・ない　　　　　　　　　　　　　　　（地の文のみ）

③［ば・なる］系
ぬ　　・ば　　・なる　・ぬ
ない　・ば　　・なる　・ぬ
ない　・ば　　・なる　・ず
ない　・ば　　・なる　・ん
ず　　・ば　　・なる　・まい　　　　　　　　　　　　　　　（地の文のみ）
ない　・ば　　・なる　・ぬ　　・が　　　　　　　　　　　　（発話文、地の文）
ない　・ば　　・なる　・ない　・が
ない　・ば　　・なる　・ない　・とこ　・だ

ない ・ちやア・なる ・ない
ない ・ちやア・なる ・ない ・やアね

ない ・ば ・なる ・ます ・ん
ない ・て ・は ・なる ・ます ・ぬ ・ぜ
ない ・ちやア ・なる ・ます ・ん ・ヨ

④[か・(も)・しる]系
ない ・か ・しる ・ん
ない ・か ・も ・しれる ・ない
ない ・か ・も ・しれる ・ない ・けれども

⑤[に・は・動詞]系
ず ・に ・は ・おく ・ない （地の文のみ）
ず ・に ・は ・ゐる ・ない ・た ・らう （地の文のみ）
ず ・に ・は ・をる ・れ ・まい （地の文のみ）
ない ・わけ ・に ・は ・いく ・ない ・た （地の文のみ）

⑥[と・も・動詞]系
ぬ ・と ・も ・つく ・ぬ （地の文のみ）
まい ・と ・も ・する ・ず （地の文のみ）

⑦[こと(もの)・(で)・も]系
ぬ ・こと ・も ・ない ・が （地の文のみ）
まい ・もの ・で ・も ・ない

⑧[て・も・いい・ぢや]系
ない ・て ・も ・いい ・ぢや ・ない ・か
ない ・たつ ・て ・いい ・ぢや ・ない ・か

⑨[た・の・ぢや]系
ない ・た ・の ・ぢや ・ない

①〜⑨までの分類は、否定要素AとBの間にくる要素によるものである。①②は助詞だけが介在するもの、③④はある助詞の後に一定の動詞がくる、複数の例が見られたもの、⑤⑥はある助詞の後にさまざまな動詞がくる、孤例のもの、⑦が形式名詞に助詞のついたもの、⑧が助詞に「いい(形容詞)＋で・は」のついたもの、⑨が助動詞「た」に準体助詞「の」と助詞「で・は」のついたものである。このように、否定要素の間にくる要素は、「助詞だけ」、「助詞＋動詞」、「形式名詞＋助詞」、「助詞＋形容詞＋助詞」、「助動詞＋準体助詞＋助詞」という組み合わせで介在している。
　それでは、このような形式の実現された用例を見ながら、否定要素AとBとの意味上の関係性について考えてみる。

1.3.2　意味上の関係性
1.3.2.1　肯定に近い意味になるもの
　一述語部内に否定要素AとBがあるとき、前の否定要素Aで否定したことを後のBで再び否定する「否定の否定」、つまり「二重否定」の例が見られる。この場合、述語部の意味は「肯定」に近いものとなるが、単純な「肯定」とは違う特有の含意を示唆する。

#2　尤も途に蜻蛉を追ふ友を見てフト気まぐれて遊び暮らし悄然として裏口から立戻つて来る事も無いではないが……　　　　［第一篇第二回］

#3　シカシまだ是れしきの事なら忍んで忍ばれぬ事も無いが
　　　　　　　　　　　　　　　　　　　　　　　　　［第二篇第十一回］

#4　本田に依頼をしなければなりません勿論課長は私も知らない人ぢやないけれども……　　　　　　　　　(文三→お勢)［第二篇第十二回］

　#2は文中の述語部の前に述べられた事実が「ないではない」ので「あった」という意味に、#3では、「(忍ぶという意思があるなら)忍べないこともない」、つま

り、「忍ぶことができる」という意味に、#4は「知っている人」だという意味に近くなっている。これらは、否定要素Aによる否定的な想定をいったん否定してはいるが、完全に肯定まではできないという表現である。

#5 ……唯本田さんがアヽやつて信切（ママ）に言つてお呉んなさるもんだから周旋て貰つて課長さんに取入つて置きやア仮令ば今度の復職とやらは出来ないでもまた先へよつて何ぞれ角ぞれお世話アして下さるまいものでも無いトネー然うすりや……　（お政→文三）［第二篇第十一回］

#6 ……そのころは人々の心が期せずして、自ら一致し、同じ事を念ひ、同じ事を楽んで、強ちそれを匿くさうともせず、また匿くすまいともせず、……　［第三篇第十九回］

「まい」は推量の意味を含む否定辞であるので、#5は、「お世話をしてくださらないだろうものでもない」、つまり、「お世話をしてくださるだろう」という肯定の意味に近いものとなる。#6は、先行する動詞「かくす」＝「見せない」に否定推量の「まい」がついて、ここまでで事実上の二重否定となっている。そこにまた「ともせず」と否定がつき、「見せないようにしないでもない」という意味で、結果的には「見せようとしない」という、かなり複雑な表現になっている。意味上は二重否定で肯定の意味に近いととるが、動作・行為の観点から見ると、肯定というよりも否定の意味となる。

#7 文三（ぶんざう）（ママ）は恐ろしい顔色をしてお勢の柳眉を顰めた嬌面を疾視付けたが恋は曲物かう疾視付けた時でも尚ほ「美は美だ」と思はない訳にはいかなかつた折角の相好もどうやら崩れさうに成つた……　［第二篇第十回］

#8 ……或は鬧ぢて縦横自在に言廻わせば鷺も烏に成らずには置かぬ
［第一篇第六回］

＃7は「〜ないわけにはいかない」（ここでは、後の「ない」が過去形）、＃8は「〜ずにはおかぬ／ない」という慣用的な表現で、現在では複合辞として扱われるものである。＃7は、文三自身の常識、心の基準から考えるとそうすることが必然的であるということを表し、＃8は、流暢な話しぶりをもってすれば、鷺が烏になるというあり得ないことも可能となり、そうなることでさえ自然であるという意味で、肯定の意味に近くなる。

1.3.2.2 否定の意味になるもの

複数の否定要素が一述語部内におさまっていながらも、述語部全体としては否定の意味となる場合の特徴は、次のようなものである。

＃9 「……全て子供の喧嘩のやうで人に対しても噺しもできないぢやないか、ね、ヲイ笑つて仕舞はう　　　　　　（昇→文三）［第二篇第十回］

＃10 「……その理由も説明せずして唯無暗に人を侮辱した〰と云ふ計りぢやハア然うかとは云つて居られんぢやないか（昇→文三）［第二篇第十回］

＃11 「……本田さんが私の気に入らうと入るまいと貴君の関係した事は無いぢや有りませんか　　　　　　　（お勢→文三）［第二篇第十二回］

＃12 「……其様な事は我々には出来んぢや有りませんか
　　　　　　　　　　　　　　　　　（文三→お勢）［第二篇第十二回］

＃9と＃10は「ない／ん・ぢや・ない・か」のように、二つの否定要素の間に他の要素が一つだけ挿入された例である。ここでは「で・は」の融合形「ぢや」が挿入されているが、実現された形式を重視する立場から、「ぢや」を一つの要素として認定した。調査資料全体を通じて、否定要素同士が直接結合して、他の要素はさまらない「なく・ない」などの例は見当たらなかったので、＃9と＃10

第6章　複数の否定要素を含む述語部の構造 ── 169

は二つの否定要素の間に他要素が挿入された最少の要素数の例となる。「ない／ん・ぢやないか」という表現は、最初の「ない／ん」でいったん否定し、その次の「ない」で再び否定する二重否定で、意味的には肯定に近いものになる。しかし、その後に反語・疑問の意を表す終助詞「か」が現れて、それが意味処理上では否定の役割をするので、否定の意味となる。そして、後接の否定要素に助辞「か」が付加されて確認要求表現となっている。＃11と＃12は「ない／ん・ぢやないか」の丁寧形で、「ない／ん・ぢやありませんか」となっている。

また、否定要素Aによる否定の意味を残しながら、否定要素Bを含む文法化（実質的な意味を持つ内容語が機能語へと変化していく現象）された形式で意味が付与されるものがある。

＃13　「……そりや貴君(あなた)は温順(をんじゅん)だのに本田(ほんだ)さんは活溌(くわっぱつ)だから気(き)が合(あ)わないかも知(し)れ無(な)いけれども貴君(あなた)と気(き)の合(あ)はないものは皆(みな)破廉恥(はれんち)と極(きま)つても居(ゐ)ないから……
　　　　　　　　　　　　　　　　　　（お勢→文三）［第二篇第十二回］

＃13は「〜かも知れない」という慣用的な表現で、現在では複合辞として扱われるものである。文三と本田が「気が合わない」という否定の事実に対して、「〜かもしれない」という文法化された表現を用いて、その可能性のあることを述べている。全体的な意味としては、否定の意味が残っている。

1.3.2.3　新しい意味が付与されるもの

形態上は否定要素があるにもかかわらず、否定の意味が残っていないものもある。

＃14　「兎(と)も角(かく)も一日(にち)も早(はや)く身(み)を定(さだ)めなければ成(な)らぬと思(おも)つて……
　　　　　　　　　　　　　　　　　　（文三→お勢）［第二篇第八回］

＃15　「……圓(まる)く納(をさ)まる事(こと)だから私(わたくし)も出来(でき)る事(こと)なら然(さ)うしたいがシカシ然(さ)う為(し)

やうとするには良心を絞殺さなければならん課長の鼻息を窺はなければならん其様な事は我々には出来んぢや有りませんか

(文三→お勢)〔第二篇第十二回〕

#16 「官員の口てつたつてチョツクラ。チョイト有りやアよし無からうもんならまた何時かのやうな憂い思ひをしなくつちやアならないやアネ…………

(お政→文三)〔第一篇第五回〕

#17 「……それに課長の所へ往かうとすれば是非とも先づ本田に依頼をしなければなりません勿論課長は私も知らない人ぢやないけれども……

(文三→お勢)〔第二篇第十二回〕

#18 「……両方とも若い者同志だからさうでもない心得違ひが有つてはならぬからお前が始終看張つてゐなくつてはなりませぬぜ」

(孫兵衛→お政)〔第一篇第三回〕

#19 ト決心して見れば叔母の意見に負かなければならず叔母の意見に負くまいとすれば昇に一着を輸さなければならぬ、それも厭なり是れも厭なりで……

〔第二篇第十一回〕

#20 ……、その多分は全くそれが原因でお勢の事を断念らねばならぬやうに成行きはすまいかと危ぶむからで、……　〔第二篇第十一回〕

#21 ……文三は今歳の暮にはお袋を引取つてチト老楽をさせずばなるまい

〔第一篇第四回〕

　一述語部内に否定要素AとBがあり、それらも含めた複数の要素が合成されて文法化され、句相当のものが否定ではない別の意味を表す助動詞的な表現に

第6章　複数の否定要素を含む述語部の構造 —— 171

なっているものがある。♯14〜♯18は発話文での、♯19〜♯21は地の文での当為表現で、形式としては「〜なければ／なくては＋なら・ぬ（ない、ず、ん）／なりません」、「〜ねば＋なら・ぬ（ず、ん）／なりません」、「〜ずばなるまい」であった。このうち、発話文では「ナイ系否定＋ズ系否定」のようなタイプがほとんどで、わずかではあるが「ナイ系否定＋ナイ系否定」、「ズ系否定＋ズ系否定」のようなタイプもあった。♯19は地の文であるのに「ナイ系否定＋ズ系否定」のタイプだが、この部分は事実上文三の心中思惟なので、文三の発話に準ずる形式として一般的な「ナイ系否定＋ズ系否定」のようなタイプが用いられていると考えられる。発話文でも地の文でも、当為表現において否定要素Bの前接する部分はすべて「なる」で、「いく」は見当たらなかった。

♯22 「内輪(うちわ)な者(もの)だけれどもシカシ何にもア、口汚(くちきたな)く言(い)はな<u>く</u>つても好ぢやな<u>い</u>か
（文三→昇）［第二篇第十回］

♯23 「さうお云ひなさると、さも私(わたし)が難題(なんだい)でもいゝだしたやうに聞(きこ)こゆる(ママ)けれども、なにも然う遁(さ)げな<u>く</u>つてもいゝぢや<u>ない</u>か？
（お政→文三）［第三篇第十五回］

♯24 「何(なに)にも然うとぼけな<u>く</u>つたつて宜(い)いぢや無(な)いか君(きみ)みたやうなものでも人間(にんげん)と思(おも)ふからして……
（昇→文三）［第二篇第十回］

♯22〜♯24は「〜なくても／なくたって・いいぢやないか」という組み合わせで文法化して、その前に述べられた動作を非難する確認要求表現となっている。「口汚く言う」、「遁げる」、「とぼける」などの動作はそれ自体肯定的ではない意味合いを持ち、非難の対象となって当然であるという表現である。1.3.2.2の♯13で取り上げたものは、否定要素Aによる否定の意味を残したうえで、否定要素Bを含む部分「〜かもしれない」だけが文法化されていたので、「否定」の意味となるものに分類した。ここでの「〜なくても／なくたって・いいぢやないか」という

表現は、否定の意味が残っておらず、複数の否定要素を含めた表現で文法化され、一つの新しい意味をなしているので、区別して扱うことにした。

1.3.3 考察

　文の中の一述語部という制限の中で、そこに複数の否定要素が存在するうえで、その間に他の要素が入り込める余地があるのかどうかを見ると、それほど大きいわけではない。したがって、挿入された他要素が形式上4以下と少なかったことは妥当な結果であろう。

　また、否定要素Aと否定要素Bの間にくる要素には、助詞、助動詞、形式名詞のほかに一定の動詞や形容詞があり、それらを組み合わせて挿入していた。本調査ではその組み合わせが、①[副助詞]系、②[で・は]系、③[ば・なる]系、④[か・(も)・しる]系、⑤[に・は・動詞]系、⑥[と・も・動詞]系、⑦[こと(もの)・(で)・も]系、⑧[て・も・いい・ぢや]系、⑨[た・の・ぢや]系の9つの系統に分類された。①～⑨の分類のうち、①[副助詞]系、⑤[に・は・動詞]系、⑥[と・も・動詞]系は地の文のみで、④[か・(も)・しる]系、⑧[て・も・いい・ぢや]系、⑨[た・の・ぢや]系は発話文のみで見られた。その他の②[で・は]系、③[ば・なる]系、⑦[こと(もの)・(で)・も]系は地の文でも発話文でも両方に見られた。これらの各形式に先行する中心述語を見ると、そのほとんどが動詞であったが、②[で・は]系の「ない・ぢや・ない・か」、「ない・ぢや・ある・ます・ん・か」は動詞と形容詞の両方、「ない・で・は・ない」は形容詞であった。

　それでは、一述語部内における否定構造の意味上の関係性はどうであろうか。本調査では、①肯定に近いもの、②否定のもの、③新しい意味が付与されるものの三つに分類した。

　まず、肯定に近い意味となるものがあった。これは、否定要素が複数あらわれ、一述語部内で連続的な意味処理過程があり、「否定の否定」で結果的に肯定の意味に近くなるものである。肯定の形式と意味上は似ているが、そのような形式にはない表現効果を二重否定という形式で出そうとしたものであると考えら

れる。否定要素Aによる否定的な想定について否定はするが、そうであるからといって完全に肯定はできないという意味を持つ用例が見られた。また、否定要素Aで否定した内容を、否定要素Bを含む文法化された形式で否定し、肯定に近い意味になるものも見られた。

　次に、否定の意味となるものがあった。これは、上で見た複数の否定要素による「肯定」に近い意味が、疑問・反語を表す終助詞「か」を加えることにより、否定の意味で処理される場合である。このような「か」は否定を引き起こす補助的な役割を担っており、否定要素Bに助辞「か」が付加されて確認要求表現になっていた。また、否定要素Aの後に否定要素Bを含む文法化された形式が続くものもあった。否定要素が二つあるにもかかわらず否定の意味になるのは、否定要素Aでいったん否定した後に、否定要素Bを含む文法化された一定の形式がもつ、否定ではない他の意味が付加され、否定要素Aの否定の意味が残るからである。

　最後に、新しい意味が付与されるものがあった。文法化された表現がありながら意味が肯定にも否定にもなる例があったが、これは一述語部内に複数の否定要素がありながらも否定の意味が残らず、複数の否定要素を含んだ文法化された形式が新しい意味を持つようになったものである。このようなものには当為表現があった。

　このように複数の否定要素を含む一述語部内において、文法化された形式が関与する場合、三つの類型が考えられる。一つ目は、否定要素Aの否定の意味を、否定要素Bを含む文法化形式で否定する場合である。これは、肯定に近い意味となる。二つ目は、否定要素Aの否定の意味が残りながら、否定要素Bを含む文法化形式が否定以外の意味で用いられる場合である。これは、否定の意味になる。三つ目は、否定要素AとBを含む文法化形式が、否定以外の意味で用いられる場合である。これは、新しい意味となる。また、用例から見られるように、文法化形式の否定要素AとBの間に挿入される要素のうちには、一定の元自立語(「なる、ある、しる、いい」など)があることも見てとれる。

1.4 文法カテゴリーの複合

本節の調査では述語部否定構造の研究のうち、一述語部内に複数の否定要素が存在する場合についてのみ考察した。しかし、研究課題として、述語部否定構造内における文法カテゴリーの複合という問題がある。『浮雲』で見られたいくつかの例を挙げる。

#25　叔母はあゝいふ人だから我が免職になつたと聞いたら急にお勢を呉れるのが厭になつて無理に彼娘を他へかたづけまいとも言は<u>れない</u>。

[第一篇第四回]

#26　……外部の激因が無いにしても、お勢の文三に対する感情は早晩一変せずにはゐ<u>なかつたらう</u>。　　　　[第三篇第十六回]

#27　けれども、軽躁で無い者が軽躁な事を為やうとて為得ぬが如く、軽躁な者は軽躁な事を為まいと思つたとて、なかへ為ずにはを<u>れまい</u>。

[第三篇第十六回]

それぞれの用例の述語部における下線部の文法的意味は、#25が「可能＋否定」、#26が「否定＋過去＋推量」、#27が「受身＋否定推量」となる。一般的に文法カテゴリーの複合は「ヴォイス・アスペクト・否定・テンス・モダリティ」の順に現れるが、述語部否定構造でのそれぞれのふるまいがどのようであるのかを用例を集めて確認する必要がある。

1.5　まとめ

二葉亭四迷『浮雲』を調査資料として、一述語部内における複数の否定要素の形式と意味についての考察から、次のようなことが確認された。

(1)文の中で、複数の否定要素が一述語部内に現れるとき、その否定要素間に

挿入される他の要素数は4以下で、制限的であった。また、そのような要素には助詞、助動詞、形式名詞のほかに一定の動詞、形容詞などがあり、その組み合わせによって9系統に分類することができた。

(2) 一述語部内における複数の否定要素を含む形式の意味は、①肯定に近いもの、②否定のもの、③新しい意味が付与されるものの三つに分類された。

(3) 「肯定」に近い意味を担う形式としては「否定の否定」、つまり二重否定によるものがあり、それらは単純な肯定形式では表し得ない、特有の表現効果を意図していた。また、否定要素Aで否定した内容を、否定要素Bを含む文法化された形式で否定しているものも見られた。

(4) 「否定」の意味を担う形式としては、複数の否定要素に終助詞「か」など否定の意味を付加する補助的な要素によるものがあった。また、前の否定要素Aによる否定の意味を残しながら、後の否定要素Bを含む文法化された形式の意味が付加されるものも見られた。

(5) 新しい意味が付与されるものとしては、否定要素による否定の意味が残らず、複数の否定要素を含む文法化された形式として新しい意味をもつようになったものであった。

2 述語部否定構造の文法化──尾崎紅葉『金色夜叉』

2.1 はじめに

日常言語の変化を特徴づける重要なプロセスの一つに「文法化」がある。文法化とは、動詞や名詞のように実質的な意味をもつ内容語が、助詞、接辞のような機能語へと変化していく現象である。したがって文法化には、自立して使われる単語を組み合わせた表現が、分かち難く結び付いた接辞的表現へと次第に変化していくプロセスが含まれることとなる。

本節では、近代語文献を用いて、複数の否定要素を含む述語部否定構造を分析してみる。その際に、通時的な視点に立って、述語部に現れる否定表現を含む複合辞を、文法化の程度に焦点をあてて考察し、その階層化を試みる。

具体的には、活用可能な否定要素を含む述語部の用例を採集し、考察する。一述語部内において、形式上で否定要素Aの後に否定要素Bが存在し、意味上でそれら否定要素間に一定の関係性が認められるものについて分析対象とする。

2.2 調査資料

調査資料は、尾崎紅葉の『金色夜叉』とした。『金色夜叉』は、明治時代の大ベストセラーとして文学史に大きな足跡を残したのみならず、近代日本語の研究においても、当時の言語実態を解明する上で価値を有する資料である[1]。

本節では、以下のように単行本として刊行された初版(春陽堂版)[2]の本文を対象として調査を行なった。

『金色夜叉 前編』(明治31年7月6日発行)
『金色夜叉 中編』(明治32年1月1日発行)
『金色夜叉 後編』(明治33年1月1日発行)
『金色夜叉 續編』(明治35年4月28日発行)
『續々金色夜叉』(明治36年6月12日発行)
『新續金色夜叉』(明治38年7月5日発行)[3]

『金色夜叉』は、発話文と地の文の文体が明らかに異なるので、区別して考察することとする。ただし、心中思惟の部分と書簡文については、発話文と地の文とは別に扱ったものの、大勢には影響を与えないと考え、調査対象から除外した。

用例を掲出する際には、末尾に［〇編第〇章］というように表示し、発話文の場合はその前に「発話者→受話者」を（　）内に示した。

2.3　形式上の問題

先ず、形式上の問題として、それぞれの表現の否定要素AとBの間に他の要素がどのように挿入されるのかを確認する。そのことによって、一述語部内において、複数の否定要素が意味上のつながりを保持しながら、どのように隔たりを持ち得るのかを見る。

一述語部内で、否定要素AとBの間に他の要素が挿入された用例数を編ごとに見ると、表6-1のようになる[4]。

表6-1　否定要素AB間の挿入要素数による各編の分布

AB間の要素数	前編	中編	後編	續編	續々	新續	計	%
0		1	2	3	1		7	5.4
1	4	10	8	4	5	1	32	24.8
2	13	6	8	8	3		38	29.5
3	5	8	11	8	2	2	36	27.9
4	2	2	3	6	2		15	11.6
5							0	0.0
6	1						1	0.8
計	25	27	32	29	13	3	129	100.0

一述語部内で、相互に意味上のつながりを保持しているという前提があることから、否定要素AとBの間に挿入される要素数は1～3の例が比較的多く見られ、それぞれ32例（24.8％）、38例（29.5％）、36例（27.9％）と、全129例中106例で、8割以上を占めた。その他にも、否定要素AとBが直接つながっている要素

数0が7例(5.4％)、要素数4が15例(11.6％)見られた。要素数がもっとも多いものは、♯1の例である。

♯1 「……。何も遠方へ行くのではないのだから、御母さんが一處でなくても可いぢやありませんか、ねえ。……」　　（唯継→宮）［前編第七章］

ここでの述語部「一處でなくても可いぢやありませんか」は、「(一處で)ない／て・も・可い・ぢや・ある・ます／ん・か」[5]と語構成上で分解ができる。つまり、この述語部の否定要素AB間に挟まる要素数は6となる。
　次に、このような形式の中で、否定要素AとBとの間にくる要素にはどのような種類があるのかを①〜⑭に示す。

①［で・は］系
ない	・ぢや					・ない	・か(かね)
ん	・ぢや					・ない	・か(かな／です・か)
ん	・ぢや					・ない	・です
ない(・ん)	・ぢや	・ある	・ます	・ん			・か
ん(・こと)	・ぢや	・ある	・ます	・ん			・か
ない	・ぢや	・ござる	・ます	・ん			・か
ん	・ぢや	・ござる	・ます	・ん			・か
ん	・ぢや	・ある		・まい			・か
ん	・が(で・も)	・可い	・ぢや			・ない	・か
ない	・て	・も	・可い	・ぢや	・ある	・ます・ん	・か
ない(・の／ばかり)				・で	・は	・ない(・か／です・よ)	
ん(・の／もの／ところ／ぢやった)				・で	・は	・ない(・よ／か)	

②［ば(や／て・は)・なる］系
| ない | ・ば(や) | ・なる | ・ない(・のだ・もの) |
| ない | ・ば | ・なる | ・ん (・よ・のだ・のだらう・のです・のであります) |

| ない | | ・や | | ・なる | | ・ん | （・ぢや・よ・わけだ・のです） |
| ぬ | | ・や | | ・なる | | ・ん | （・ぢや・な） |

| ん | ・けり | ・ば | ・なる | ・ん(まい)（・かと／のですか／のでございますか） |
| ん | ・けりゃ | | ・なる | ・ん（・こと） |

| ない | | ・ば | ・なる | ・ます | ・ん |
| ん | ・けり | ・ば | ・なる | ・ます | ・ん（・やうな次第） |

③［て・は（けり・ば）・いける（いく）］系

ない	・て(・は)		・いける		・ない	（・よ）
ない	・ちや		・いける		・ない	（・よ）
ない	・て	・は	・いける	・ます	・ん	・よ

| ん | ・けり | ・ば | ・いく | | ・ん | ・よ |
| ん | ・けりゃ | | ・いく | | ・ん | ・よ |

④［に・は・いる］系

| ず | ・に | ・は | ・いる | ・ます | ・ん |
| ず | ・に | ・は | ・いる | ・れ | ・ない |

⑤［て・は・なる］系

| ない | ・て | ・は | ・なる | ・ん | ・ぢや | ・らう |

⑥［か・も・しる］系

| ない | ・か | ・も | ・知れる | ・ん |

⑦［ば・おく］系

| ない | ・ば | ・おく | ・ます | ・ん |

⑧［は］系

ない（・もの／わけ）	・は		・ない（・のだ）
ず	・は		・なし
ず(ぬ)	・は	・ある	・ず（・けり／き／なり・ぬ）

⑨[に(ば／も)・ある]系
ず(・き)(・故)　　・に　　　・ある　　・ず
ない　　　　　・ん　　・ば　　・ある　　・ず
ない　　　　　・に(・し)・も　　・ある　　・ず

⑩[を・える]系
ず　　　　　　・を　　・える　・ず(・き・なり)

⑪[べし]系
ず　　　　　　・べし　・ず(・か)

⑫[あたう]系
なし　　　　　・あたう・ず(・なり)

⑬[こと]系
ず　　　　　　・こと　・無し

⑭φ系
無い　　　　　・ず　　・や
ず　　　　　　・なし(・か／んか／名詞)

　上記①〜⑭の分布状況を表6-2に示す。
　①〜⑭は否定要素AB間に挟まる要素による分類である。①は、「で・は」または「ぢや」の含まれた形であり、その後にすぐ否定要素が来る場合と、動詞(ある、ござる、可い)を挟んで否定要素が来る場合がある。②③④⑤⑥⑦⑨⑩は「助詞＋動詞」形式のものである。⑧⑪⑫⑬は特定の語を挟む場合である。⑭は二つの否定要素の間に他の要素が挟まらず、直接つながる形式である。
　表6-2を見ると、発話文に用いられる形式と地の文に用いられる形式とではほとんど相補分布をなしており、①〜⑦までが主に発話文、⑧は両方で見られ、⑨〜⑭は主に地の文でその例を見られた。これは、作品の文体が、地の文では

表6-2 否定要素AB間の挿入要素の種類による各編の分布

種類		発話文						
		前	中	後	續	續々	新續	小計
①	[で・は]系	9	13	11	13	3	3	52
②	[ば(や／て・は)・なる]系	8	2	9	6	3		28
③	[て・は(けり・ば)・いける(いく)]系	2	3	1				6
④	[に・は・いる]系			1	1			2
⑤	[て・は・なる]系				1			1
⑥	[か・も・しる]系				1			1
⑦	[ば・おく]系				1			1
⑧	[は]系	1	1					2
⑨	[に(ば／も)・ある]系							0
⑩	[を・える]系							0
⑪	[べし]系							0
⑫	[あたう]系							0
⑬	[こと]系							0
⑭	φ系							0
	計	20	18	24	22	6	3	93

文語文、発話文では口語文として書き分けられていることと関連する。

　①[で・は]系、②[ば(や／て・は)・なる]系は用例数が多いにもかかわらず、その例は発話文の中にだけ見られた。①[で・は]系は、52例中41例が口語形式の「ぢや」が含まれた例であり、発話文で用いられていた。一方、「では」の含まれた例も11例あるが、それらは発話者(男性と赤樫満枝)が受話者に対してあらたまった言い方をする場合に用いられていた[6]。②[ば(や／て・は)・なる]系は、発話者が受話者に「当為」をうながしたり述べたりする固定的な表現として発話文で用いられていた。これらが地の文に見られなかったのも、必然的ではないと思われる。

　⑧[は]系は発話文と地の文、両方で例が見られた。発話文では♯2、♯3の二例のみ見られた。それぞれ、「は」の前に「もの」「譯」という形式名詞が接続して、「〜ないものはない」、「〜ない訳はない」という固定した形式になっている。その

地の文						小計	計
前	中	後	續	續々	新續		
						0	52
						0	28
						0	6
						0	2
						0	1
						0	1
						0	1
3	3	3	2	1		12	14
2	1	1	1	1		6	6
	2	1		1		4	4
	1		1	1		3	3
				2		2	2
	1	1				2	2
	1	2	3	1		7	7
5	9	8	7	7	0	36	129

他はすべて、＃4のような地の文でのものであった。

＃2　固（もと）より世の中と云ふものは然（さ）う面白（おもしろ）い義（わけ）のものぢやないので、又人の身の上ほど解（わか）らないものは無い。　　　　　　（貫一→宮）［前編第五章］

＃3　「あゝ、然やうかね、御承知の無い譯は無いのだ。はゝは、大分久しい前の事だから、お忘れになつたのか知れん、……」

（鴫澤→婆）［後編第五章］

＃4　然るは獨（ヒと）り夫（ヲツと）のみならず、本家（ほんけ）の両親（ママ）を始親屬（しんぞくしる）知邊（べ）に至るまで一般（いつぱん）に彼（かれ）の病身（びやうしん）を憫（あはれ）みて、おとなしき嫁（よめ）よと賞（ほ）め揚（そや）さぬはあらず。［續編第三章］

第6章　複数の否定要素を含む述語部の構造 ── 183

⑪[べし]系、⑫[あたう]系はもともと文語的な表現であり、⑬[こと]系も全て「〜せざること無し」という表現で、⑪〜⑬は地の文のみで用いられた。⑭φ系も#5のように、前に来る否定要素がズ・ザルとなるものがほとんどで、文語文法のパターンとして地の文のみで見られた。

#5 彼等は皆過去の十一箇月を虛に送りて、一秒の塵の積める貳千餘圓の大金を何處にか振落し、後悔の尾に立ちて今更の血眼を瞠き、草を分け、瓦を撥しても、其の行方を尋ねんと爲るにあらざるなし。

[續編第壹章]

全体の用例数から見ると、発話文が93例、地の文が36例と、発話文の方が倍以上も多かった。『金色夜叉』の編ごとで用例の偏りはほとんど見られなかったが、續々と新續は分量自体が少ないので、それに比例して用例数も決して多くはなかった。

2.4 述語部否定の文法化
2.4.1 文法化された形式

文法化については先にそのプロセスについて述べたが、『金色夜叉』において述語部否定が文法化されている形式について見る。

#6 「……内には七千圓も財産が在つて、お前は其處の一人娘ぢやないか、而して婿まで極つてゐるのぢやないか。其婿も四五年の後には學士になると、末の見込も着いてゐるのだ。而もお前は其婿を生涯忘れないほどに思つて居ると云ふぢやないか。それに何の不足が有つて、無理にも嫁に歸かなければならんのだ。天下に是くらゐ理の解らぬ話が有らうか。如何考へても、嫁に歸くべき必用の無いものが、無理に算段をして嫁に歸かうと爲るには、必ず何ぞ事情が無ければ成らない。……」

(貫一→宮)[前編第八章]

#6で、下線の二つの述語部は文法化がなされていると言えるだろうか。

　二つの表現はすべて条件表現の形式をとっていて、「前提―帰結」の組み合わせになっており、前提の部分も帰結の部分も否定で、以下のようになる。

前提（否定）　　―　　帰結（否定）
歸かなければ　　―　　ならんのだ
無ければ　　　　―　　成らない

　それでは、二つの表現に対応する肯定表現がそれぞれあり得るのだろうか。前提の部分も帰結の部分も肯定にすると、以下のようになる。

前提（肯定）　　―　　帰結（肯定）
歸けば　　　　　―　　なるのだ
有れば　　　　　―　　成る

　ここで「（嫁に）歸けば―なるのだ」、「（事情が）有れば―成る」の両方とも、何がどのように「なる」のか意味が通じない。『日本国語大辞典』第二版では、「なる」には大きく次のような四つの意味があると説明している。

　一　（生）なかったものが、新たに形をとって現われ出る。
　二　（成・為）あるものやある状態から、他のものや他の状態に変わる。
　三　（成）行為の結果が現れる。
　四　補助動詞として用いる。動詞の連用形や動作性の漢語名詞を、「お…なる」「ご…になる」の形ではさみ、動作主に対する尊敬を表わす。

　「（嫁に）歸けば―なるのだ」、「（事情が）有れば―成る」では、前提で示したことによって、帰結で示される「なる」という形、状態、結果が見当たらず、述語部として意味をなせていないと考える。つまり、上記のような「なる」という動

詞の持つ意味は意識されず、前提も帰結も否定の「(歸か)なければ・ならん(のだ)」、「無ければ・成らない」で文法化された表現になっているものと考えられる。「歸かなければならんのだ」を解析してみる。

  嫁に　歸か／なけれ／ば／なら／ん／のだ
     歸く。
     歸か／ない。
    *歸か／なけれ／ば／なる。
     歸か／なけれ／ば／なら／ん。
     歸か／なけれ／ば／なら／ん／のだ。

このように「歸か・なけれ・ば・なる」という表現は非文となる。つまり、肯定表現「なる」とはできず、「ならん」で固定された表現となっているので、「なければ・ならん」で文法化されているということが見てとれる。それでは、次の例はどうであろうか。

#7 お前が得心せんものなら、此地へ來るに就いて僕に一言も<u>言はんと云ふ法は無からう</u>。
            （貫一→宮）[前編第八章]

#7の下線部を一述語部と見なすことが出来るか、以下のように解析してみる。

  言は／ん／と／云ふ／法／は／無から／う。
  言ふ。
  言は／ん。
  言は／ん／と／云ふ。
  言は／ん／と／云ふ／法。
  言は／ん／と／云ふ／法／は／(無し。)(有り。)
  言は／ん／と／云ふ／法／は／(無から／う。)(有ら／う。)

解析してみると、文末の「無し」は「有り」に、「無からう」は「有らう」に置き換えが可能であるので、「〜んと云ふ法は無い」で完全に文法化されているとは言えない。したがって、下線部を一述語部と認定することは難しく、二つの否定要素については前と後ろで偶然接近して現れたものだと考える。

2.4.2　述語部の中心述語

否定要素ABを含む述語部では、中心述語が形容詞「ない」で否定辞が後続するものと、中心述語が形容詞「ない」以外で否定辞が二つ後続するものがある。まず、前者を見る。

＃8　考へて鬱いだ所で、滿らない世の中に儚い人間と生れて來た以上は、どうも今更爲方が無いぢやないか。　　　（貫一→宮）［前編第五章］

＃9　「貴方から機嫌を伺はれる譯が無いぢやありませんか。」
　　　　　　　　　　　　　　　　　　（貫一→滿枝）［中編第八章］

＃8と＃9は中心述語が形容詞「ない」の例である。＃8は「爲方が・無い」、＃9は「〜訳が・無い」という慣用的な表現の後に、「で・は」の融合形「ぢや」があり、その後に否定要素が続いている。＃9では、丁寧表現に否定要素が付いている。否定要素Bを含む表現「無いぢやないか」とその丁寧形「無いぢやありませんか」は、その後部が肯定形となる「*無いぢやあるか」、「*無いぢやありますか」では非文となるので、ともに文法化された表現と見ることができる。

＃10　心底から惚れて居たら、些も氣の移る所は無いぢや御座いませんか。
　　　　　　　　　　　　　　　　　　（お静→貫一）［新続第二章］

＃11　「何を言つて被居るのですね、貴方は。或はも然うかもないでは御座いませんか！（後略）　　　（滿枝→貫一）［続編第七章］

＃10と＃11は、＃9の「無いぢやありませんか」をより丁寧にした形式である。「無いぢや御座いませんか」も文法化された表現と見ることができ、融合形「ぢや」が元の形の「では」となった「無いでは御座いませんか」も同じように文法化された表現と見ることができる。ただし、「ぢや」より「では」の方が結びつきの度合が弱いようである。

＃12　然れども此後相見んことは何日をも計られざるに、願うては神の力も及ぶまじき今日の奇遇を仇に、餘所ながら見て別れんは<u>本意無からずや</u>。　　　　　　　　　　　　　　　　　　　　　　　[中編第四章]

＃13　「青臭いどころか、お前、天狗巌だ、七不思議だと云ふ者が有る、可恐い山の中に<u>違無いぢやないか</u>。(後略)　　　(貫一→老婢)[続々第二章]

＃12、＃13の中心述語は「本意無い」、「違無い」であるが、潜在格としてガ格が想定されるので、中心述語を「ない」と認定した。つまり、「(本意が)無い」、「(違が)無い」というように見なし、＃8、＃9と同じような例として考えた。

＃14　「そりや一向<u>宜しくないかも知れん</u>。」　　　(荒尾→満枝)[続編第四章]

＃14は、形容詞「宜しい」を否定する形容詞「ない」が付いて、その後に「～かも知れん」という文法化された形式が後続する例である。
　次に、中心述語が動詞のものを見る。

＃15　「……考へて見給へ、何ぼ朋友の中だと云つても外の事と違つて、借金の連帯は頼めないよ。然う無理を言つて<u>困らせんでも可いぢやないか</u>。」　　　　　　　　　　　　　　　　　(遊佐→貫一)[中編第六章]

＃16　彼は此際熱海の舊夢を<u>憶はざるを得ざりしなり</u>。　　　[続々第三章]

＃17　此時魔の如き力は喉を扼して其背を拊つ、人の死と生とは渾て彼が手中に在りて緊握せらる、欲する所として得られざるは無し。　　［後編第六章］

＃18　幸に貴方は無事であつた、から猶更今日は私の意見を用て貰はなければならんのです。
　　　　　　　　　　　　　　　　　　　　　（直道→直行）［後編第壹章］

　＃15の動詞「困る」に使役の助動詞「す」が付き、「んでも可いぢやないか」が続く、中心述語が動詞の例である。＃16は、中心述語である動詞「憶ふ」の後に、「ざるを得ず（←ず・を・得・ず）」、その後に過去の助動詞「き」、断定の助動詞「なり」が続く。＃17は動詞「得」の後に可能の助動詞「られる」が来て、「ず・は・無し」と続く。＃18は動詞「用う」の後に「て貰ふ」が付き、「なければならん（←なし・ば・なる・ん）」が続く。このような中心述語が動詞の例は、名詞、形容詞、副詞などと比べて最も用例数が多く、そこにはさまざまな文法カテゴリーの語が付加される例も見られる。

　最後に、中心述語が名詞のものを見る。

＃19　「第一今日は未だ催促に來る約束ぢやないのではないか。」
　　　　　　　　　　　　　　　　　　　　　（遊佐→貫一）［中編第六章］

＃20　之を表沙汰にせば債務者は論無う刑法の罪人たらざるべからず、是に於て誰か恐慌し、狼狽し、惱亂し、號泣し、死力を竭して七所借の調達を計らざらん。　　　　　　　　　　　　　　　　　　［後編第六章］

　＃19は発話文、＃20は地の文での例である。＃19は「名詞＋ぢやないのではないか」、＃20は名詞に断定の助動詞タリが付き、「ざるべからず（←ず・べし・ず）」が続いている。
　なお、『金色夜叉』では、中心述語が副詞である例は見当たらなかった。

2.4.3 当為表現

一述語部内に複数の否定要素を含みながら、述語部否定とはならない「当為」表現がある。当為の意味を示す形式は文法化されており、中心述語が動詞の場合と、形容詞「ない」の場合がある。調査資料における当為表現の出現状況を表6-3[7)]に示す。

表6-3 当為表現の出現状況

	当為表現		中心述語			当為表現		中心述語	
			動詞	形容詞「ない」				動詞	形容詞「ない」
◎	ナケレバ	ナラナイ	3	2	●	ナケレバ	ナリマセン	1	
●	ナケレバ	ナラン	7		●	ナケレバ	イケマセン	1	
	ナケレバ	イケナイ				ナケレバ	ナランノデス		
	ナケレバ	イカン				ナケレバ	ナランノデゴザイマス		
●	ナケリヤ	ナラナイ	1			ナケリヤ	ナリマセン		
◎	ナケリヤ	ナラン	2	2		ナケリヤ	イケマセン		
	ナケリヤ	イケナイ				ナケリヤ	ナランノデス		
	ナケリヤ	イカン				ナケリヤ	ナランノデゴザイマス		
	ナクテハ	ナラナイ				ナクテハ	ナリマセン		
○	ナクテハ	ナラン		1	●	ナクテハ	イケマセン	1	
●	ナクテハ	イケナイ	1			ナクテハ	ナランノデス		
	ナクテハ	イカン				ナクテハ	ナランノデゴザイマス		
	ナクチヤ	ナラナイ				ナクチヤ	ナリマセン		
	ナクチヤ	ナラン				ナクチヤ	イケマセン		
●	ナクチヤ	イケナイ	1			ナクチヤ	ナランノデス		
	ナクチヤ	イカン				ナクチヤ	ナランノデゴザイマス		
	ニヤ	ナラナイ				ニヤ	ナリマセン		
●	ニヤ	ナラン	2			ニヤ	イケマセン		

	ニヤ	イケナイ			ニヤ	ナランノデス		
	ニヤ	イカン			ニヤ	ナランノデゴザイマス		
	ンケレバ	ナラナイ		●	ンケレバ	ナリマセン	3	
	ンケレバ	ナラン			ンケレバ	イケマセン		
	ンケレバ	イケナイ		●	ンケレバ	ナランノデス	1	
●	ンケレバ	イカン	1	●	ンケレバ	ナランノデゴザイマス	1	
●	ンケレバ	ナルマイ	1					
	ンケリヤ	ナラナイ			ンケリヤ	ナリマセン		
●	ンケリヤ	ナラン	2		ンケリヤ	イケマセン		
	ンケリヤ	イケナイ			ンケリヤ	ナランノデス		
●	ンケリヤ	イカン	1		ンケリヤ	ナランノデゴザイマス		
	計		22	5		計	8	0

　当為表現は、2.3の形式上の分類による②[ば(や／て・は)・なる]系、③[て・は(けり・ば)・いける(いく)]系、⑤[て・は・なる]系の計35例にあたる。そのうち、中心述語が動詞であるものが30例、形容詞「ない」であるものが5例見られた。形式としては、動詞のものが17種類あるのに対して、形容詞「ない」は3形式のみに限られた。そのうち、ナケレバナラナイ、ナケリヤナランは動詞、形容詞「ない」両方で例が見られ、ナクテハナランは形容詞「ない」のみにその例が見られた。形容詞「ない」には、文末が丁寧形になっている形式は用いられなかった。限られた用例数ではあるが、ありうる形式と、実際に現れた形式とを対比してみると、例えば、「リヤ」「チヤ」「ニヤ」のような訛音形の場合には、後ろが丁寧形にならないといった状況も観察できる。

　#21 實業家の精神は唯財じや、世の中の奴の慾も財より外には無い。それほどに、のう、人の欲がる財じや、何ぞ好え所が<u>無くてはならんぢやらう</u>。
　　　　　　　　　　　　　　　　　（直行→直道）[後編第壹章]

#21は、形容詞「ない」を含めて文法化された「無くてはならん」という表現に、推量の意味の「ぢやらう」が付加したものである。否定要素Bの後に、他の文法カテゴリーを示す語が続く例である。

#22　「えゝ、狼狽(うろた)へて行らんことを言ふな。食ふに窮(くま)つて身を賣(う)らなければならんのぢやなし、何を苦(くるし)んで嫁(よめ)に歸(ゆ)くのだ。……」
(貫一→お宮)［前編第八章］

#22は中心述語が動詞で、否定辞が三つ後続するものである。中心述語が動詞「賣る」で、そこに「なければならん」という文法化された形式がついて、当為表現となっている。また、それに加えて、「(ならん)のぢやなし」という文法化形式まで付加して、三つの否定要素が含まれた述語部の例となっている。「なければならん」という形式は、調査資料における当為表現の形式としては最多のものであった。

このように、当為表現は今回収集した129例中35例と、約3割を占めた。

2.4.4　文法化と連動する要素

以上で見たように、一述語部内という制限の中で、二つの否定要素が意味上で一定の関係性が認められるという形式は、文法化された固定的な表現として用いられる場合が多いということがわかった。では、そのような文法化と連動する要素としては、どのようなものがあるのかを確認する。

#23　極潔(ごくきよ)いお方なので、精神的(せいしんてき)に傷(きず)いた所の無い御人物(ごじんぶつ)、然云ふ方に對(さうい)して我々などの心事を申上げるのは、實際(じつさい)恥入(はぢい)る次第で、言ふ事は一々曲(まが)つて居るのですから、正(たゞ)い、直(すぐ)なお耳へは入らん所ではない、逆(さから)ふのでございませ。
(貫一→直道)［後編第七章］

#23では、「入らん所ではない」を述語部として認定した。それは、「入らん所

ではない」の後が読点となっていて、ここで一度文を切っても差し支えがないこと、また、「耳に入らない」ということを言い換えて「逆ふ」としているので、「入らん所ではない(のでございませう)」と考えることも可能だと考えたので述語部と見なした。解析してみると、「入る・ん・所・で・は・ない」となるが、「で・は」を「ぢや」とするとどうであろうか。「入らん所ぢやない(←入る・ん・所・ぢや・ない)」となって、可能である。それでは、それぞれの後ろの否定要素を含む部分を肯定形にしたらどうであろうか。以下に見るように、「で・は」は可能であるが、「ぢや」は非文となる。

　　入る・ん　・所　・で　・は　・ない(／ある)
　　入る・ん　・所　・ぢや　　　・ない(／*ある)

　この例からもわかるように、「では」は後続部分とのつながりが比較的に弱く、「ぢや」は強いことがわかる。今回の調査で、[で・は]系は最多の52例あり、そのうち41例が「ぢや」の例であるのだが、「ぢや」が来ると後続部分と強く結合し固定した表現として用いられ、文法化に大きな意味を持つと考えられる。つまり、「ぢや」は後続部分を強制的に文法化する性質を有するようであり、「ぢや」を含む形式も10形式見られた。
　次に、多く出現する要素に「は」がある。「は」は、先の①[で・は]系はもちろん、②[ば(や／て・は)・なる]系、③[て・は(けり・ば)・いける(いく)]系、④[に・は・いる]系、⑤[て・は・なる]系、⑧[は]系に広く介在する要素である。2.4.3で見たように、②[ば(や／て・は)・なる]系、③[て・は(けり・ば)・いける(いく)]系、⑤[て・は・なる]系は当為表現で、比較的つながりが強い固定した形式で、「は」は文法化に関わる度合いが比較的に高いと言うことができる。
　また、「ば」も多く用いられる。「ば」は、②[ば(や／て・は)・なる]系、③[て・は(けり・ば)・いける(いく)]系、⑦[ば・おく]系、⑨[に(ば／も)・ある]系に見られるが、条件表現の前提部分を示す「ば」の後だからといって、必ずしも後ろにも否定要素が来るとは限らない。したがって、文法化に関わる上で少し制

約があると言える。

　最後に、「に」と「を」がある。それぞれ⑨[に(ば／も)・ある]系、⑩[を・える]系で用いられるが、「懐はざるに・(あらず／あり)」、「買わざるを・(得ず／得)」のように、後ろの部分に肯定も否定もとれるので、文法化にはあまり関係していないものと言える。

2.5　まとめ

　尾崎紅葉『金色夜叉』を調査資料として、一述語部内における複数の否定要素を文法化の観点から考察し、次のようなことが確認された。

(1) 否定要素AとBを含む述語部内において、その間に挿入される要素数は1〜3が比較的に多かった。また、挿入される要素を分類して14系統に分類することができた。それらの使用分布を見ると、発話文と地の文においてほとんど相補分布をなしていた。それは、発話文では口語文体、地の文では文語文体と、表現と形式が明確に使い分けられていたことに起因する。

(2) 否定要素AとBを含む述語部における文法化の認定は、語構成上の要素のつながり方と、範列的な肯否の置き換えによって確認することができる。

(3) 否定要素AとBを含む述語部は、中心述語が形容詞「ない」で否定要素が後続するものと、中心述語がその他の形容詞や動詞で否定要素が二つ後続するものの二種類がある。中には、否定要素が三つ含まれる例も見られた。

(4) 一述語部内に否定要素を二つ含みながら、述語部否定とはならない「当為」表現がある。調査した128例中35例がこの表現であり、中心述語が動詞のものと形容詞「ない」のものが見られ、用いられた形式数はそれぞれ17種類、3種類であった。そのうち、形容詞のみで用いられた形式は1種類、両方で用いられた形式は2種類であった。

(5) 文法化と連動する要素として、「ぢや」「は」「ば」「に／を」を見た。「ぢや」は後続部分を強制的に文法化する要素であり、「は」は文法化に関わる場合が比較的に高い要素である。「ば」は後ろ部分に必ずしも否定要素が来るとは限らないという制約があり、「に／を」は文法化にあまり関係していない要素であった。

本節の調査を通して、複数の否定要素を含む述語部構造を分析し、通時的な視点に立って、述語部における否定要素を含む複合辞を、文法化の程度に焦点をあてて階層化を試みた。次章では、さまざまな文法カテゴリーとの複合関係の観点からさらに考察を深めて行きたい。

注
1) 松村(1957:97-99)にも以下のような指摘がある。
「……言文一致体の文章には、いろいろの調のものが試みられたが、特に紅葉は『青葡萄』(明治二八年)『多情多恨』(同二九年)の二作において、「である」調の言文一致体の文章を完成し、以後の小説家らで「である」調の言文一致を試みる者が多く出るようになった。……保科孝一氏『国語学精義』(明治四三年)にも、「紅葉の金色夜叉多情多恨等において精錬修琢を加へた立派な東京語を見ることが出来る。」(同書、三〇一頁)とある。したがって、言文一致体の文章の普及につれて、これが東京語の共通語化を促進することになったのであり、またその反面に、それらの表現が逆に東京語を規定していく結果をも時に生ずることがあるようになった。こうして、言文一致体の文章すなわち口語文は、東京語の一つの規範と考えられるようになり、この方面から東京語がさらに洗練されることにもなった。……」
2) 『精選 名著復刻全集 近代文学館』(ほるぷ出版、1976年)による。
3) 『新續金色夜叉』は、『續々金色夜叉』第七版と合本の形で初めて単行本化されたので、それが事実上初版本となる。本稿では国立国会図書館蔵の原本を複写したものを資料として用いた。
4) 表の空欄は0例を示している。以下同じように示す。
5) なお、この中での「ぢや」は「で・は」の融合形であるが、実現形式を重視する観点

から一つの要素として認定した。
6)　「では」を含む例が地の文に見られなかったのは、偶然そうなったものと思われる。
7)　◎は動詞と形容詞両方、●は動詞のみ、○は形容詞のみで例の見られた当為表現の形式である。

第7章　否定表現構造と文法カテゴリー

　本章では、述語部否定構造における文法カテゴリーの結合について見る。『小公子』をはじめとした若松賤子の翻訳作品を調査対象とし、「丁寧・否定・過去」からなる述語部の諸形式がどのように併存していたのか、その実態を確認し、それらの諸形式がマセンデシタへと統合されていった経緯を追求する。若松賤子が英語の翻訳文において、「丁寧・否定・過去」の述語部諸形式をどのように使い分けていたのか、なぜ若松が多用していたマセンカッタは衰え、マセンデシタへと次第に移行していったのかを、述語部の構造におけるマセンカッタの表現価値という点を通して明らかにする。

1　述語部否定構造における文法カテゴリーの結合
　　　――若松賤子訳『小公子』

1.1　はじめに

　日本語の文法研究は、ヨーロッパ文法を受容し、その研究成果を展開させることによりその地位を確立し、発展してきた歴史を持っている。そのことから、個々の日本語の文法事象についての研究は、ヨーロッパ文法の成果に対して、より一層の一般性を付与することにもなる得る[1]。そのような成果の中には、述語にかかわる文法カテゴリー(ヴォイス・アスペクト・テンス・モダリティ)も含まれる。

　述語は文のかなめであるので、その研究は構文論の中核となる。日本語の述語の研究は、山田孝雄(1936)[2]に始まり、時枝誠記(1941)[3]により深められ、渡

辺実(1971)[4]によって飛躍的に進展したとされる[5]。そしてその後も、北原保雄(1981)[6]をはじめ、関連する多くの研究がある。

本節では、近代日本語の否定表現を含む述語部構造内において、文法カテゴリー同士のふるまいがどうであるのか、具体的には、述語における文法カテゴリーが、否定表現とともにどのような相互承接の順序をとって実現するのかを、明治期に英語から翻訳された文学作品を資料として研究する。

1.2 分析対象

本節では、活用可能な否定要素を含む述語部の用例を採集し、そのうち、述語の文法カテゴリーを含むものを調査した。なお、「ません」「ないです」のみで用いられている「丁寧・否定・現在」の単純な結合形は、今回の調査では対象から除外した。

以下に、二葉亭四迷『浮雲』から一例を挙げる。

#1　悪ければ良くしやうといふが人の常情で有ツてみれば、假令へ免職、窮愁、恥辱などゝいふ外部の激因が無いにしても、お勢の文三に對する感情は早晩一變せずにはゐ<u>なかツたらう</u>。　［第三篇第十六回］

#1の述語部における下線部の語構成は、「ない・た・らう」となる。述語部構造における文法カテゴリーは「肯否(認め方)・テンス・モダリティ」であり、ここでの意味は「否定・過去・推量」となる。

1.3 調査資料

資料としては、若松賤子訳『小公子』[7]を調査する。その筆名が示すように、敬虔なクリスチャンであった若松賤子の翻訳による『小公子』は、当時から流麗な言文一致文による名訳の誉れ高く、森田思軒[8]や坪内逍遥[9]に激賞された、貴重な日本語資料である。また、原文が英語であるので、若松の英語の実力[10]と翻訳の態度から、述語部の文法カテゴリーに該当する言語事象が、比較的に

日本語に忠実に写されていることが期待されるので、本節の目的にも合致した、ふさわしい言語資料だと考える。

若松訳『小公子』には、以下の三種のテキストが存在する。

①『女学雑誌』227号から299号まで、休載(238〜265号)を挟んでの、45回の連載。(明治23(1890)年8月23日-明治25(1892)年1月9日)
②『女学雑誌』227号から278号まで、24回分を単行本にした『小公子前編』(女学雑誌社)。(明治24(1891)年10月28日刊行)
③若松の没後、全編を単行本にした『小公子』(博文館)。(明治30(1897)年1月26日刊行)

①は、若松の手になる初出テキストである。②は、若松自身が①に推敲を加えたものであるが、作品全体の前半部分だけである。若松は病没する前まで、①の後半部分にも手を入れて「後編」の出版を準備していたが、火災によりその原稿は灰塵に帰してしまったとされる[11]。③は、前半部分が②、後半部分が①をもとにしているが、桜井鷗村が「或は君が志を満たすこと能はざるべきも、かの女學雑誌上既載のものを取り、聊か魯魚焉馬の誤を訂し」[12]たとしているので、厳密には若松訳とは言い難い。表7-1[13]に見るとおり、三種のテキストは章立ても少しずつ異なっているが、③の章立てが原著に合わせたものである。これらのテキストの資料的価値を探るため、諸本を校合してその異同を明らかにした研究もこれまでに見られる[14]。

本節では、若松が生前に残した全編訳である、『女学雑誌』の初出テキスト(①)を用いて考察を行ない、前半部分についてのみ適宜初版テキスト(②)も参照する。

用例を掲出する際には、末尾の[　]内に「第○回(上・中・下／甲・乙・丙・丁・戊)」と明らかにし、発話文の場合はその前に「発話者→受話者」を(　)内に示した。また、旧漢字の一部は通行の漢字に改めた。

表7-1　若松賤子訳『小公子』初出誌・初版本・全編本対照表

No	発行日 年	月	日	号	頁 始	頁 終	章立て		『小公子 前編』(初版本-女学雑誌社) M24(1891).10.28	『小公子』(全編本-博文館) M30(1897).1.26
1	M23(1890)	8	23	227	49	52	第1回	(上)	第1回(1-28)	第1回(1-20)
2		8	30	228	74	78	第1回	(下)		
3		9	6	229	98	103	第2回	(上)	第2回(29-67)	第2回(20-70)
4		9	13	230	127	131上	第2回	(中)		
5		9	20	231	155	157	第2回	(下)		
6		9	27	232	182	186上	第3回	(上)	第3回(68-101)	
7		10	4	233	211	213	第3回	(下)		
8		10	11	234	238	240	第3回	(中)		
9		10	18	235	266	268	第3回	(下)		
10		10	25	236	293	295	第4回	(上)	第4回(102-152)	第3回(70-80)
11		11	1	237	321	323	第4回	(下)		
12	M24(1891)	5	23	266	425	428上	第5回	(上)		第4回(80-105)
13		5	30	267	451	454上	第5回	(中)		
14		6	6	268	477	481上	第5回	(下)		
15		6	13	269	505	508	第6回	(甲)	第5回(153-207)	第5回(105-143)
16		6	20	270	537	540上	第6回	(乙)		
17		6	27	271	556	560	第6回	(丙)		
18		7	4	272	588	592上	第6回	(丁)		
19		7	11	273	615	618	第6回	(戊)		
20		7	18	274	637	641	第7回	(甲)	第6回(208-272)	第6回(143-189)
21		7	25	275	663	667上	第7回	(乙)		
22		8	1	276	7	11	第7回	(丙)		
23		8	8	277	31	35	第7回	(丁)		
24		8	15	278	57	62	第7回	(戊)		
25		8	22	279	85	89上	第8回	(甲)		第7回(189-204)
26		8	29	280	108下	112上	第8回	(乙)		

27		9	5	281	138	142上	第9回	(甲)	第8回(204-222)
28			12	282	160	165上		(乙)	
29			19	283	186	189上	第10回	(甲)	第9回(222-235)
30			26	284	224	227		(乙)	
31		10	3	285	246	248	第11回	(甲)	第10回(235-271)
32			10	286	268下	272上		(乙)	
33			17	287	299	302		(丙)	
34			24	288	320	324上		(丁)	
35	M24(1891)		31	289	354下	358上		(戊)	
36		11	7	290	375下	378	第12回	(甲)	第11回(272-292)
37			14	291	404下	407		(乙)	
38			21	292	425	428		(丙)	
39			28	293	451	455上	第13回	(甲)	第12回(292-311)
40		12	5	294	476	481上		(乙)	
41			12	295	504	506	第14回	(甲)	第13回(311-321)
42			19	296	528下	531上		(乙)	
43			26	297	558	562上	第15回		第14回(321-330)
44	M25(1892)	1	2	298	583下	585	第16回	(甲)	第15回(330-342)
45			9	299	600	603		(乙)	

1.4　述語部否定構造における文法カテゴリーの実現
1.4.1　全体的な様相

日本語では一般的に、述語部構造における文法カテゴリーの結合は「ヴォイス(Vo)・アスペクト(A)・否定(N)・テンス(T)・モダリティ(M)」の序列で実現される。

#2　「山田って、昨日のあの時間には残業させられていなかったらしいよ。」
(作例)

下線部の述語部の語構成を見ると、「残業する・せる・られる・ている・ない・た・らしい・よ」となり、文法的意味は「漢語サ変動詞・使役・受身・継続・否定・過去・推量・終助詞」で、文法カテゴリーはやはり「ヴォイス・アスペクト・否定・テンス・モダリティ」の順序で並んでいる。

若松訳『小公子』の述語部否定構造はどうであろうか。調査の結果、表7-2のようになった。この表では述語部否定構造の諸形式の用例数を示し、各々の形式に含まれる文法カテゴリーに●をつけた。

述語部否定の形式は20形式見られ、全用例数は197例であった。今回の調査目的が、述語部否定構造の文法カテゴリーの結合の状況を見ることにあったので、用例数の多寡ももちろんであるが、それよりもどのような形式が実現されるのかが重要であった。そうは言いながらも、「ませんかった」の用例数が突出しているのは際立っている。

文法カテゴリーの配列の仕方は、「ヴォイス・アスペクト・否定・テンス・モダリティ」が基本ではあるが、表7-2をより細かく見ていくと、「ヴォイス／可能・アスペクト・丁寧のマス・否定・テンス・の／こと・丁寧のデス・テンス／語りのタ・モダリティ・丁寧のデス・終助詞」となっている。

ここでは、推量を含む形式と可能を含む形式についてのみ言及し、「丁寧・否定・過去」の形式については、若松賤子の他の翻訳作品とともに第2節で詳述する。

表7-2 若松賤子訳『小公子』で見られる述語部否定構造の諸形式と、そこに含まれる文法カテゴリー

No	述語部否定構造の形式	用例数	Vo/可能	A	丁寧のマス	N	T	の/こと	丁寧のデス	T/語りのタ	M	丁寧のデス	終助詞
1	ませんかった	138			●	●	●						
2	ません(の)でした	7			●	●			●	●	●			
3	ないのでした	9			●				●	●	●			
4	なかったん(/の)です	6				●	●	●	●				
5	なかったの(/ん)でした	8				●	●	●	●	●			
6	ますまい	11			●	●					●		
7	ませんだろう	1			●	●					●		
8	ませんでしょう	1			●	●			●		●		
9	ませんかったでしょう	1			●	●	●		●		●		
10	ませんでしたろう(よ)	2			●	●			●	●	●		●
11	なかろう(って)	2									●		●
12	ないでしょう	1				●			●		●		
13	ないんでしょう	1				●		●	●		●		
14	なかったでしょう	2					●		●		●		
15	なかったのでしょう	1				●	●	●	●		●		
16	ないようですよ	1				●					●	●	●
17	ぬのでしょうか	1				●		●	●		●		
18	れない(ね/よ)	2	●			●							●
19	れぬのでした	1	●						●	●			
20	られないでしょうね	1	●			●			●		●		●
	計	197											

1.4.2　推量を含む形式

若松訳『小公子』の述語部否定構造において注目されるのは「推量」を含む形式である。

表7-2からわかるように、今回採集した20形式のうち13形式、つまり約3分の2が推量に関わる表現であった。

#3　そんならば、あの子も一處(いっしょ)に連(つ)れて行(ゆか)なかつちやなり升(ます)まいよ。
　　　　　　　　　　（ロリデール夫人→ドリンコート侯爵）［第十一回(丙)］

#3は「丁寧・否定・推量・現在」の「ますまい」の例である。「否定推量」の助動詞「まい」が分析的傾向により「否定」と「推量」の意味に分かれて、他の形式が生じていく。本調査では「ますまい」が11例あったが、それ以外に♯4～#6に見られるような4形式が見られた。

#4　セドリツクは何氣(なにげ)なく、
　　エー、好(す)でせうよ、だつて僕(ぼく)は又(また)お祖父(じい)さまの親類(しんるい)なんでせう。それから僕(ぼく)はお祖父(じい)さまの息子(むすこ)の子供(こども)でせう。だから好(すき)に極(きま)つてるじやありませんか。好(す)でなきやあ、僕(ぼく)の欲(ほ)しいものなんでも遣(や)るなんて云ひやしませんだろう。そうして、あなたを迎(むか)ひになんか、よこしやしませんじやないか?。
　　ア〻、なるほど、そういふ譯(わけ)なのですか?。
　　エー、そうですとも、あなただつて、そうだと思(おも)ひませんか?　孫(まご)の好(す)でないお祖父(じい)さまなんか、ありやしませんでせう。
　　　　　　　　（セドリツク→ハヴィシヤム、ハヴィシヤム→セドリツク、
　　　　　　　　　　　セドリツク→ハヴィシヤム）［第五回(上)］

#5　一生(いっせう)、歓楽(くわんらく)と放逸(ほういつ)を盡(つく)したるものが、壮麗(そうれい)を極(きわ)めた坐敷(ざしき)の中(うち)に、片足(かたあし)を足臺(あしだい)に支(ささ)へながら、一人(ひとり)坐(すわ)つて居て、癇癪(かんしゃく)を起(お)し、ヲヂ〳〵して居(る)

る給事どもに怒鳴りつけるより外心遣りがないといふのでは、余り面白くは有ませんかつたでせう。　　　　　　　　　　［第九回（甲）］

＃6　……。兄の子供たちなぞは、虎のそばへ寄添ふ心持でなければ、あんなことは、出來ませんでしたらうよ。
　　　　　　　　　　　　　　（ロリデール夫人→夫）［第十一回（丙）］

　＃4はセドリックとハヴィシャム（ドリンコート家附属の代言人）の会話である。ここでセドリックのハヴィシャムに対しての発話に「丁寧・否定・推量」表現が二種類出る。丁寧・否定の「ません」に、推量の「だろう」、もしくは、その丁寧形の「でしょう」がついた形式である。そして、＃5は「丁寧・否定・過去」が「ませんかった」なので、そこに推量の丁寧形の「でしょう」が、＃6は「丁寧・否定・丁寧・過去」なので、そこに推量の普通形「(だ)ろう」が付加されている。

＃7　アノ、かあさんがネ、さういつたんです、大變金持になるのは、そう、容易ことじやなかろうつて、……
　　　　　　　　　　　　　　（セドリツク→ドリンコート侯爵）［第十回（乙）］

＃8　イヽーへ、博物館じやないでせう。僕のお祖父さまはみんな僕の祖先の畫像だつて仰るんです。　　（セドリツク→ホツブス）［第十六回（甲）］

＃9　……、婦の人だからベース、ボールなんかで遊んだことがないんでせう、……　　　　　　（セドリツク→ドリンコート侯爵）［第七回（乙）］

＃10　たとひ世に如才ないといふ如才ない人が、フォントルロイの擧動に抜目なく眼をつけて居られた老侯の氣に入る様にと、フォントルロイに入智慧をした處が、迚もこふ甘く成効する策を授ることは出來なかつたでせう。　　　　　　　　　　　　　　　　　　　　［第九回（甲）］

#11　あなたは此老人(このろうじん)の云(い)ふことがよく分(わか)らなかつたのでせう。……
　　　　　　　　　　　　　　　（ハヴィシヤム→セドリツク）［第三回(上)］

#12　どうも、さうは行かないやうですよ。……
　　　　　　　　　　　　　　　（セドリツク→ホツブス）［第二回(上)］

#13　オヤ、さ様(やう)ですか、さ様(やう)ならば、私(わたくし)はあの子(こ)を手離(てばな)さねばならぬのでせうか？……
　　　　　　　　　　　　　　　（エロル夫人→モウドント）［第二回(中)］

　#7と#8は「じゃない」に推量の付加した形式で、#7が普通形、#8が丁寧形である。#10は「ないでしょう」の「ない」が過去形になった「なかったでしょう」、#9は#8に、#11は#10に「の／ん」の介在する形式である。#12は「そうは行かない」という句に推量の「ようだ」の丁寧形が、#13は当為表現「～ねばならぬ」に推量の意味の「のでしょうか」が付加した形である。

1.4.3　可能を含む形式

　今回の調査では、ヴォイス、アスペクトの言語事象が関与する、否定表現を含む述語部は見られなかった。ただ、ヴォイスと同じ位置に来る「可能」の「れる／られる」が付いた形式を、以下#14、#15に示す。#14は普通形、#15は丁寧形となっている。

#14　僕(ぼく)はそれが嫌(いや)なんですよ、ヒヨツトスルト、いつまでか逢(あ)れない子(こ)、……
　　　　　　　　　　　　　　　（セドリツク→ホツブス）［第二回(上)］

#15　自慢(じまん)と憤怒(ふんど)で胸(むね)を燃(も)やした老貴人(らうきじん)は、心(こころ)の情(ぞう)は一切人(いつさいひと)に漏(も)れぬことと思(おも)はれて、自分(じぶん)の感(かん)じたことや、懸念(けねん)したことを敢(あへ)て推測(すゐそく)した人(ひと)があろうとか、況(ま)して噂(うはさ)にかける様(やう)なものがあるなどゝは少(すこ)しも思(おも)ひよられぬのでした。　　　　　　　　　　　　　　　［第七回(丙)］

次の#16のように、侯爵である祖父に対してのセドリックの発話の中に、「可能・否定・丁寧・推量」の例も見られた。

#16 そうですか？　それじや忘(わす)れられないでせう子、……
(セドリツク→ドリンコート侯爵)［第七回(乙)］

1.5　考察

若松賤子訳『小公子』を資料として否定表現を含む述語部について調査した結果、文法カテゴリーの結合した20の形式を採集することができた。それらを意味別に「丁寧・否定・過去」の形式、推量を含む形式、可能を含む形式の3つに分類し、そのうち推量を含む形式と可能を含む形式について考察した。

まず、推量を含む形式は今回採集した形式の約3分の2を占め、前方の否定が丁寧形か否かで、これらも「マセン系」と「ナイ系」に分けることができた。

マセン系は、11例見られた「ますまい」とその他の形式を分けて考えると、「ますまい」は「丁寧＋否定・推量」であるのに比べ、その他は「丁寧・否定＋推量」の形式をとっている。これは分析的傾向で説明ができよう。「丁寧・否定・過去」の「ませんかった」と「ませんでした」の構図と同じように、「ませんだろう」と「ませんでしょう」、「ませんかったでしょう」と「ませんでしたろう」が併存しているのである。

ナイ系は、シンプルな形式の「なかろう」から始まり、そこに丁寧形がつく「ないでしょう」、「ない」が過去形の「なかった」になる諸形式、その他推量の「ようだ」の付いた形式、当為表現に推量の意味の付いた形式が見られた。

限られた資料の中で、すべての表現が出揃っていて比較しているわけではないが、複数の形式の併存関係がそれぞれ見られた。

1.6　まとめ

若松賤子訳『小公子』を資料として、述語部否定構造内における文法カテゴリーの承接関係について調査した結果、次のようなことが確認された。

(1) 日本語では一般的に、述語部構造における文法カテゴリーの結合は「ヴォイス(Vo)・アスペクト(A)・否定(N)・テンス(T)・モダリティ(M)」の順序で実現される。しかし本調査によれば、採集した述語部否定構造は「ヴォイス／可能・アスペクト・丁寧のマス・否定・テンス・の／こと・丁寧のデス・テンス／語りのタ・モダリティ・丁寧のデス・終助詞」と、より細かくなっていた。

(2) 本調査では、述語部否定の形式が20種類見られ、全197例あった。それらを「丁寧・否定・過去」の形式、推量を含む形式、可能を含む形式の3つに大別できた。

(3) 推量を含む形式については、今回採集した20形式のうち13形式と、約3分の2を占めた。これらも「マセン系」と「ナイ系」に分けられ、「丁寧・否定・過去」の「ませんかった」と「ませんでした」の構図と同じように、「ませんだろう」と「ませんでしょう」、「ませんかったでしょう」と「ませんでしたろう」の併存が確認された。

(4) 今回の調査では、ヴォイス、アスペクトの言語事象が関与する、否定表現を含む述語部は見られなかった。ただ、ヴォイスと同じ位置に来る可能の「れる／られる」が付いた形式が2例、「可能・否定・丁寧・推量」も1例見られた。

2 若松賤子の翻訳における「丁寧・否定・過去」からなる述語部の構造

2.1 はじめに

近代の日本語における、文法カテゴリー「丁寧・否定・過去」からなる述語部の表現としては、マセナンダ・マシナンダ・マセンダ・マセンデアッタ・マセヌダッタ・マセンダッタ・マセンカッタ等の諸形式が、江戸末期から明治期にかけての言語資料より観察され、江戸語から東京語へと推移する中で、明治20年頃にはマセンデシタという形式が一般化し、他の諸形式が衰退していったということは、中村（1948）、松村（1957）、田中（2001）によって明らかにされている。

本節は、若松賤子の翻訳作品を調査し、「丁寧・否定・過去」からなる述語部の諸形式がどのように併存していたのか、その実態を確認し、それらの諸形式がマセンデシタへと統合されていった経緯を追求することを目的とする。具体的には、若松が英語の翻訳文において、「丁寧・否定・過去」の述語部諸形式をどのように使い分けていたのか、なぜ若松が多用していたマセンカッタは衰え、マセンデシタへと次第に移行していったのかを、述語部の構造におけるマセンカッタの表現価値という点を通して明らかにしたい。

2.2 調査資料

本節では、明治19（1886）年から明治27（1894）年の間に発表された、若松賤子による翻訳17作品の初出誌本文を調査資料とする。翻訳作品の掲載開始順[15]に、原著者名、作品名、出典を示す。

　①ロングフェロー「世渡りの歌」（『女学雑誌』39号、明治19（1886）年10月25日）
　②プロクター「まどふこゝろの歌」（『女学雑誌』50号、明治20（1887）年2月5日）
　③プロクター「優しき姫の物語」（『女学雑誌』51〜54号、明治20（1887）年2月12日〜3月5日）
　④プロクター「忘れ形見」（『女学雑誌』194号、明治23（1890）年1月1日）

⑤テニソン「イナック、アーデン物語」(『女学雑誌』195〜202号、明治23（1890）年1月11日〜3月1日)

⑥バーネット「小公子」(『女学雑誌』227〜237号、266〜299号、明治23（1890）年8月23日〜明治25（1892）年1月9日)

⑦プロクター「わが宿の花」(『女学雑誌』310〜337号、明治25（1892）年3月26日〜明治26（1893）年2月4日)

⑧著者未詳「人さまざま」(『女学雑誌』321〜326号、明治25（1892）年6月25日〜8月27日)

⑨ディケンズ「雛嫁」(『国民之友』163号、明治25（1892）年8月13日)

⑩テニソン「おうな」(『女学雑誌』335号、明治26（1893）年1月7日)

⑪インジロー「ローレンス」(『女学雑誌』336〜341号、明治26（1893）年1月14日〜3月25日)

⑫著者未詳「黄金機会」(『女学雑誌』、明治26（1893）年4月29日〜5月27日)

⑬著者未詳「アンセルモ物語」(『女学雑誌』、明治26（1893）年7月22日〜8月5日)

⑭バーネット「セイラ、クルーの話」(『少年園』117〜132号、明治26（1893）年9月3日〜明治27（1894）年4月18日)

⑮ウィギン「いわひ歌」(『女学雑誌』、明治26（1893）年9月16日〜12月23日)

⑯インジロー「淋しき岩の話」(『女学雑誌』、明治27（1894）年7月14日〜7月28日)

⑰著者未詳「勇士最期の手帋」（上）(『女学雑誌』、明治27（1894）年8月25日)

表7-3　若松賤子の翻訳における「丁寧・否定・過去」の諸表現

	初出誌掲載年(明治)	19	20	23	23-25	25-26	25		26	
	翻訳作品名	世	ま	優	忘 イ	小 わ	人	雛	お	ロ
A	マセンカッタ				22	139　38				19
B	マセン（ノ）デシタ				1	9　15				2
C	ナイノデシタ					9　1				
D	ナカッタン（／ノ）デス			3	2	9　5				
E	ナカッタノ（／ン）デシタ					8　1				
	計	0	0	0	3　25	174　60	0	0	0	21

今回、若松賤子の翻訳作品を調査資料としたのは、若松訳『小公子』が言文一致に大きく貢献したとする評価が定まっていることから、それも含めて、他の翻訳作品にまで範囲を広げて「丁寧・否定・過去」の述語部諸形式の考察を深めたいと考えたこと、また、マセンデシタが安定したとされる明治20年以降に発表された作品であるにもかかわらず、若松自身はマセンカッタを頻用しており、その傾向が創作より翻訳で顕著であったと言われていること[16]、そして、原文が英語であるので、本文対比を通じた翻訳の影響も考察できること、という三つの点を考慮したものである。

2.3 調査結果

若松賤子の翻訳作品における「丁寧・否定・過去」の諸表現の用例数は表7-3[17]のようになった。

調査した結果、17の翻訳作品中6作品には「丁寧・否定・過去」の表現が見あたらなかった。したがって、明治23(1890)年から27(1894)年に発表された11作品の用例が考察対象となる。

「丁寧・否定・過去」の表現は大別して5形式、391例見られた。そのうち、マセンカッタが301例(77.0％)と圧倒的であり、マセン(ノ)デシタが47例(12.0％)、ナイノデシタ11例(2.8％)、ナカッタン(ノ)デス が19例(4.9％)、ナカッタノ(／ン)デシタが13例(3.3％)であった。ナカッタン(／ノ)デス以外の形式はほとん

26		26-27	26	27		計
黄	ア	セ	い	淋	勇	
5	9	40	18	8	3	301
2	2	13	2	1		47
		1				11
						19
	2	2				13
7	13	56	20	9	3	391

どが地の文での使用であった。また、マセンカッタ以外の形式も90例と決して少ない数ではなく、マセンカッタとその他4形式の割合が約3対1となるので、マセンカッタと対比して考察するに値すると考えた。

次に、諸形式の用例からその特徴を見る。

A マセンカッタ

マセンカッタは「丁寧・否定・過去」の諸表現の全用例中約8割を占める形式で、「賤子の言文一致文の専売特許的特色を示す」[18]表現であり、これまでにも先行研究が見られる。松村(1957)によれば、「ませんでした」という形が安定していく過渡期の「丁寧・否定・過去」の一形式が「ませんかった」であり、F.Evrardの会話書 "Cours de Langue Japonaise" から例を挙げている。椎野(1975)は若松賤子のマセンカッタ研究の嚆矢で、『小公子』におけるマセンカッタの承接関係、マセンデシタとの比較、『小公子』以前の他作品(『イナック、アーデン物語』、『すみれ』)におけるマセンカッタの使用について実態調査を行ない、「否定・過去」の形式がナンダからナカッタへと移行し、「丁寧・否定」の形式がマセナイではなく、マセンなので、法則的にマセンカッタという新形式が成立したことを述べた。田中(2001)では、三遊亭円朝の口演速記の例も挙げつつ、幕末から明治にかけての「丁寧・否定・過去」の諸形式の推移を明らかにしている。安田(2008)は、若松とそれ以前、以後のマセンカッタの使用例を歴史的に確認しつつ、先行研究者たちが若松作品だけを念頭に置いて唱えてきた"マセンカッタの横浜言葉説"が誤りであるとして、『小公子』に関する先行研究の不備を指摘している。また、彦坂(1984)からの引用として、天保7(1836)年刊行の人情本、為永春水『春告鳥』の以下のような例を示している。

#1 そで「アイサ左様ざましたッけネ。あの朝帰して仕廻しッて私が同床に 薄「寐てくんなまして、私が欝情でゐるのを気転しておくんなましたッけネェ。あの晩の様に嬉しいじれつてへ夜はありませんかツたョ 吉「ナニサまた嬉しいじれつてへ事は幾度もあるはな。マァ先刻いふとふりよく

　　　　一　手紙を書て置なせへ。是非私がたづね当つてくはしく言てあげるから」[19]

　＃1は、3人での会話の場面である。「薄(雲)」は花魁、「(お)そで」は新造、「吉(兵衛)」はおそでの客である。＃1について、中村(1948:74-75)には「その他は、「有りませんかツタヨ」(春告鳥)の一例を除けば、ナンダをもって表現されていて……」と書いてはいるが、例文自体は実際に示していなかった。その後、「丁寧・否定・過去」の形式を研究した松村(1957)や田中(2001)にもこの例文は引用されていない。底本としたテキストの信頼度に問題があるなど、何らかの理由があって意図的に取り上げなかった可能性もあるが、「丁寧・否定・過去」の「ませんかった」の現時点での初出例となる。

　松本(2012)は、若松作品におけるマセンカッタとマセンデシタを対比し、翻訳作品『セイラ、クルーの話』、『わが宿の花』の英語原文との照合、日本語の承接関係、発話文の話し手と聞き手の関係の三つの側面から考察を行ない、両形式を使い分けるのに積極的な根拠は見られず、文脈に同調させることが選択要因となっていると述べた。

　このように先行研究を見ると、マセンカッタをはじめとした「丁寧・否定・過去」の諸表現の使い分けの根拠、表現価値が明確に示されるまでには未だ至っていないと考える。本節ではその点について考察する。

　以下にマセンカッタの用例をあげる。

＃2　セドリツクには誰も云ふて聞せる人が有ませんかつたから、何も知らないでゐたのでした。おとつさんは、イギリス人だつたと云ふこと丈は、おつかさんに聞ゐて、知つてゐましたが、おとつさんの歿したのは、極く少さいうちでしたから、よく記憶して居ませんで、たゞ大きな人で、眼が淺黄色で、頬髯が長くつて、時々肩へ乗せて坐敷中を連れ廻られたことの面白かつたこと丈しか、ハツキリとは記憶てゐませんかつた。[20]
　　　　　　　　　　　　　　　　　　　　(小)[第一回(上)]

#3　一生、歡樂と放逸を盡したるものが、壯麗を極めた坐敷の中に、片足を足臺に支へながら、一人坐つて居て、癇癪を起し、ヲヂヘヽして居る給事どもに怒鳴りつけるより外心遣りがないといふのでは、余り面白くは有ませんかつたでせう。　　　　　　　　（小）［第九回（甲）］

　#2は若松訳『小公子』の冒頭の文章で、マセンカッタの従属節での使用例と、文末での使用例が両方見られる。マセンカッタは全301例中293例が地の文での使用であったが、そのうち、文末での使用が253例、文中での使用が40例あった。文末での使用には、#3のように推量の意が付加されたものも、全体を通じてこの1例のみ見られた。

#4　　　どふしても見たことのある嬢様だが…………
　　　　　エー、おまへさん、あたしに四ペンスで六ツパンを入れて呉れたでせう、それから――
　　　　　それから、あなた五ツも乞食に呉れておしまひなすつたでせう。忘れやしませんよ、始めは不思議でたまりませんかつたよ、年の行ない方で子、そんなとを言つては失禮ですけど、人のひもじさうなのなんかさう氣がつくもんじや有ませんから子、いつも思ひ出すんですよ、エー。……　　　　　（パン屋のおかみさん→セイラ）（セ）［六ノ三］

　#4は発話文の例である。『セイラ、クルーの話』の最終回で、以前とは見違えるほど裕福になって訪ねてきた主人公セーラに気付き、パン屋のおかみさんが以前見て忘れられなかった、セーラの善行について述べることばである。相手はお金持ちのお嬢さんではあるが、大人がそのような子どもに話しかけるのに、マセンデシタほど格式張らず、丁寧さをある程度保ちながら親しみも感じられる、マセンカッタを選択したものだと考えられる。発話文の例は8例見られるが、#4以外は全て少年少女の発言であった。

＃5 　　……。メロン夫人がセドリツクに言葉をかけて、
　　　　若様、お早う存じます、昨夜はよくお休みになり升たか？、
　　　　セドリツクは眼を磨つて、ニツコリ笑ひました、
　　　　お早う、僕子、こゝに居るの知りませんかつたよ。
　　　　といひ升た。　（メロン夫人→セドリツク、セドリツク→メロン夫人）
　　　　　　　　　　　　　　　　　　　　　　　　　　　　（小）［第七回（甲）］

＃6 　　侯爵は又お笑ひなさつて、それは悪かつたとは仰られませんかつた。
　　　　　　　　　　　　　　　　　　　　　　　　　　　　（小）［第九回（乙）］

　＃5も発話文での例である。『小公子』では5例ある発話文の発話者は全て少年セドリックで、受話者はドリンコート侯爵、エロル夫人、メロン夫人であった。侯爵の後を継ぐことになった幼い主人公が、自分の一番好きな身内である母親、時が経つにつれ孫に心を許していく祖父、屋敷で自分の身の回りの世話をしてくれる召使たちの取締という、自分から見て近しい関係にある大人たちへの言い方として、マセンデシタのように格式張らず、丁寧さを少し持ちながら親しみの感じられる、マセンカッタが選択されたのだと考えられる。

　＃6は地の文での例であるが、述語部の語構成は「おっしゃる・れる・ます・ん・かった」となる。「おっしゃる」という敬語動詞の後に尊敬の助動詞「られる」が付いて、現在誤用と指摘されている二重敬語となっている。

　　B　マセン（ノ）デシタ
　マセンデシタは、松村（1957）によると、江戸語には見られず、東京語になってから発生発達し、明治10年代の後半、特に明治20年代以後に一般化し安定する表現であるので、明治23〜25年に発表された調査資料ではもっと使用されてもいいように思われるのだが、『小公子』では47例しか見られなかった。そのうち、41例が＃7〜＃9のような地の文での使用であり、そのうち＃9はマセンノデシタの孤例である。発話文は6例で、＃10のような言い切り、＃11のような終助

詞「ね」の付くもの、#12のような推量の意が付加されたマセンデシタロウ(ヨ)がそれぞれ2例ずつあった。「妻→夫」、「嫁→舅」、「子ども→父／父の友人／医者」のように、話し手に対して聞き手はすべて常に敬意を払うべき目上の者で、かしこまった表現であるマセンデシタが使用されていた。

#7　元より弟は、兄の居處はさて措き、政事上にさほど關涉して居つたとさへ、一向知り<u>ませんでした</u>。　　　　　　　　　(ア)[下]

#8　セドリックの出立後二三週間もこの通りにして居て、何も新しい考へは起り<u>ませんでした</u>。　　　　　　　(小)[第十二回(甲)]

#9　一躰、モウドント教師は、其職務上の必要の事情でドリンコート城へ推参する時ほど、不愉快に感じることはあり<u>ません</u>のでした。
　　　　　　　　　　　　　　　　　　　　　　　　(小)[第七回(丙)]

#10　併しあなたは今朝何時にお起でした？
　夕部は少しも眠り<u>ませんでした</u>。　　(ルーセ→医者)(わ)[第四回(中)]

#11　アレ、まだお話し<u>ませんでした</u>子、丁度部屋に色〳〵な物の置いて有つた日ですよ。　　　　(セイラ→カリスフォード)(セ)[六ノ三]

#12　……。兄の子供たちなぞは、虎のそばへ寄添ふ心持でなければ、あんなことは、出來<u>ませんでした</u>らうよ。
　　　　　　　　　　　　(ロリデール夫人→その夫)(小)[第十一回(丙)]

C　ナイノデシタ

　ナイノデシタはマセンデシタの前半部分に丁寧のマスがない形式である。ナイデシタの形式は見られず、全11例がナイノデシタを使用した地の文であった。

前接語が動詞であるものは#13を含めて2例のみで、9例は#14、#15のように「形容詞ナイ＋ノ＋デシタ」の形式であった。#13〜#15に見るように、それまでの内容をふまえ、前の文脈を受ける形で、なお補足を付け加えるような内容の述語部で用いられていた。

#13　セドリツクは自分が若様のやうだか、様でないか知りませんかつた。全躰若さまといふものがどんなものかといふことさへ、知らないのでした。　　　　　　　　　　　　　　　　　（小）［第一回（下）］

#14　此おん方は、一躰子供は嫌なのでした、自分の樂しみに屈托して、子供などに構ふ暇がないのでした。　　（小）［第六回（丙）］

#15　ミンチン女塾の生徒で、餘り英才なものはないのでした。（セ）［二の下］

#13はマセンカッタとナイノデシタが続けて使用された例で、英語原文は次のようになっている。

#13'　Cedric did not know that he looked like a young lord; he did not know what a lord was.

英語原文では "Cedric(=he) did not know" と同じ表現であるが、前は物語全体の語りの基調であるマセンカッタ、後ろは重複しない表現としてナイノデシタを用いている。物語の地の文において、「丁寧・否定・過去」の表現が連続して表れる場合、語りの述語部にこのように変化をつける工夫をしている。

D　ナカッタン（／ノ）デス

ナカッタン（／ノ）デスは全19例中15例が発話文であり、ナカッタデスは見当たらなかった。#16のように前接語が動詞のものが15例、その他は#17のよう

に「形容詞ナイの過去形＋ン＋デス」であった。

#16 僕、小馬なんか持ふと思ひませんかつたよ！ チツトモ、そんなこと、思はなかつたんです、かあさん、どんなに、嬉しがるか知れませんよ、お祖父さん、僕になんでも下さるのネ

(小)(セドリツク→モウドント)[第七回(戌)]

#17 僕はモウ先ッから孤になつてたんだろうで、お袋なんかはちつとも覺へがないんですから、僕の子供心に思ふ事なんざあ、聞て呉る人はなかつたんですが、奥さま斗りには、なんでも好なとがいへたんです、……

(忘)

#16はマセンカッタとナカッタンデスが続けて使用された例で、英語原文は次のようになっている。

#16' "I never thought I should have a pony!" he said. "I never thought that! How glad Dearest will be. You give me *everything*, don't you?"

英語原文からは、セドリックが祖父から小馬をプレゼントしてもらったことに大きな喜びを感じ、また興奮している口調が伝わってくるようである。英語原文における同じ "I never thought ～" が、前では地の文の基調であるマセンカッタを使用して心中の描写を行ない、その後にナカッタンデスを用いて本心からそう思うという口ぶりを表現している。

#18 あなたは此老人の云ふことがよく分らなかつたのでせう。

(ハヴィシヤム→セドリツク)(小)[第三回(上)]

#18は推量の意味が付加されたもので、「ナカッタノデショウ」とかしこまった

表現となっている。発話者であるハヴィシャムはドリンコート家附属の代言人であり、＃18はセドリックに対して、威厳をもって侯爵に関わるさまざまなことを教え諭す際の言い方である。

　ナカッタデスに推量の付加された形式としてナカッタデショウが地の文で見られたが、＃19のように前接語が動詞であるものと、＃20のように「形容詞ナイの過去形＋デショウ」があった。

＃19　たとひ世に如才ないといふ如才ない人が、フォントルロイの擧動に抜目なく眼をつけて居られた老侯の氣に入る様にと、フォントルロイに入智慧をした處が、迚もこふ甘く成効する策を授ることは出來なかつたでせう。　　　　　　　　　　　　　　　　　　　　　　（小）［第九回（甲）］

＃20　尤もハ氏の如き四角張つた、嚴整な老成代言人にとつては、子供などは別段面白いことはなかつたでせう。　　　　　　　　　　（小）［第二回（下）］

E　ナカッタノ（／ン）デシタ

　ナカッタノ（／ン）デシタは、＃21、＃22のように前接語が動詞のものと、＃23、＃24のように「形容詞の過去形＋ノ＋デシタ」があった。地の文がマセンカッタ基調である中で、ナレーションに深浅のメリハリをつけ、読み手に必ず伝えようと強く確認するときにナカッタノデシタを使用している。

＃21　次の週間の内にセドリックは侯爵になる利益をます／＼知始ましたが然し何事でも自分の望む通り殆ど叶へられぬことはないといふことは中／＼セドリックの心に呑込めぬ様子で、いつまでも充分には合點が行なかつたのでした。　　　　　　　　　　　　　（小）［第四回（上）］

＃22　それ故、其娘の居處さへ知らなかつたのでした。　　　（セ）［六ノ一］

第7章　否定表現構造と文法カテゴリー　―― 219

#23 兎に角、其子供が未来には、自分の跡を継ぐので有つて見れば、教育もない下郎に家名を継がせて、人の物笑ひになつても、折角と想はれ、かつは米国で其儘成人させたらば、いよ〳〵下賤な者になり遂せるだらうと、たゞ掛念せられた丈の事で、セドリックに対し、愛情などの有つた譯ではなかつたのでした。　　　　　　　　　(小)[第六回(丙)]

#24 兄は影も止めず、消えてしまつて、誰も行衞を知る者がなかつたのでした。　　　　　　　　　　　　　　　　　　　　　　(ア)[上]

発話文では、下記の#25のようにナカッタンデシタとなっていた。ドリンコート侯爵が好きに使うようにとくれたお金の使途を尋ねたのに対し、セドリックがまだ侯爵に報告をしていなかったことにあらためて気付き、自分の知り合いたちに援助をしたことを説明する場面である。この発話の時点まで、侯爵はまだ何も知らされていない状況であるので、現在完了のような意味になる。

#25 アヽ、そうでしたね、あなたは、ヂツクや林檎やのお婆さんや、ブリジェットのこと知らなかったんでしたね、……
　　　　　　　　　(セドリック→ドリンコート侯爵)(小)[第六回(乙)]

2.4　英語原文との対比

次に、若松の代表作である『小公子』の「丁寧・否定・過去」の諸表現(表7-4) 174例を英語原文と対比してみる。A〜Eの諸表現の併存と訳者による使い分けが、原文に基づいたなんらかの違いを反映したものなのかどうかを確かめるためである。

川戸(1999)によると、若松が翻訳する際に使用した原本は、『小公子 前編』[21]と口絵・挿し絵が掲載順序、図柄ともすべて一致するところから、アメリカのスクリブナー社版に間違いないとしている。ここでは、英語原本は国立国会図書館蔵本を使用し、初出誌本文と対比させて考察を行なった。

表7-4 若松賤子訳『小公子』の「丁寧・否定・過去」の諸表現

	「丁寧・否定・過去」の表現	地の文	発話文	合計	%
A	マセンカッタ	134	5	139	79.8
B	マセン(ノ)デシタ	8	1	9	5.2
C	ナイノデシタ	9	0	9	5.2
D	ナカッタ(ン)デス	2	7	9	5.2
E	ナカッタ(ノ／ン)デシタ	8	0	8	4.6
	計	161	13	174	100

　まず「丁寧・否定・過去」のうち、「丁寧」は書き手と読み手の関係の中での訳語の選択なので、原文では問題にならない。英語原文には丁寧体とそうでないものはないという前提である。次に、「否定」については、原文に否定辞(否定副詞[22])・否定形容詞[23])・否定代名詞[24]))があるかどうかで分類する。否定辞がない場合、原文の中に否定性のある語[25])があるかどうかで分類する。最後に、「過去」については、原文では単純な過去形と完了形(現在完了・過去完了)があり、両方ともタで訳される。動詞の時制は、過去形と完了形で分類する。以上のような方針で、表7-5を作成した。

　表7-5を見ると、全174例中、否定辞のある例が139例(79.9％)であり、そのうち過去形が114例、完了形が25例であった。AとB〜Eの全体の数の割合こそ4対1であるが、全体的にAのマセンカッタが他に比べて突出して数の多いことは想定された結果でもある。

　反面、否定辞のない例が35例(20.1％)もあり、そのうち21例は否定性のある語さえ原文中にはないものであった。つまり、若松は全くの肯定文をあえてマセンカッタを用いて翻訳しているのである。すなわち、英語に堪能であった若松が原文の真意を咀嚼し、自らの表現として日本語に写す際にそのような表現を選択したと言うことができ、評価の高い訳文を世に送り出した若松の翻訳家としての技術が看取され、「丁寧・否定・過去」の表現としてマセンカッタを自らの表現として積極的に用いていたということが改めて確認できる。これは、ある出来事を非生起の観点から述べるという、否定表現のもつ表現論的な側面を

表7-5　英語原文から見る「丁寧・否定・過去」の諸表現

		過去					現在完了・過去完了					計
		A	B	C	D	E	A	B	C	D	E	
否定辞あり	否定副詞	77	4	4	8	4	15	1	3	1	1	118
	否定形容詞	11	2			1	2					16
	否定代名詞	2		1			2					5
	小計	90	6	5	8	5	19	1	3	1	1	139
否定辞なし	否定性あり	8	1		1	1	1				1	14
	否定性なし	21										21
	小計	29	1	1	0	1	1	1	0	0	1	35
	総計	119	7	6	8	6	20	2	3	1	2	174

示しているものと考えられる。

　初出誌本文ではマセンカッタ139例中21例(15.1%)が否定辞もなく、否定性のある語もない原文からのものであったが、そのうちの2例は、初版本を刊行する際に、原文に準ずるように若松本人の手によって肯定文に修正されたことも先行研究で明らかにされている。

　以上のような調査結果から、また一方で、英語原文と若松訳の「丁寧・否定・過去」の諸表現との間に明確な対応関係、つまり、英語のある表現が必ず日本語の特定の表現で翻訳されるというような結びつきがないことも確認できた。

2.5　述語部構造の文法的意味

　ここまで、若松訳『小公子』の「丁寧・否定・過去」の諸表現を実例とともに確認し、英語原文との対比をおこなった。それらの述語部構造の文法的意味を考えると、次の＃26のようになる。

＃26　A　マセンカッタ　　　　　　丁寧・否定・　　　過去
　　　B　マセン(ノ)デシタ　　　　丁寧・否定・丁寧・過去
　　　C　ナイノデシタ　　　　　　　否定・丁寧・過去
　　　D　ナカッタ(ン)デス　　　　 否定・　　　　　過去・丁寧
　　　E　ナカッタ(ノ／ン)デシタ　 否定・　　　　　過去・丁寧・語りのタ

　＃26のAからEまでの表現を見ると、B～Eはデスが関与する形式であるのに対し、Aだけは関与しない形式である。つまり、Aの非デス系とB～Eのデス系を対照させて、デスの役割がどうであるのかを考える必要がある。話し言葉を中心としたこの時期のデスの伸長は、素材敬語の対者敬語化という日本語の大きな史的変化の流れにも沿うものである。また、AからEへと「丁寧」がだんだんと後方に行くのがわかる。これは、ダの丁寧形としての助動詞の用法から、ダと関係なく丁寧の意を示す終助詞に類するような用法へと向かう、デスの文法化の推移に合致したものである。

＃27　[[[[[ヴォイス]アスペクト]肯否]テンス]言表事態めあてのモダリティ]発話・伝達のモダリティ]伝達のモダリティ]26)

　日本語の述語部の意味的階層構造は基本的に＃27のようになるが、Aのマセンカッタはこの構造に合致しないにもかかわらず存在可能であった27)。時代ごとに見るとズレがあったということである。しかし、BからEへの流れを見ると、＃27の階層構造に合致する方向に向かっていると考えられる。つまり、特定の意味を示す表現形式の単純な結合形が先に存在していたが、意味的階層構造における序列性により、それに則ったより整った形式が現れ、そうではない形式は淘汰されていったのだと考えられる。時代ごとに見られたズレが正されていく方向にあったということである。そして、B～Eではモーダルな要素が加わり念押しするようなノダ文が多く見られたのも特徴的であった。Aが圧倒的な本作品は、AからBへの推移を見るだけではなく、当時一般的となりつつあったBと

同時に、意味的階層構造に合わせていくかのようなＣ・Ｄ・Ｅの表現まで現れていることも当然視野に入れておくべきだと考える。

#28 　疲(つか)れ果(は)てゝ、家(いへ)に歸(かへ)つた父は、物言(ものい)ふ威勢(ゐせい)もなく、たゞ立働(たちはたら)く娘(むすめ)を見守(みまも)つて居(を)り升(まし)たが、軈(やが)て、
　　　おまへ、何(なに)を考(かんが)へて居(ゐ)るのだ？、
　　　ルーセは、足(あし)を止(と)めて、ニツコリし、
　　　いつか聞(きま)升(し)た讃美歌(さんびか)の一節(ひとふし)が頻(しき)りに思(おも)ひ出(だ)されて堪(たま)りませんのです、
　　　「心(こころ)してつかへよ」といふことに付(つ)いてゞ御座(ござ)い升(ます)よ。
殊勝(しゅせう)なルーセの申分(まうしぶん)は、父の心(こころ)をひどく感(かん)じさせ升(まし)た。……
　　　　　　　　　　　　　　　（ルーセ→父）（わ）［第四回（下）］

#29 　堪らない　　　　　　　　　否定
　　　堪りません　　　　　　　　丁寧・否定
　　　堪りませんのです　　　　　丁寧・否定・の・丁寧

#28は『わが宿の花』の中の父と娘の会話であり、今回の調査で唯一見られたマセンノデスの例である。#29のように、下線部の表現から丁寧さの要素をはずすと「堪らない」となる。そこにマスを付加すると「堪りません」となるが、これは聞き手がいて、その聞き手の存在を認め配慮した表現ではあるが、自分の気持ちを事実のまま報告したまでに過ぎない。そこにデスをさらに付加すると、例文の「堪りませんのです」となるが、デスは聞き手である父親に作用するモダリティ表現となる。つまり、マスもデスも丁寧さの意味を添えてはいるが、マスは「聞き手配慮」、デスは「聞き手めあて」という、丁寧さの中身に差がある。つまり、マスは言表事態を丁寧さで包む形式であり、デスは発話・伝達のモダリティの一形式となる。マスとデスの間にはさまったノは、デスを付加するために必要な体言化のノと考えられる。

あらためて♯26を見ると、マスは前方に、デスは後方に来ており、マスとデスが同時に用いられる表現Bでもマスが前、デスが後に来る。したがって、マスデスの形式はあっても、デスマスの形式はないのである。B〜Eの表現はデスの関与する表現であるが、デスの前にノが来る場合が多いのは、♯28のようにデスを接続するために体言化のノが必要だからである。マセン(ノ)デシタ、ナイノデシタのデシタの「タ」は「過去のタ」であるが、ナカッタ(ノ)デシタのデシタの「タ」は「語りのタ」で、デシタ全体で発話・伝達のモダリティの一形式と見做すのが妥当であろうと考える。

2.6 「丁寧・否定・過去」の諸表現の生成

これまでに見てきた「丁寧・否定・過去」の諸表現の生成過程を確認する。

♯30　丁寧　　　　　　　マス
　　　丁寧・否定　　　　マセ・ヌ
　　　　　　　　　　　　マセ・ン
　　　丁寧・否定・過去　マセ・ナンダ
　　　　　　　　　　　　マシ・ナンダ
　　　　　　　　　　　　マセ・ン・カッタ
　　　　　　　　　　　　マセ・ン・ダッタ
　　　　　　　　　　　　マセ・ン・デシタ

♯31　シロシ　・アリ・タリ　→　シロク　・アッタ　→　シロカッタ
　　　ナシ　　・アリ・タリ　→　ナク　　・アッタ　→　ナカッタ
　　　マス・ヌ・アリ・タリ　→　マセンク・アッタ　→　マセンカッタ

♯30のように、丁寧さを示す助動詞マスの否定がマセヌ・マセンである。そこに過去を示す要素を付加するのだが、「否定・過去」の表現としてはすでにナンダがあったので、「マス＋ナンダ」で「マセ・ナンダ／マシ・ナンダ」ができる。ま

た、＃31のように形容詞のナシに動詞アリ、助動詞タリが付いた「ナク・アリ・タリ」が「ナカッタ」となった類推から、助動詞ナカッタも生まれ、マセンカッタという形ができる。「マセ・ン・カッタ」と同じ構造を持つ表現として「マセ・ン・ダッタ」も見られる。

＃32　（過去形）ダッタ　←　（現在形）ダ
　　　（過去形）カッタ　←　（現在形）×
　　　（過去形）デシタ　←　（現在形）デス

マセンカッタとマセンダッタは「丁寧・否定・過去」の表現で、それぞれ「カッタ（＝「ナカッタ」の後半部分にあたる）」と「ダッタ」が過去の意を補充している。しかし、＃32のように、「ダッタ」が終止現在形「ダ」を想定できるのに対して、「カッタ」は終止現在形を想定できないという体系上の不安定さがある。そのような整合性の不備が、マセンカッタに広がりの見られなかった要因の一つでもあろうと考えられる[28)]。

そして、ダの丁寧形がデスだということで、ダッタがデシタに置き換えられ、マセンデシタができる。マセンデシタも終止現在形マセンデスを想定できる。「マセ・ン・デシ・タ」は細かくは「丁寧・否定・丁寧・過去」となり、前後とも丁寧形で待遇度が統一され、それまでのマセンカッタ、マセンダッタのように、非丁寧が丁寧より後ろに来るという構造上のねじれは解消されている。一方で、丁寧が重複しているという側面から、ナイ（ノ）デシタという「否定・丁寧・過去」の語順の表現と、ナカッタデスという「否定・過去・丁寧」の語順の表現が生まれる。若松訳『小公子』において、前者は「形容詞ナイ＋ノデシタ」の例で地の文での使用が、後者は「動詞＋ナカッタデス」となって発話文での使用が多く見られた。これは、＃27で見たような述語部の意味的階層構造に合致する方向に沿った推移と見られる。

2.7　マセンカッタの表現価値とデス

　では、なぜ若松賤子はマセンカッタを頻用したのか。逆に言えば、なぜ当時優勢であったとされるマセンデシタの使用を控えたのか。その理由はデスの扱いにあると考える。

　言文一致の文体を創造するために、当時多くの文学者たちが文末形式の選択に苦心したということはよく知られたことである。文末表現が書き手にとっての読み手に対する待遇を決定するとともに、その接し方、距離感が両者間の「場」[29]の構築にも関係するからである。

　言文一致という新しい文体では、想定される読み手が多様であり、それに対応可能な、より高い一般性が求められ、広範に受け入れられるコミュニケーションの「場」を作り出せる文末表現が望まれる。その際、読み手と場を具体化、限定化する丁寧のモダリティ形式の使用は、あまりふさわしいとはいえない。若松はそのようなことからモダリティのデスが関与しないマセンカッタという文末表現を好んで選択したのだと考えられる。この時、マセンカッタには、マスという丁寧のモダリティ的要素があるようにも見えるが、これは本動詞に接続して、一般的な敬語表現としての読み手への配慮を示すものであり、文法的なモダリティとは区別できると考えられるので、上述の主張を覆すものではない。

　若松は、このようなマセンカッタを地の文の基調とした上で、少数のデス系諸形式も適切に織り交ぜながら、また、ノダ文末の特性も生かしつつ、文末表現全体を構成していったのではないだろうか。

　一方で、『小公子』はもともと子どもの啓蒙を目的とした児童文学である。若松の翻訳が子どもを持つ母親の児童教育のための記事として『女学雑誌』に掲載され、母親がそのまま子どもに読んで聞かせることのできる易しい文体[30]になるよう工夫される中で、子どもにとって丁寧すぎたり堅苦しく感じられたりするデスマス体やデゴザリマス体でなく、物語の語りの地の文としてほどほどの形式であり、幼い主人公セドリックが親しい大人相手との日常会話に使用しても違和感のなかった、親しみのあるマセンカッタの語感から、この形式を使用し

第7章　否定表現構造と文法カテゴリー

たのではないかと考える。

　このような言文一致の新しい文体を創造するための文末表現の工夫という観点とともに、若松自身が持っていたデスの使用に対する認識も考慮されるべきであろう。

　マセンデシタは、述語部構造の文法的意味が「丁寧・否定・丁寧・過去」と丁寧の形式が重複しているので、マセンデシタの後半部分のデシタを意図的に使用しなかったということも考えられる。さらに、大槻文彦[31]や新村出[32]が述べているようなデスの持つ特質から、元治元(1864)年生まれの若松自身が、素性のあまりよろしくないデスを「丁寧・否定・過去」の表現の中で使用することに潜在意識として消極的であったという可能性も排除できない。

　若松以外のマセンカッタの使用例については安田(2008)に明らかにされているが、若松に比べると量も多くなく、その使用にも個人差がある。若松訳『小公子』が後に影響を与えたとはされているが、本節で述べたようなマセンカッタの表現価値は、この時代の人々に共有された普遍的なものではなく、若松個人に帰属する特殊なものであったと考えられる。

2.8　おわりに

以上の考察から、次のようなことが明らかになった。

(1) 若松賤子の翻訳11作品(明治23〜27年に発表)における「丁寧・否定・過去」の表現は大別して5形式、391例見られた。そのうち、マセンカッタが301例(77.0％)、その他4形式との数の割合が約3対1であった。ナカッタン(／ノ)デス以外の形式はほとんどが地の文での使用であった。

(2) 『小公子』における「丁寧・否定・過去」の述語部諸形式と英語原文とを対比した結果、全174例中、否定辞のない例が35例(20.1％)あり、そのうち21例が否定性のある語もない肯定文であった。「丁寧・否定・過去」の諸形式の使い分けと英語原文との間に対応関係は見られなかった。若松が全くの

肯定文をあえてマセンカッタを用いて翻訳しているのは、ある出来事を非生起の観点から述べるという、否定表現のもつ表現論的な側面を示している。

(3) マセンカッタが衰えたのは、現在形が想定できないという体系上の不備にも一因がある。

(4) 述語部におけるマスとデスは、「聞き手配慮」か「聞き手めあて」かで丁寧さの中身に差があり、マスは言表事態を丁寧さで包む形式、デスは発話・伝達のモダリティの一形式として機能していた。

(5) 若松賤子がマセンカッタを多用したのは、多様な読み手に広範に受け入れられる抽象的な「場」を作り出すため、述語部に対面性の強いデスを回避したためである。また、母親が子どもにそのまま読み聞かせのできる、適度な表現として選択したからである。

　若松賤子訳『小公子』に見られる「丁寧・否定・過去」の諸表現の併存と統合、その後の推移について、マセンカッタを中心に考察を行なってきた。若松賤子が言文一致の文末表現としてマセンカッタを選択した意図、非デス系のマセンカッタからデス系のマセン(ノ)デシタ、ナイノデシタ、ナカッタンデス、ナカッタ(ノ／ン)デシタへの推移、それらに関わるデスの文法化にも注目する必要のあることを確認した。
　『女学雑誌』明治29(1896)年2月25日号には「時報」として、「明治女学校の類焼、及び巖本嘉志子の死去について」という題名の特集記事が載せられている。その中で、同年2月14日付「毎日新聞」に以下のような記述のあったことが紹介されている。

　　⦿小公子後篇の譯　　夫人は後篇の譯を完くし、筺底に納め置れしに先頃

の火災の爲に燒き失なはれたり、後篇の譯は前篇よりも更に好く、夫人も病苦を推して筆を執られし甲斐ありと悦こばれ居りしと聞くに、噫！天無情、稿本をも大火裏に抛うち去れり。
　女史の如き譯述の筆力ある者は我等再び視ることを得るや否や豈唯だ女流社會のみならんや。

　若松賤子の手になる『小公子』後編の改訂版では、マセンカッタの扱いがどうなっていたのであろうか。他の表現に変更されていたのだろうか、それともそのままだったのだろうか。残念ながら今となっては確認するすべがないのであるが、若松の手になる翻訳以外の著作からも「丁寧・否定・過去」の諸表現の用例をより多く集め、文末表現の分布と述語部構造の分析を試みることによって、その改変のありようの一端をさぐることはできるのではないかと考えている。

注
1)　益岡（2013:201）参照。
2)　『日本文法学概論』（宝文館）。
3)　『国語学原論』（岩波書店）。
4)　『国語構文論』（塙書房）。
5)　飛田編（2007:255-256）、「述語」の項（北原保雄執筆）を参照。
6)　『日本語助動詞の研究』（大修館書店）。
7)　原著は、Frances Eliza Hodgson Burnett の *Little Lord Fauntleroy* で、1886年にニューヨークのチャールズ・スクリブナー社から、同年にロンドンでもフレデリック・ウォーン社から出版された。当時、大変評判が高く、在米の梅馨生という人物の「『小公子』に就て」（『女学雑誌』300号、明治25年1月）という文章に、以下の記述がある。
「此書が世に出でゝ大評判となれるは千八百八十五六年の頃に在り而して今日に至る迄一般に愛讀せられて家々の好藏書たり……此書の及ぼす感化は啻に無形的に止らずして延て有形上にも及ぼせり……／……『小公子』は少年文学と冠せられたれども如何なる種類のも實に必讀の書にして殊に其平易の間に英米人情風俗の差を叙する所容易に他の書に得べからざるものあり而して更に艱難

の中に此兒を生み此兒を撫育せる母ある事を思へば實に世の婦女子の好摸範たるや言を待たず……」

8) 「偶書 思軒居士『小公子』を讀む」(「郵便報知新聞」、明治24年11月15日)で以下のように述べている。

「……余は第一に譯者か英文を讀むの容易なる猶ほ父母の手紙を讀むがごとき に感ず世間鬚眉男子にして尚且つ往々謬り讀む成語イデオム悉く熟路をたどるが如し故に之を邦語に翻へすに及て極めて明白極めて透徹些しの晦渋些しの沮滯あることなきなり ／ 尤も服する所は談話ダイアログなり……余之を讀むとき讀みて妙絶の處……之を原文に参じへ考るに敢て一字を増さず敢て一字を損せず只た忠誠に謹勒に原文を摸せるなり ／ 其の記述叙事の處も赤た溫順妥當にして毫も生硬ことさらにせるが如き述を見ず諄々として而かもくだへしからず原文を嚴守して而かも拘づらひ泥まず平易復た簡淨殆と遺憾なきに近かし」

9) 『女学雑誌』295号(明治24年12月12日)に掲載された「小公子の評(其二)」の中で以下のように述べている。

「……譯文はまことに流暢平易なれと其中に譯者が深切なる苦心の跡見えたり就中長幼貴賤の言語を別たんとて又は文情の調和をはからんとて「キット」「大したもの」「鼻が高い」「目がない」等の俗語を用ひたるが如きは殊に全力を灑きたりと見えていとめでたし……「人にいひへしまた」「しつかり歩いてゐました」なと言葉を重ねたるはおのづから優しき女教師が幼童に教ふる時の風に似たり何れも譯者の婦人たるを證してなかへにゆかし兎にも角にも當今外國美文學輸入の必要あるに際し斯く原文の精神と外形とを寫し出さんと力めし翻譯の見はれしは文學のため賀すべき事なり。(『早稲田文學第四號』)」

10) 『小公子』(博文館刊)の「緒言」(桜井鷗村)に以下のようにある。

「……君は特に英文學に精通せられて、こは正しく君が第二の國語の状ありけり。新聞を讀まるゝにも、其英文なるは、其邦文なるよりも勞少しとは、予の屢々親しく耳にせし處なりき。また、祈祷、寐言、眞面目の談話及心籠めたる書翰などは、いづれも英語を用ゐられたる方多かりしとぞ。されば高雅純潔なる君が邦文學の、其宗教に負ふ處あるは素よりの事、特に其英文學に胚胎せること最も多かりしは今更いふを俟たざるなり。故に其英文の如きも、頗る圓熟自然の域に達せるの稱ありて、述作ありしものも亦尠しとせず。……」

若松賤子の夫である嚴本善治も『小公子』(岩波文庫)の「後序」で以下のように述べ

ている。

　　　「……然し筆を執る時は、起き上つて机に向ひ、スラ／＼と樂に書き了り、女學雜誌の一回分四五頁位は、只譯もなく書く樣でしたが、……／元来、英語は幼年より習ひ覺えて、極雜作もない樣で、寝言でも申す時は、いつも英語でしたから、寧ろ外國の事には慣れて居たぜうが、……」

11) 『小公子』(博文館刊)の「緒言」(桜井鷗村)より。
12) 同上。
13) 初版本と全編本の章立ては、「第〇回(開始頁-終了頁)」というように表示した。
14) 北澤・趙(2009)を参照のこと。
15) 尾崎(2007)の「若松賤子著作年表」による。
16) 松本(2012)による。
17) 表の中で、作品名は頭文字で示した。ここでの数字は、「丁寧・否定・過去」に推量の意味などが付加された例も含む。また、空欄は0例(該当例なし)を表す。
18) 山本(1973)による。
19) ここでは、小学館『新編日本古典文学全集80　洒落本　滑稽本　人情本』から該当箇所を抜き出した。
20) 初出誌本文では人名や地名に傍線を引いている場合があるが、用例掲出に際しては、それらの傍線は省略した。用例の末尾には作品名の頭文字を( )に示し、[ ]内に回数や順序を示した。発話文の場合は作品名の前に「話し手→聞き手」を( )内に示した。
21) 『女学雑誌』227号から278号まで24回分を単行本にした初版本。女学雑誌社より明治24(1891)年10月28日刊行。
22) not, never, little, seldom, scarcelyが見られた。
23) no, few, any, impossible, uneasy, lessが見られた。
24) nobody, nothing, neitherが見られた。
25) sad, bewilder, disturb, but, hard, prevent, broke, without, at a loss, poor, unpleasantが見られた。
26) 仁田(2009)にある「文法カテゴリの層状構造」。
27) 本作品では見られなかった近世語や近代語におけるマセナンダ、マセンダッタも＃27に合致しない形式である。
28) 若松がマセンダッタではなくマセンカッタという形式を選択したのは、「マセン・カッタ」の現在形が「マセン」であるのに対して、「マセン・ダッタ」は「マセン・ダ」と

もなるので、そのような洗練されてない形式を無意識的に忌避してのマセンカッタの選択ではなかったのかとも推測はできる。

29) 「場」とは、話し手と聞き手、または、書き手と読み手の間での、コミュニケーションの成立基盤をいう。

30) 川戸(1999)によると、『女学雑誌』には「女性のための視点」とともに「子どものための視点」が備わっており、子どもを持つ母親の用に供するために、「子供のはなし(→小供談→兒籃)」と題するコーナーが設けられ、児童教育に関する記事も数多く掲載されたという。その中に、当時としては珍しいアンデルセンやグリムの童話の翻訳もあり、それらは母親が子どもに「言い聞かせ」るための話、母親を通して間接的に「子どもたちの耳に伝えられる物語」となっていたという。若松訳『小公子』はその延長線上に創られた翻訳作品であるとされる。

31) 5章の注4を参照。

32) デスという言葉は狂言などにも現れて居りますが、主として徳川時代の発達で、要するにデゴザイマス、デアリマスといふ言葉の非常に短縮した極端な形で、元来余り丁寧な言葉ではない、又麗々しいよい言葉ではないのでありまして、明治末期位まではデスといふ言葉遣を中年以上の人は非常に排斥して居りました。私は明治九年生れで……、デスに対してそれほどいやな感じを持ちませんでしたけれど、吾々の先輩先生といつた方々、少くとも十歳以上の年長者、慶応元治といふ様な明治より少し前に生れた人、或は天保時代に生れた人達からは、デスは下品でいかぬといつて排斥する声をよく聞きました。私共はその当時はそれ程に思はなかつたのですが、段々反省し研究した結果、あまり感心した言葉でないことが分り、簡単な為にふだんは今も相当に使ひますが、高貴の方に対して申上げる時などには自分で注意して絶対に申上げずに居ります。誤って申上げた様なこともないつもりであります。国語界の先覚者、『大言海』の編者である大槻先生などは、八十何歳かで亡くなられたから天保時代のお生れで、明治初年には二十歳以上であつたらうと思ひますが、先生は、態々露骨なことを言ふやうですが、江戸の遊女などの使つた言葉で紳士淑女の使ふべき言葉でないと言はれ、何かの本にも書かれたことがあつたと思ひます。質疑者が、それを使ふと品位に乏しいとか潤ひがないとかいはれるのも、何処かに元の匂が残つてゐる、即ちその言葉のお里が現れるといふやうなことがあるのだらうと思ひます。　　　　（「国語の基準」『新村出全集2』(筑摩書房) 372頁）

第8章　第二部のまとめ

　第二部では、否定表現構造における否定要素と文法カテゴリーについて考察した。

　第4章では、明治前期における丁寧体否定表現について、明治初めから20年代までの文学作品20編を調査対象として、マセヌとマセンの使用状況を比較した。
　まず、調査した文学作品の作者には、世代の差で、主にマセヌを使用する作者(河竹黙阿弥と依田学海)、マセンとヤセンを併用する作者(仮名垣魯文と三遊亭円朝)、主にマセンを使用する作者(その他6人)という三つの傾向が見られた。
　また、作者と作中人物について言うと、マセヌを使用する老年世代の作者が、その対極にある若年世代、その中でもより下層の作中人物に少しずつマセンを使用させていた。一方、主にマセンを使用する作者、また、マセン・ヤセンを併用する作者がマセヌを使用する場合は二つあって、一つは老年世代の作中人物が使用する場合であり、もう一つは、社会通念上変えられない上下関係の中、目下の者が目上の者に対して使用したり、それほど親しくない作中人物同士の間で使用されたりする場合などであった。
　そして、マセヌからマセンへの推移は音声的側面とも関わりあっているが、より重要なのは、二語の「マセ・ヌ」から一語の「マセン」への丁寧体否定形の複合辞化であり、そのことが過去形をはじめとした用法の拡大、つまりは分析的傾向を進める一因となった。
　次に、文末での丁寧体否定表現に注目し、「ませぬ。」と「ません。」、「ませぬか。」

と「ませんか。」の形式を、主に前接語についての分析を通して考察した。マセヌ（「ませぬ。」「ませぬか。」）に比べてマセン（「ません。」「ませんか。」）に前接語の種類がより多く、前接する動詞の中でも特に存在動詞「ござる」「ある」が際立っており、「ませぬ。」「ません。」では、全用例の3分の1、「ませぬか。」においては全用例の約半分、「ませんか。」においては全用例の8割以上を占めた。また、全体を通して、マセヌからマセンへの変遷における文末での丁寧体否定表現は、「ござりませぬ。」から「ありません。」と「ございません。」へ、「ござりませぬか。」から「ありませんか。」と「ございませんか。」への推移が大きな割合を占めることが確認された。つまり、マセヌからマセンへの推移は、前接語を含めると主にゴザリマセヌからアリマセン・ゴザイマセンへの史的変遷が主要な部分を占めていたと言える。

　第5章では、明治後期に発表された夏目漱石の小説10編を調査し、丁寧体否定形マセンとナイデスの二形式を考察した。
　マセン、ナイデスの現在形、過去形、推量形をそれぞれ調べると、現在形はマセン976例（90.0%）、ナイデス108例（10.0%）で、9対1の割合でマセンが圧倒的であった。過去形では、マセンデシタが15例（55.6%）、ナカッタデスが12例（44.4%）と、調査した範囲内では数量的に拮抗していた。推量形では、ナイデショウの74例に対して、マセンデショウの用例は見当たらなかった。
　マセン、ナイデスの後接環境を見ると、双方とも、言い切りの形、接続助詞が続く形、終助詞が続く形と大きく三分できた。ナイデスでは4割が言い切りの形で、終助詞では「か」「よ」、接続助詞では「が」が後接する場合が多い。マセンでは、後接する終助詞では「か」の比率が高かった。
　「動詞＋ナイデス」と等しい表現として「動詞＋マセン」、「形容詞ナイ＋デス」と等しい表現としてアリマセン、「形容詞＋（補助形容詞ナイ＋デス）」と等しい表現として「形容詞＋アリマセン」が用いられていた。ナイデスの前接環境は動詞の場合が最も多く、その他は「〜じゃ（ナイデス）」「〜事が（は）ナイデス」などの例が多かった。また、「仕方がない」「〜はず（が）ない」など、元来「〜ナイ」という表現を用いた慣用的表現を丁寧体で表わす際に「〜ナイ・デス」という形式が用い

られていた。

　マセンの前接語として「(じゃ)あり～」「ござい～」などの存在動詞がくる場合が976例中489例と、約半分にのぼり、「～じゃありませんか」の用例が特に多く見られた。また、ある特定の語と結合した「かまいません」「しません」「しりません」「しれません」「できません」「なりません」「わかりません」の使用が多く、逆に、「しら・ないです」「なら・ないです」「でき・ないです」のような語は、今回は用例が見当たらなかった。

　マセンとナイデスの形式が使用される構造的な差異を、後接環境と前接環境の比較から考察した結果、少数例ながら、マセンに後接する終助詞、接続助詞の種類が多いということ以外は、マセンとナイデスの双方とも、後接環境では似たような傾向しか示さなかった。また、前接環境によって、①「動詞＋ナイデス」＝「動詞＋マセン」、②「形容詞ナイ＋デス」＝「アリマセン」、③「形容詞＋(補助形容詞ナイ＋デス)」＝「形容詞＋アリマセン」の三種があることを確認することができた。

　第6章では、言文一致の小説、二葉亭四迷『浮雲』と尾崎紅葉『金色夜叉』を調査資料として、一述語部内における複数の否定要素を含む形式とその意味について考察した。

　まず、『浮雲』では文の中で、複数の否定要素が一述語部内に現れるとき、その否定要素間に挿入される他の要素数は4以下で、制限的であった。また、そのような要素には助詞、助動詞、形式名詞のほかに一定の動詞、形容詞などがあり、その組み合わせによって9系統に分類することができた。

　一述語部内における複数の否定要素を含む形式の意味は、①肯定に近いもの、②否定のもの、③新しい意味が付与されるものの三つに分類された。「肯定」に近い意味を担う形式としては「否定の否定」、つまり二重否定によるものがあり、それらは単純な肯定形式では表し得ない、特有の表現効果を意図していた。また、否定要素Aで否定した内容を、否定要素Bを含む文法化された形式で否定しているものも見られた。「否定」の意味を担う形式としては、複数の否定要素に

終助詞「か」など否定の意味を付加する補助的な要素によるものがあった。また、前の否定要素Aによる否定の意味を残しながら、後の否定要素Bを含む、文法化された形式の意味が付加されるものも見られた。新しい意味が付与されるものとしては、否定要素による否定の意味が残らず、複数の否定要素を含む文法化された形式として新しい意味をもつようになったものがあった。

次に『金色夜叉』では、否定要素AとBを含む述語部内において、その間に挿入される要素数は1～3が比較的に多かった。また、挿入される要素を分類して14系統に分類することができた。それらの使用分布を見ると、発話文と地の文においてほとんど相補分布をなしていた。それは、発話文では口語文体、地の文では文語文体と、表現と形式が明確に使い分けられていたことに起因する。

否定要素AとBを含む述語部における文法化の認定は、語構成上の要素のつながり方と、範列的な肯否の置き換えによって確認することができる。

否定要素AとBを含む述語部は、中心述語が形容詞「ない」で否定要素が後続するものと、中心述語がその他の形容詞や動詞で否定要素が二つ後続するものの二種類がある。中には、否定要素が三つ含まれる例も見られた。

一述語部内に否定要素を二つ含みながら、述語部否定とはならない「当為」表現がある。調査した128例中35例がこの表現であり、中心述語が動詞のものと形容詞「ない」のものが見られ、用いられた形式数はそれぞれ17種類、3種類であった。そのうち、形容詞のみで用いられた形式は1種類、両方で用いられた形式は2種類であった。

文法化と連動する要素として、「ぢや」「は」「ば」「に／を」を見た。「ぢや」は後続部分を強制的に文法化する要素であり、「は」は文法化に関わる場合が比較的に高い要素である。「ば」は後続部分に必ずしも否定要素が来るとは限らないという制約があり、「に／を」は文法化にあまり関係していない要素であった。

第7章では、まず、若松賤子訳『小公子』を資料として、述語部否定構造内における文法カテゴリーの承接関係について調査した。

日本語では一般的に、述語部構造における文法カテゴリーの結合は「ヴォイス

(Vo)・アスペクト(A)・否定(N)・テンス(T)・モダリティ(M)」の順序で実現される。しかし本調査によれば、採集した述語部否定構造は「ヴォイス／可能・アスペクト・丁寧のマス・否定・テンス・の／こと・丁寧のデス・テンス／語りのタ・モダリティ・丁寧のデス・終助詞」と、より細かくなっていた。

若松訳『小公子』では、述語部否定の形式が20形式見られ、全197例あった。それらを「丁寧・否定・過去」の形式、推量を含む形式、可能を含む形式の3つに大別し、推量を含む形式、可能を含む形式について考察を行なった。

推量を含む形式については、今回採集した20形式のうち13形式と、約3分の2を占めた。これらも「マセン系」と「ナイ系」に分けられ、「丁寧・否定・過去」の「ませんかった」と「ませんでした」の構図と同じように、「ませんだろう」と「ませんでしょう」、「ませんかったでしょう」と「ませんでしたろう」の併存が確認された。

この調査資料からは、ヴォイス、アスペクトの言語事象が関与する、否定表現を含む述語部は見られなかった。ただ、ヴォイスと同じ位置に来る可能の「れる／られる」が付いた形式が2例、「可能・否定・丁寧・推量」も1例見られた。

次に、『小公子』も含めて、若松賤子の翻訳11作品(明治23～27年に発表)を資料として「丁寧・否定・過去」の表現を見ると、大別して5形式、391例見られた。そのうち、マセンカッタが301例(77.0％)、その他4形式との数の割合が約3：1であった。ナカッタン(／ノ)デス以外の形式はほとんどが地の文での使用であった。

『小公子』における「丁寧・否定・過去」の述語部諸形式と英語原文とを対比した結果、全174例中、否定辞のない例が35例(20.1％)あり、そのうち21例が否定性のある語もない肯定文であった。「丁寧・否定・過去」の諸形式の使い分けと英語原文との間に対応関係は見られなかった。若松が全くの肯定文をあえてマセンカッタを用いて翻訳しているのは、ある出来事を非生起の観点から述べるという、否定表現のもつ表現論的な側面を示している。

マセンカッタが衰えたのは、現在形が想定できないという体系上の不備にも

一因があったものと考えられる。

　述語部におけるマスとデスは、「聞き手配慮」か「聞き手めあて」かで丁寧さの中身に差があり、マスは言表事態を丁寧さで包む形式、デスは発話・伝達のモダリティの一形式として機能していた。

　若松賤子がマセンカッタを多用したのは、多様な読み手に広範に受け入れられる抽象的な「場」を作り出すため、述語部に対面性の強いデスを回避したためである。また、母親が子どもにそのまま読み聞かせのできる、適度な表現としてマセンカッタを選択したからである。

　以上のように、第二部では、丁寧体否定形のマセヌからマセンへの交替、マセンとナイデスの併存、複数の否定要素を含む述語部の構造、否定表現構造と文法カテゴリーについて考察した結果を述べた。

終　章

1　結論

　本書は、江戸後期から明治期にかけて、近代日本語の根柢となった江戸・東京語による文献を調査資料として、否定要素を含む表現構造を、その文法的形式と意味・機能の両面から考察することにより、近代における言語実態の一端を明らかにすることを目的としたものであった。

　第一部では、江戸期・明治期の時代背景と江戸語・東京語の概観、江戸語・東京語における否定表現について、これまでの先行研究をもとに確認し、人情本『仮名文章娘節用』を資料として、江戸語における否定表現の実態について、アストン『日本口語文典』第四版(1888)を資料として、明治期における否定表現の認識について調査・分析した。

　第二部では、多様な登場人物の言語使用の実態を写したと想定される、発話文を含む明治期の文学作品(翻訳を含む)を資料として、丁寧体否定形のマセヌからマセンへの交替とマセンとナイデスの併存、複数の否定要素を含む述語部の構造、否定表現構造と共に用いられる文法カテゴリーについて調査・分析した。

　今回の調査を通じて、近世後期江戸語におけるヌ系とナイ系のせめぎ合いとナンダの使用、明治期東京語におけるナンダからナカッタへ、ズハからナケレバへの推移、マセヌからマセンへの複合辞化と分析的傾向の促進、マセンとナイデスの併存、「丁寧・否定・過去」のマセンカッタ等諸形式の並立からマセンデシタへの収斂、マセンデシタとナカッタデスの併存までを通観することができた。

　以下では、第一部、第二部の調査・分析をふまえ、江戸・東京語における否

定表現構造について、全体を通しての考察を行なう。

1.1 時代背景と言語の推移

　江戸時代末期から明治期にかけての日本の近代化は、大きな政治的・社会的・文化的変動を伴い、日本語においても大きな変化を見せた時期である。

　諸大名が領地と領民を支配する江戸時代までの封建的体制は、中央集権的な近代国家のリーダーシップによる廃藩置県により解体されたが、同時に、それまでは各藩、地方ごとに乱立していた方言と、そこに含まれるさまざまな言語の諸表現も、中央政府の強力なイニシアチブのもとで、スタンダードとなる中央語と、そこに含まれる統一された諸表現へと志向されていった。しかし、「乱立」状態からそのような人為的な「統一」がなされるには一定の時間がかかり、統一に至る前段階で、不統一の多様な形態が「並立」し、徐々に「収斂・淘汰」されていく過程を経ることになる。つまり、この時期の言語変化は「乱立・並立」→「収斂・淘汰」→「統一」の方向で進み、そして「安定」していったものと見られる。

　本書の中心テーマである「否定表現構造」もまた、このような過程を経たものであったと考えられる。それは、まさに日本の近代における壮大なる言語史的実験であったとしても過言ではないものである。

1.2 否定表現の認識

　本書では、江戸後期から明治期にかけての否定表現について、主に先行研究の成果をもとに整理、確認しながら、江戸語については人情本『仮名文章娘節用』を、明治期はW.G.Astonの "A Grammar of the Japanese Spoken Language" (1888)（アストン『日本口語文典』第四版(1888)）を資料として、新たに調査、研究を行なった。

　身分制度の残存する江戸語の否定表現については、文学作品の中の登場人物による、話し言葉と想定される発話文をもとにこれまで研究がなされてきた。本書では、武家の家庭を描く場面が多く、武家の家族と江戸町人が主要な登場人物であり、話し言葉の中に、遊里以外での男女の会話や、遊女ではない市井の女

性同士の会話などもあって、他の文学作品では見られない語法上の特徴も表れるという資料性を考慮し、人情本『仮名文章娘節用』を信頼できるテキストで調査した。その結果、『娘節用』においても、同時期の他作品と同様に、否定表現の各カテゴリーの形式ごとに、ヌ系がナイ系よりも優勢であること等が詳細に確認された。つまり、江戸時代の上層に属する人々は、否定表現においても、上方的な語法を選択する傾向のあるということが再度裏付けられることになった。

　明治期については、外国人の日本語研究の資料の中から、アストン『日本口語文典』第四版(1888)を見た。アストンは、幕末・明治の日本語に話しことばと書きことばの区別のあることを認め、それぞれの文典を著して語法を説明している。そして、それまでの日本人研究者には見られなかった新しい視点から日本語を観察しており、その成果は他の研究者にも多大なる影響を及ぼした。そこで、当該資料の否定表現と関連する部分の原文を翻訳し、それに基づいて東京語の話しことばにおける否定表現を見た。アストンは対応する肯定の形式と対比させながら、否定形の語基、否定・現在・直説法、否定・過去、否定・条件、否定・仮定、否定・譲歩、否定・分詞、否定・形容詞、否定・命令、否定・未来という否定の諸形式を提示した。これは当時の明治東京語の否定にかかわる諸表現を体系的に整理したもので、大変有益であったと言える。

1.3　丁寧体否定表現の使用状況

1.3.1　「丁寧・否定・現在」の表現

　本書では、丁寧体否定形・現在の推移について、マセヌからマセンへの交替の段階と、その後のマセンとナイデスの併存の段階を考察した。

　まず、マセヌからマセンへの交替については、明治前期の文学作品20編で調査したが、その作者の中には、世代の差で、主にマセヌ使用、マセン・ヤセン併用、主にマセン使用の三つの傾向のあることがわかった。そして、それぞれの傾向の作者が、その傾向と対立する表現をどのように使うのかを見ると、まず、マセヌ使用の老年世代の作者は、その対極にある若年世代、その中でもより下層の作中人物に少しずつマセンを使用させていた。また、主にマセンを使

用する作者、また、マセン・ヤセンを併用する作者がマセヌを使用するのは、老年世代の作中人物が使用する場合や、社会通念上変えられない上下関係の中で、目下の者が目上の者に対して使用したり、それほど親しくない作中人物同士の間で使用したりする場合などであった。マセヌからマセンへの推移は音声的側面とも関わりあっているが、重要なのは二語の「マセ・ヌ」から一語の「マセン」への丁寧体否定形の複合辞化であり、そのことが過去形をはじめとした用法の拡大、つまりは分析的傾向を進める一因となっていた。全体を通して、マセヌからマセンへの推移は、前接語を含めると主にゴザリマセヌからアリマセン・ゴザイマセンへの史的変遷が大きな割合を占めていたことがわかった。

　次に、マセンとナイデスの併用を、明治後期に発表された夏目漱石の小説10編で調査した。マセンとナイデスの現在形、過去形、推量形をそれぞれ見ると、現在形は9対1の割合でマセンが圧倒的であり、過去形は、マセンデシタとナカッタデスが調査範囲内では数量的に拮抗しており、推量形では、ナイデショウの74例に対して、マセンデショウの用例は見当たらなかった。両形式が使用される構造的な差異を、後接環境と前接環境の比較から考察すると、少数例ながら、マセンに後接する終助詞、接続助詞の種類が多いということ以外は、マセンとナイデスの双方とも、後接環境では似たような傾向しか示さなかった。また、前接環境によって、①「動詞＋ナイデス」＝「動詞＋マセン」、②「形容詞ナイ＋デス」＝「アリマセン」、③「形容詞＋(補助形容詞ナイ＋デス)」＝「形容詞＋アリマセン」の三種があることが確認された。

1.3.2　「丁寧・否定・過去」の表現

　本書では、若松賤子の『小公子』を含めた翻訳11作品(明治23〜27年に発表)を調査し、「丁寧・否定・過去」の表現について考察した。調査資料においては、「丁寧・否定・過去」の表現は大別して5形式、391例見られた。そのうち、マセンカッタが301例(77.0％)で、その他マセン(ノ)デシタ、ナイノデシタ、ナカッタン(／ノ)デス、ナカッタノ(／ン)デシタの4形式との割合が約3対1であった。ナカッタン(／ノ)デス以外の形式はほとんどが地の文での使用であった。それら

の諸形式を英語原文と対比した結果、対応関係は特に見られなかったが、若松賤子が全くの肯定文をあえてマセンカッタを用いて翻訳しているのは、ある出来事を非生起の観点から述べる、否定表現のもつ表現論的な側面を示していた。

述語部におけるマスとデスは、「聞き手配慮」か、「聞き手めあて」かで丁寧さの中身に差があり、マスは言表事態を丁寧さで包む形式、デスは発話・伝達のモダリティの一形式として機能していた。

「丁寧・否定・過去」の諸表現は、[[[[[ヴォイス]アスペクト]肯否]テンス]言表事態めあてのモダリティ]発話・伝達のモダリティ]という、現代日本語の述語部の意味的階層構造に合致していく方向で、マセンカッタからマセンデシタを経てナカッタデスへと推移していた。

若松賤子がマセンカッタを多用したのは、多様な読み手に広範に受け入れられる抽象的な「場」を作り出すため、述語部に対面性の強いデスを回避したためである。また、母親が子どもにそのまま読み聞かせのできる、適度な表現としてマセンカッタを選択したからである。

マセンカッタが衰えたのは、マセンデシタに比べて、現在形が想定できないという体系上の不備にも一因があったと考えられる。

1.4　述語部否定構造の諸形式

本書では、述語部構造において複数の否定要素をもつものについても考察した。一述語部内における複数の否定要素を含む形式の意味は、①肯定に近いもの、②否定のもの、③新しい意味が付与されるものの三つに分類された。また、複数の否定要素を含む述語部における文法化の認定は、語構成上の要素のつながり方と、範列的な肯否の置き換えによって確認することができた。文法化と連動する要素として、「ぢや」「は」「ば」「に／を」を見た。「ぢや」は後続部分を強制的に文法化する要素であり、「は」は文法化に関わる要素が比較的に高い要素である。「ば」は後続部分に必ずしも否定要素が来るとは限らないという制約があり、「に／を」は文法化にあまり関係していない要素であった。

また、若松賤子訳『小公子』では、述語部否定の形式が20形式見られ、全197

例あった。それらを「丁寧・否定・過去」の形式、推量を含む形式、可能を含む形式の3つに大別して考察を行なった。そのうち、推量を含む形式については、今回採集した20形式のうち13形式と、約3分の2を占めた。これらも「マセン系」と「ナイ系」に分けられ、「丁寧・否定・過去」の「ませんかった」と「ませんでした」の構図と同じように、「ませんだろう」と「ませんでしょう」、「ませんかったでしょう」と「ませんでしたろう」の共存があった。

　以上のように、本書では江戸・東京語の否定表現構造について、その時代背景と言語の推移、当該時期における否定表現の認識、丁寧体否定表現の使用状況、述語部否定構造の諸形式、という四つの側面から整理を行なった。

2　今後の課題

　本書では、江戸後期から明治期における否定表現構造について調査、分析を行ない一定の結果を得たが、未だ多くの課題が残されている。日本語における通時的な否定表現構造の研究を射程におきつつ、次のような三点に留意して引き続き研究を進めていきたい。

　第一に、近代語における否定表現構造の研究の意義についてより深く考えていきたい。現代語の否定表現研究における多くの成果と関連付けながら通時的な視点を確保しつつ、近代語における否定表現構造についてさまざまな側面からアプローチしていきたい。

　第二に、調査資料を増やして調査をより進め、近代語における否定表現構造研究の分析結果により一般性が付与されるようにしていきたい。本書は、限られた作家と作品についての考察にとどまっており、通時的な推移を十分描ききるまでには至っていない。江戸語については、身分制度による各界各層の詳細な言語実態を明らかにするのにまだ程遠いし、明治東京語についても、厖大な資料群があるにもかかわらず、さまざまなジャンルの言語資料を調査対象とすることができていない。今後、コーパスなども適切に活用しながら、より多く

の価値ある資料を引き続き調査していきたい。

　第三に、否定表現構造の研究と関わる、さまざまな文法的諸問題の解明にも取り組んでいきたい。述語部構造におけるデスとマスの問題、ノダ文の歴史的推移に関する問題、述語部構造の中の文法的カテゴリーの結合と意味的階層構造の問題等を解明するには、本書の調査だけでは未だ不十分である。現代語における研究成果も参照しつつ、現代語との関連も考慮して近代語における記述を行なっていきたい。

参考文献

浅川　哲也（1998）「動詞・助動詞承接の『です』について——明治大正期を中心に——」『国語研究』1993年3月号、國學院大學国語研究会
―――――（1999）「形容詞承接の『です』について——形容詞述語文丁寧体の変遷——」『國學院雑誌』第100巻第5号
雨宮尚治編（1973）『亀田次郎先生の遺稿　西洋人の日本語研究』風間書房
池上岑夫訳（1993）『ロドリゲス　日本語小文典』上・下（岩波文庫）
太田　　朗（1980）『否定の意味』大修館書店
大槻　文彦（1917）『口語法別記』国定教科書共同販売所
尾崎　るみ（2007）『若松賤子　黎明期を駆け抜けた女性』児童文化研究叢書001、港の人
小田切良知（1943）「明和期江戸語について（一）（二）（三）——その上方的傾向の衰退——」『国語と国文学』20(8, 9, 11)号
小野　正弘（1998）「語史資料としての『仮名文章娘節用』」『鶴見日本文学』2号
―――――（2004）「デス・マス体の文章——山田美妙——」（飛田編2004所収）
―――――（2009）「草双紙の地の文における『準発話』——その認定と射程——」『日本近代語研究5』ひつじ書房
―――――（2012）「近代語文献の述語部構造分析の方法——地の文と発話文を対比させながら——」第298回日本近代語研究会発表資料
―――――（2017）「近代語文献の述語部構造分析の方法——地の文と発話文を対比させながら——」『日本近代語研究6』ひつじ書房
加藤泰彦・吉村あき子・今仁生美（2010）『否定と言語理論』開拓社
金澤　裕之（1999）「『なかった』新考」『国語学』196集
金子　　弘（1989）「動詞＋ラシカッタという言い方をめぐって——会話文・地の文の別と文法カテゴリーの順序——」『山形女子短期大学紀要』第21集
―――――（1990）「文末のラシカッタという表現について——タ止めと推量の主体——」『山形女子短期大学紀要』第22集
―――――（2002）「外国人の日本語文法研究史」飛田良文・佐藤武義編『現代日本語講座　第五巻　文法』明治書院
金田　　弘（1985）「『なかった』考」『国語と国文学』62(5)号

亀田　次郎(1912)「国語学上に於けるアストンの功績」『國學院雑誌』第拾八巻第一號
川口　良(2006)「母語話者の『規範のゆれ』が非母語話者の日本語能力に及ぼす影響——動詞否定丁寧形『(書き)ません』と『(書か)ないです』の選択傾向を例として——」『日本語教育』129号
――――(2014)『丁寧体否定形のバリエーションに関する研究』くろしお出版
川戸　道昭(1999)「若松賤子と『小公子』」『復刻版 明治の児童文学 翻訳編 第三巻 バーネット集』五月書房
北澤尚・趙燦(2009)「若松賤子訳『小公子』の初出本文と初版本文の異同について」『東京学芸大学紀要 人文社会科学系Ⅰ』第60集
北澤尚・許哲(2005)「明治前期読売新聞の文体の推移——記事末形式について——」『東京学芸大学紀要 第2部門 人文科学』第56集
――――(2008)「『金色夜叉』本文の国語学的研究——前編・中編について——」『東京学芸大学紀要 人文社会科学系Ⅰ』第59集
――――(2009)「『金色夜叉』本文の国語学的研究Ⅱ——後編・続編・続々について——」『東京学芸大学紀要 人文社会科学系Ⅰ』第59集
――――(2009)「『金色夜叉』本文の助動詞の異同について」『日本近代語研究5』ひつじ書房
――――(2010)「『金色夜叉』本文の助詞の異同について」『東京学芸大学紀要 人文社会科学系Ⅰ』第61集
北原　保雄(1981)『日本語助動詞の研究』大修館書店
金水敏・工藤真由美・沼田善子(2000)『日本語の文法2 時・否定と取り立て』岩波書店
工藤真由美(1999)「現代日本語の文法的否定形式と語彙的否定形式」『現代日本語研究』第6号(1999.3)大阪大学日本語学講座
小島　俊夫(1974)『後期江戸ことばの敬語体系』笠間書院
此島　正年(1973)『国語助動詞の研究——体系と歴史』桜楓社
小林　ミナ(2005)「日常会話にあらわれた『〜ません』と『〜ないです』」『日本語教育』125号、日本語教育学会
小松　寿雄(1973)「『一読三歎当世書生気質』の江戸語的特色」『埼玉大学紀要』通号9
――――(1985)『江戸時代の国語　江戸語』東京堂出版
――――(2006)「江戸語研究の歴史」(飛田編2006所収)
今野　真二(2008)『消された漱石　明治の日本語の探し方』笠間書院
蔡　欣吟(2004)「『仮名読新聞』の国語学的研究」(東京学芸大学大学院修士論文)

坂梨　隆三（1973）「江戸時代の打消表現について」『岡山大学法文学部学術紀要』33号
────（1987）『江戸時代の国語　上方語』東京堂出版
────（1995）「打消の助動詞『ない』の発達」『東京大學教養學部人文科學科紀要　國文學・漢文學XXVⅡ』第102輯
佐藤喜代治編（1977）『国語学研究事典』明治書院
澤邉裕子・相澤由佳（2008）「否定丁寧形『～ません』と『～ないです』に関する一考察──ことばの『ゆれ』が海外での日本語教育・学習に与える影響──」『日本文学ノート』第43号、宮城学院女子大学日本文学会
椎野　正之（1975）「若松賤子訳『小公子』における『ませんかった』」『文化紀要』第9号、弘前大学教養部
清水　康行（1997）「文章語の特質」『日本語表現法』放送大学教育振興会
────（2004）「速記と言文一致」（飛田編2004所収）
杉本つとむ（1999）『杉本つとむ著作選集10　西洋人の日本語研究』八坂書房
砂川有里子（2013）「丁寧さのモダリティ──『です』と『ます』の文法化」富谷玲子・堤正典編『モダリティと言語教育』（ひつじ書房）所収
武井　睦雄（1965）「江戸語打消表現についての一報告──洒落本における「ぬ」「ない」両系列の相関──」『国語研究室』4号、東京大学国語研究室
田島　優（2009）『漱石と近代日本語』翰林書房
田中　章夫（1958）「語法からみた現代東京語の特徴」『国語学』34集
────（1981）「近代語（明治）」（森岡ほか編1981所収）
────（1983）『東京語──その性格と展開』明治書院
────（1988）「東京語の時代区分」『国語と国文学65(11)』東京大学国語国文学会
────（1996）「『（行き）マセンデシタ』から『（行か）ナカッタデス』へ──打消・過去の丁寧形の推移──」『言語学林1995-1996』三省堂
────（2001）『近代日本語の文法と表現』明治書院
田中　寛（2010）『複合辞からみた日本語文法の研究』ひつじ書房
田中　牧郎（2005）「言語資料としての雑誌『太陽』の考察と『太陽コーパスの設計』」国立国語研究所編『雑誌「太陽」による確立期現代語の研究』（博文館新社）所収
田辺　和子（1996）「日本語の複合動詞の後項動詞にみる文法化」『日本女子大学紀要　文学部』第45号
田野村忠温（1994）「丁寧体の述語否定形の選択に関する計量的調査──『～ません』

と『〜ないです』——」『大阪外国語大学論集』11号
丹保　健一（1980-84）「否定表現の文法」(1)〜(4)『三重大学教育学部紀要人文科学』31, 32, 33, 35号
築島　裕編（1982）『講座国語史　第4巻　文法史』大修館書店
辻村　敏樹（1968）『敬語の史的研究』東京堂出版
土屋　信一（2009）『江戸・東京語研究——共通語への道——』勉誠出版
鶴橋　俊宏（1995）「若松賤子の翻訳小説におけるマセンカッタ・マセンデシタ」『静岡県立大学短期大学部研究紀要』第8号
――――（1996）「桜井鷗村の著作における活用語接続の『デス』」『日本文化研究』第8号、静岡県立大学短期大学部日本文化学会
――――（2014）「若松賤子『小公子』の推量表現について」『言語文化研究』第13号、静岡県立大学短期大学部言語文化学会
寺村　秀夫（1984）『日本語のシンタクスと意味　第Ⅱ巻』くろしお出版
土井忠夫訳（1955）『ロドリゲス 日本大文典』三省堂
時枝　誠記（1950）『日本文法　口語篇』岩波全書
――――（1959）「近世語研究の意義について」『国語と国文学』32(10)号
中沢　紀子（2006）「江戸語にみられる否定助動詞ヌとネエの対立」『日本語の研究』第2巻2号
――――（2008）「『春色梅児誉美』における否定助動詞の研究」『日本語と日本文学』47巻、筑波大学日本語日本文学会
中村　通夫（1936）「デスの語誌について」『国語と国文学』13-3(1936年3月号)
――――（1937）「助動詞『です』の用法についての私見」『国語教育』1937年12月号
――――（1948）『東京語の性格』川田書房
――――（1952）「近代語はどのように研究されて来たか」『国語学』10輯
――――（1957）『NHK国語講座　現代語の傾向』宝文館
――――（1959）「江戸語における打消の表現について」『中央大学文学部紀要』16号
永野　賢（1953）「表現文法の問題——複合辞の認定について」『金田一博士古稀記念言語民俗論叢』三省堂
仁田　義雄（1981）「西洋人の書いた日本文法書」『言語』1981年1月号、大修館書店
――――（2002）「日本語の文法カテゴリー」『現代日本語講座5』明治書院
――――（2009）「日本語の文法カテゴリ」『仁田義雄日本語文法著作選　第1巻日本語の文法カテゴリをめぐって』ひつじ書房

日本語記述文法研究会編(2007)『現代日本語文法③　第5部 アスペクト　第6部 テンス　第7部 肯否』くろしお出版
日本語文法学会編(2014)『日本語文法事典』大修館書店
丹羽　一彌(2012)「丁寧表現の構造と変化」『日本語はどのような膠着語か』笠間書院
野田　春美(2004)「否定ていねい形『ません』と『ないです』の使用に関わる要因——用例調査と若年層アンケート調査に基づいて——」『計量国語学』第24巻5号
原口　　裕(1981)「近世後期語(江戸)」『講座日本語学3』明治書院
彦坂　佳宣(1984)「幕末期における転封藩士の言語生活——桑名家中弁の成立と様相の一斑——」『国語学』139集
飛田　良文(1971)「江戸時代語から東京時代語へ」『国語学』88集
─────(1973)「近代語研究の資料」『文学・語学』第66号
─────(1974)「明治初期東京語の否定表現体系——『安愚楽鍋』における「ない」「ねえ」「ぬ」「ん」の用法——」『ことばの研究5』国立国語研究所
─────(1993)『東京語成立史の研究』東京堂出版
─────(2006)「江戸語研究の視点」(飛田編2006所収)
─────編(2004)『国語論究 第11集 言文一致運動』明治書院
─────編(2006)『国語論究 第12集 江戸語研究 ——式亭三馬と十返舎一九——』明治書院
飛田良文他編(2007)『日本語学研究事典』明治書院
福島悦子・上原聡(2003)「日本語の丁寧体否定辞二形式に関する通時的研究——テキスト分析によるケーススタディ——」『東北大学大学院 国際文化研究科論集』第11号
─────(2005)「丁寧体否定辞二形式の使用に関する通時的研究——明治期から平成期のテキスト分析を通して」『日本語学会2005年度秋季大会予稿集』
古田　東朔(1965)「国語史——近世・近代——」『国語と国文学』42(4)号
─────(1993)「『東海道四谷怪談』に見られる打消の助動詞——「ぬ」系のものだけを使っている人たち——」『国語研究』明治書院
─────(1978)「アストンの日本文法研究」『國語と國文學』昭和53年8月号(東京大学国語国文学会)(古田東朔『近現代日本語生成史コレクション』第3巻所収)

許　　哲(2007)『明治前期における否定丁寧体表現の研究――「マセヌ」・「マセン」を中心に――』(東京学芸大学教育学研究科修士論文)
―――(2009)「明治東京語におけるマセヌからマセンへの交替について」『明治大学大学院文学研究論集』第30号
―――(2010a)「夏目漱石の小説における丁寧体否定形ナイデス――マセンとの対比」第1回明治大学日韓文化研究シンポジウム(明治大学)(2010年8月『Journal of Korean Culture』vol.15 別冊本所収)
―――(2010b)「「続々金色夜叉続編」・「新続金色夜叉」の本文対照研究――『読売新聞』、『新小説』、『紅葉全集』、『七版続々金色夜叉』において――」第273回近代語研究会春季発表大会発表資料(日本女子大学)
―――(2010c)「丁寧体否定形ナイデスについての一考察――漱石作品を中心に――」『明治大学日本文学』第36号
―――(2012a)「近世後期江戸語における否定表現の研究――人情本『仮名文章娘節用』を資料として」『明治大学大学院文学研究論集』第36号
―――(2012b)「明治期における否定表現の認識――アストン『日本口語文典』第四版(1888)をもとに――」『明治大学日本文学』第38号
―――(2014a)「複数の否定要素からなる述語部構造の特質――二葉亭四迷『浮雲』を資料として」『明治大学大学院文学研究論集』第40号
―――(2014b)「『金色夜叉』に見る述語部否定構造の文法化」『明治大学日本文学』第40号
―――(2014c)「述語部否定構造における文法カテゴリーの結合――若松賤子訳『小公子』を資料として」『明治大学大学院文学研究論集』第41号
―――(2014d)「若松賤子の翻訳における「丁寧・否定・過去」からなる述語部の構造」日本語学会2014年度秋季大会(北海道大学)
―――(2016)「若松賤子訳『小公子』における「丁寧・否定・過去」の諸表現――マセンカッタからマセンデシタを経てナカッタデスへ――」『朝鮮大学校学報』第26号
益岡　隆志(1991)『モダリティの文法』くろしお出版
―――(2013)『日本語構文意味論』くろしお出版
松木　正恵(1995)「複合助詞の特性」『言語』1995.11、大修館書店
松村　　明(1957)『江戸語東京語の研究』東京堂出版
―――(1964)「東京語の成立と展開」『講座現代語 第2巻 現代語の成立』明治書院

──────（1970）『洋学資料と近代日本語の研究』東京堂出版
──────（1973）「洋文典と品詞論」『品詞別日本文法講座』第10巻
──────（1990）「明治初年の洋学会話書における助動詞『です』とその用法」『近代語研究』8　武蔵野書院
松本　　隆（2012）「マセンカッタとマセンデシタ──若松賤子の近代口語作品における打消過去の丁寧表現──」『清泉女子大学人文科学研究所紀要』(33)
三尾　　砂（1958）『話しことばの文法』法政大学出版局（『三尾砂著作集Ⅱ』2003、ひつじ書房）
三澤光博訳（1968）『ホフマン 日本語文典』明治書院
宮腰　　賢（1986）『まゐる・まゐらす考』桜楓社
宮地　幸一（1980）『ます源流考』桜楓社
宮地　　裕（1971）『文論』明治書院
──────（1979）『新版 文論』明治書院
森岡　健二（1988）「言文一致と東京語」『国語と国文学 65(11)』東京大学国語国文学会
森岡健二他編（1981）『講座日本語学 第3巻 現代文法との史的対照』明治書院
森田　良行（2007）『助詞・助動詞の辞典』東京堂出版
安田　尚道（2008）「『ませんかった』は横浜言葉か？──『ませんかった』の昔と今」『国語語彙史の研究　二十七』和泉書院
山田　正紀（1936）『江戸言葉の研究 浮世風呂・浮世床の語法』普通教育研究會
山梨　正明（1995）『認知文法論』ひつじ書房
山本　正秀（1965）『近代文体発生の史的研究』岩波書店
──────（1973）「若松賤子の翻訳小説言文一致文の史的意義」『専修国文』14号、専修大学国語国文学会
湯浅　彩央（2001）「江戸語における打消表現・当為表現のヌ系からナイ系の変遷について──話者と聞き手の社会的関係・親疎関係からの一考察──」『名古屋・方言研究会会報18』
湯浅　茂雄（2000）「近代語研究の要点と課題」『日本語史研究入門』（『日本語学』2000.9臨時増刊号）明治書院
湯澤幸吉郎（1937）『國語史──〔近世篇〕』刀江書院
──────（1954）『江戸言葉の研究』明治書院
吉川　泰雄（1977）『近代語史』角川書店
吉田　金彦（1971）『現代語助動詞の史的研究』明治書院

吉田　澄夫(1952)『近世語と近世文学』東洋館出版社
――――(1965)「近代語研究の現段階」『近代語研究』第1集
渡邊　修(1975)「アストンの日本口語文典初版；その書誌」『大妻女子大学文学部紀要』第7号(昭和50年3月)
――――(1982)「アストン『日本語口語文典』――初版影印」『大妻女子大学文学部紀要』第14号(昭和57年3月)
――――(1984)「アストン日本語口語文典(3本対校)その一」『大妻女子大学文学部紀要』第16号(昭和59年3月)
渡辺　実(1971)『国語構文論』塙書房

Stefan Kaiser(1995) "THE WESTERN REDISCOVERY OF THE JAPANESE LANGUAGE" Ⅰ-Ⅵ(CURZON PRESS)

あとがき

　本書は、2015年春に提出した博士論文『江戸・東京語における否定表現構造の研究』を基としております。
　本書の各章と大学院在学中の既発表論文との関係は以下のとおりです。

第一部
　第1章　近世後期江戸語における否定表現
　　「近世後期江戸語における否定表現の研究——人情本『仮名文章娘節用』を資料として」（2012年2月『明治大学大学院文学研究論集』第36号 pp.31-41）
　第2章　明治期東京語における否定表現
　　「明治期における否定表現の認識——アストン『日本口語文典』第四版（1888）をもとに——」（2012年4月『明治大学日本文学』第38号 pp.87-114）

第二部
　第4章　丁寧体否定形マセヌからマセンへの交替
　　「明治東京語におけるマセヌからマセンへの交替について」
　　　　　　　　　（2009年2月『明治大学大学院文学研究論集』第30号 pp.35-54）
　第5章　丁寧体否定形マセンとナイデスの併存
　　「夏目漱石の小説における丁寧體否定形ナイデス——マセンとの對比」
　　　　　　　　　（2010年8月『Journal of Korean Culture』vol.15 別冊本 pp.105-128）
　第6章　複数の否定要素を含む述語部の構造
　　「複数の否定要素からなる述語部構造の特質——二葉亭四迷『浮雲』を資料

として」　　（2014年2月『明治大学大学院文学研究論集』第40号 pp.1-14)
　　「『金色夜叉』に見る述語部否定構造の文法化」
　　　　　　　　（2014年3月『明治大学日本文学』第40号 pp.35-50)
　　第7章　否定表現構造と文法カテゴリ
　　「述語部否定構造における文法カテゴリの結合──若松賤子訳『小公子』を
　　　資料として」　（2014年9月『明治大学大学院文学研究論集』第41号 pp.1-13)

　以上のような既発表論文に加筆・修正を行い、また、多くの部分を書き加えて本書をまとめました。ただし、一部は論文発表時の形態を残したため、章ごとに表示の方法が異なる部分もありますが、どうかご寛恕をいただければと存じます。

　近年、日本語学の研究において、日本語文法を史的に分析・考察する文法史の分野の研究の発展は著しく、本書もまたその一つであります。本書で具体的な対象とする否定表現については、江戸・東京語における専書がそれほど見られないので、ユニークなものになったのではないかと考えております。
　本書の刊行により、日本語リテラシーを有するひとびとがその内容を享受する中で、特に近代において日本語研究史に占める、外国語母語話者の知見に基づく功績の大きさを伝えられることで、日本語非母語話者の日本語学習および日本語研究を奨励する一助となることができればとも考えております。また、筆者は現在、母国の国家学位の取得を申請する準備を行なっておりますが、今後、本書の内容が翻訳でも紹介されるようになれば、朝鮮語文化圏での語学的研究にも一石を投じることができ、国際的な学術交流の促進にも寄与できるものと期待しております。このとき、対象が近代の日本語ということから、日本語学のみならず、日本近代文学、日本近代史・文化史等を学ぶ方々にも関心を持っていただければ幸いなことだと思っております。

小著をなすにあたり、また、明治大学大学院博士後期課程在籍時よりこれまで、小野正弘先生には終始懇切なご指導と貴重なご教示を賜りました。謹んで心よりの感謝を申し上げます。小野先生の、常に学生にご配慮をくださる包容力の大きなお人柄と、専攻研究において示してくださった厳格さ、緻密さ、軽妙洒脱さは、私がこれからも研究者、教育者として目指すべき一生の目標です。

　東京学芸大学大学院修士課程でご指導をいただきました北澤尚先生は、私を大学院進学へといざない、近代語研究の奥深さを教えてくださった恩師です。北澤先生とご一緒させていただきました近代語資料に関する共同研究は、私にとって、研究者としての方向を決定付けた貴重な経験でありました。心より深謝の意を表します。

　東京学芸大学で教えをいただきました宮腰賢先生、荒尾禎秀先生、中山昌久先生、また、研究会等で多くのことを教えていただきました日本近代語研究会にご参加の諸先生方、博士学位請求論文の口述試問において副査をしていただきました梅林博人先生、久保田俊彦先生には重要なご指摘、ご助言をいただきました。ここに深く御礼を申し上げます。

　祁福鼎さん、八木下孝雄さんをはじめ、大学院在学時より小野研究室、北澤研究室でともに研究に勤しんだみなさまには、いつも有益なご意見とあたたかい友情をいただきました。厚くお礼を申し上げます。

　私の小さな研究成果をご自身のことのようにお喜びくださり、いつも大きな励ましとお心遣いをくださった鄭鐘烈先生、河在龍先生をはじめとする朝鮮大学校教育学部、外国語学部の諸先生方と同僚各位に感謝の意を表します。

　本書の出版にあたっては、勉誠出版株式会社編集部の吉田祐輔部長と福井幸氏に大変お世話になりました。繊細なお心遣いと多くのご助言、お力添えをいただき、無事刊行の運びとなりましたことを感謝申し上げます。

最後に、長い間私のわがままを許容し、いつもあたたかく見守り、支えてくれた愛する家族(妻と三人の子どもたち)に心より感謝いたします。

　なお、本書は2017年度明治大学大学院文学研究科学生研究奨励(成果公開促進)基金の助成を受けて刊行されるものです。この基金は、文学研究科担当の先生方が大学院入学試験問題作成費の半分をご拠出くださり、研究科学生の研究活動を奨励することを目的として設けられたものです。
　自身の研究成果の書籍公刊という、得難い機会を与えてくださった明治大学大学院文学研究科の諸先生方のご厚意に深謝いたします。

　　2018年4月27日

　　　　　　　　　　　　　　　　　　　　　　　　　　許　哲

索　引

凡　例

・頻出する語（「否定」「肯定」等）は割愛した。
・文法的意味を表す語については＊を付した。
・参照すべき語がある場合、参照先を示す「→」を付した。
・完全一致ではない場合でも、同一の意味と判断できる語句は採取した。

【あ行】

アスペクト　　175, 197, 202, 206, 208, 223, 239, 245
位相　　80, 97, 147, 159
一般動詞　　107, 108
意味的階層構造　　223, 224, 226, 245, 247
ヴォイス　　175, 197, 202, 206, 208, 223, 238, 239, 245
受身＊　　175, 202
打消＊　　2, 14, 79, 145
英語原文　　213, 217, 218, 220-222, 228, 239, 245
江戸語　　3, 5, 6, 11-15, 18, 29, 33, 35, 67-69, 73, 75, 78, 79, 81, 82, 99, 209, 215, 241, 242, 246
江戸方言　　11, 41 →東京方言
音声的側面　　99, 100, 112, 235, 244

【か行】

階層的対立　　12

会話書　　5, 37, 212
会話文　　14, 85, 86, 144 →発話文
書きことば　　3, 38, 40, 68, 243
確認要求　　150, 170, 172, 174
下層　　12, 13, 83, 91, 92, 97, 100, 112, 235, 243
可能＊　　156, 175, 189, 202, 206-208, 239, 246
歌舞伎脚本　　14, 35, 74, 76
上方語　　11-14, 18, 67
漢語接頭辞　　2
願望形容詞　　61, 64
慣用的表現　　156, 158, 236
完了形　　221
聞き手　　25, 82, 96-98, 213, 216, 224
聞き手配慮　　224, 229, 240, 245
聞き手めあて　　224, 229, 240, 245
戯作調　　162
機能語　　170, 177
規範　　20, 29, 35, 36
疑問＊　　150, 172, 174
共通語　　11-13, 35, 67, 147

近世語　11, 74
近代(日本)語　1, 144, 177, 198, 241
廓言葉　12
形式名詞　167, 173, 176, 182, 237
継続*　59, 60, 62, 63, 202
京阪語　15
言語事象　198, 206, 208, 239
現代(日本)語　1, 15, 20, 29, 33, 35, 36, 68, 73, 75, 78, 143-145, 147, 157, 245, 246, 247
検定教科書　34, 35
言表事態　223, 224, 229, 240, 245
言文一致　4, 6, 34, 73, 86, 161, 162, 198, 211, 227-229, 237
口語／口語文体　14, 35, 40, 44, 73, 74, 161, 182, 194, 238
後接環境／後接語　81, 99, 150-152, 158, 236, 237, 244
膠着語　48
口頭(言)語　5, 14, 76
肯否　44, 194
公用語　33
国定教科書　1, 34, 35
語構成　78, 163, 179, 194, 198, 202, 215, 238, 245
語根　39, 40, 78
国家語　1, 15
滑稽本　12, 15

【さ行】

使役*　189, 202
自称詞　12
時制　39, 44, 48, 51, 54-56, 58, 221
指定*　153
地の文　4, 14, 19, 22-24, 26, 78, 85, 86, 98, 153, 163, 165, 172, 173, 178, 181, 182, 184, 189, 194, 212, 214-219, 221, 226-228, 238, 239, 244
若年世代　29, 92, 97, 100, 112, 235, 243
洒落本　12-15
終助詞　12, 78, 99, 146, 149, 151-153, 158, 170, 174, 176, 202, 208, 223, 236-239, 244
述語部　2, 6, 161-163, 165, 167, 169, 173-179, 181, 184-187, 190, 192-195, 197, 198, 202, 204, 206-209, 211, 215, 217, 222, 223, 226, 228-230, 237-241, 245-247
受話者　98, 159, 162, 178, 182, 199, 215
準発話　153
承接関係　207, 212, 213, 238
条件表現　185, 193
上層　12, 18, 28, 29, 68, 243
使用度数　16, 18, 28
譲歩*　41, 42, 54-56, 58, 243
書簡文　21, 178
植民地語　33
性差　80
世代差　28, 85, 86, 100
接続助詞　81, 149, 151-153, 158, 236, 237, 244
前接語／前接環境　78, 91, 96, 101-108, 110-113, 149, 156, 158, 217, 219, 236, 237, 244
選択*　42, 52, 55
素材敬語　223
速記　76, 86, 98, 212
尊敬*　185, 215
存在動詞　103, 106-112, 157, 158, 236, 237

【た行】

待遇度　226
待遇表現　12, 34, 36, 75, 97
体言化のノ　224, 225

対者敬語化　223
対面性　229, 240, 245
断定*　103, 106, 107, 109, 110, 189
地方語　34
中央語　12, 15, 67, 242
抽象的な「場」　229, 240, 245
中心述語　173, 187-192, 194, 238
町人　3, 12, 13, 16, 18, 28, 68, 82, 83, 96, 242
直説法　39, 41, 48, 54, 57, 58, 243
丁寧*　6, 27, 29, 40, 50, 68, 75, 144, 187, 197, 198, 202, 204, 205, 207-209, 211-213, 216, 217, 220-229, 239, 241, 243-246
丁寧体否定形　5, 6, 99, 143-147, 150, 157, 235, 236, 240, 241, 243, 244
デス　36, 75, 144-146, 149, 156-159, 202, 208, 218, 223-229, 236, 237, 239, 240, 244, 245, 247
テンス　175, 197, 198, 202, 208, 223, 239, 245
当為表現　27, 29, 42, 43, 104, 172, 174, 190-193, 196, 206, 207
東京方言　41, 43, 54, 55
東国語　11, 13, 67
東西対立　14, 18
都会語　33

【な行】

ナイ　13, 14, 16, 18-21, 24, 25, 28, 29, 35, 41-44, 54-58, 65, 67, 68, 75, 146, 149, 156, 157-159, 172, 207, 208, 217-219, 226, 236, 237, 239, 241, 243, 244, 246
ナイデス　6, 143-147, 149-151, 153, 155-159, 236, 237, 240, 241, 243, 244
内容語　170, 177
ナカッタ　25, 29, 35, 41, 68, 75, 212, 226, 228, 241
訛形　18, 20, 21, 25, 28
ナンダ　14, 25, 27, 29, 41, 67, 68, 212, 213, 225, 241
二重否定　167, 168, 170, 173, 176, 237
日常語　33
日本語学習／日本語習得　44, 194, 144, 258
日本口語文典　3, 5, 37-39, 43, 44, 68, 69, 241-243
人情本　3, 5, 12, 15, 16, 18, 20, 27, 29, 68, 69, 212, 241-243
ヌ　13, 14, 16, 18-21, 24, 28, 29, 35, 41, 43, 44, 65, 67, 68, 75, 98-100, 112, 225, 235, 241, 243, 244
ネエ（ネヘ）　18, 20, 25, 28, 35, 75
ノダ文　223, 227, 247

【は行】

発話者　19, 83, 91, 98, 159, 162, 178, 182, 199, 215, 219
発話文　3-5, 22, 24, 78, 162, 163, 165, 172, 173, 178, 181, 182, 184, 189, 194, 199, 213-215, 217, 220, 226, 238, 241, 242 →会話文
話しことば　3, 38-40, 46, 68, 243,
話し手　20, 24, 25, 80, 82, 96-98, 213, 216
非生起　221, 229, 239, 245
否定形容詞　40, 41, 43, 58, 65, 68, 221
否定辞　74, 99, 100, 168, 187, 192, 221, 222, 228, 239
否定推量　150, 168, 175, 204
否定性　221, 222, 228, 239
否定代名詞　221
否定副詞　221
否定要素　1, 2, 5, 6, 161-163, 165, 167-170, 172-179, 181, 184, 187, 190, 192-195, 198,

235, 237, 238, 240, 241, 245
表現価値　　6, 197, 209, 213, 227, 228
表現論的　　221, 229, 239, 245
標準語　　1, 12, 15, 33-35, 67
複合辞　　6, 73, 74, 79, 99, 100, 112, 161, 169, 170, 177, 195, 235, 241, 244
武家　　3, 12, 13, 16, 18, 28, 68, 242
不定形　　53, 57
文語／文語文体　　40, 44, 182, 184, 194, 238
分析的傾向　　6, 73, 74, 79, 112, 204, 207, 235, 241, 244
文法化　　6, 161, 170-174, 176, 177, 184-188, 190, 192-195, 223, 229, 237, 238, 245
文法カテゴリー　　5, 6, 175, 189, 192, 195, 197, 198, 202, 207-209, 235, 238, 240, 241
文法的形式　　1, 2, 40, 241
文末表現　　161, 227-230
編纂趣意書　　35
母語話者　　144, 147
母音脱落　　98
法　　39, 44
補助形容詞　　103, 106, 107, 146, 157-159, 236, 237, 244
翻訳　　3, 6, 37, 76, 78, 149, 197, 198, 202, 209, 211, 220-222, 227-230, 239, 241, 243-245

【ま行】

マス　　36, 40, 50, 51, 53, 75, 80, 82, 99, 144, 145, 202, 208, 216, 224, 225, 227, 229, 239, 240, 245, 247
マセヌ　　5, 26, 79-83, 85-87, 91, 96-101, 103, 104, 106-108, 111, 112, 225, 235, 236, 240, 241, 243, 244
マセン　　5, 6, 26, 79-83, 85-87, 91, 92, 97-101, 104, 106-108, 111-113, 143-146, 149, 150, 152, 153, 155, 157-159, 207, 208, 212, 225, 235-237, 239, 240, 241, 243, 244, 246
マセンカッタ　　6, 27, 36, 75, 197, 209, 211-215, 217-219, 221-223, 225-230, 239-241, 244, 245
マセンデシタ　　6, 36, 68, 75, 150, 157, 197, 209, 211-216, 226-228, 236, 241, 244, 245
認め方　　→肯否
身分制度　　1, 34, 242, 246
未来*　　41, 48, 50, 243
(明治)東京語　　1, 3, 5, 6, 15, 33-36, 39, 41, 57, 67-69, 75, 99, 145, 147, 209, 215, 241, 243, 246
命令*　　41, 51, 243
モダリティ　　99, 175, 197, 198, 202, 207, 223-225, 227, 229, 239, 240, 245

【や行】

ヤセン　　82, 83, 85, 86, 91, 92, 97, 98, 100, 101, 104, 112, 235, 243, 244
融合形「ぢゃ」　　169, 187, 188
遊女　　3, 12, 16, 27, 96, 242
有標形式　　2

【ら行】

ラテン語　　36
類推　　226
歴史的推移　　1, 247
老年世代　　29, 92, 97, 100, 112, 235, 243, 244
録音資料　　86, 144

264

著者略歴
許 哲（ほ・ちょる）

1969年生まれ。明治大学大学院博士後期課程修了。博士（文学）。現在、朝鮮大学校外国語学部教授。専門は日本語学（明治時代語の史的研究）。主な論文に、「明治東京語におけるマセヌからマセンへの交替について」（『明治大学大学院文学研究論集』第30号、2009年2月）、「『金色夜叉』本文の助動詞の異同について」（共著、『日本近代語研究5』、2009年10月）、「明治期における否定表現の認識―アストン『日本口語文典』第四版（1888）をもとに―」（『明治大学日本文学』第38号、2012年4月）、「若松賤子訳『小公子』における「丁寧・否定・過去」の諸表現―マセンカッタからマセンデシタを経てナカッタデスへ―」（『朝鮮大学校学報26』2016年6月）などがある。

江戸・東京語の否定表現構造の研究

2018年5月9日　初版発行

著　者　許　哲

発行者　池嶋洋次

発行所　勉誠出版株式会社
　　　　〒101-0051　東京都千代田区神田神保町3-10-2
　　　　TEL：(03)5215-9021(代)　FAX：(03)5215-9025

〈出版詳細情報〉http://bensei.jp

印　刷　太平印刷社
製　本

© HO Chol 2018, Printed in Japan

ISBN978-4-585-28041-5　C3081

江戸・東京語研究
共通語への道

東京共通語の形成過程を理論的・実証的に追究。東京共通語がいかに形成されてきたかを、江戸時代まで遡り追究し、共通語の通時的研究の可能性を明らかにする。

土屋信一 著
本体 12,500 円（+税）

近世・近代初期書籍研究文献目録

前近代から近代初期における書物・出版に関わる、のべ14000以上の研究文献を網羅的に分類・整理。日本文化史・思想史研究必備の書。

鈴木俊幸 編
本体 8,000 円（+税）

元禄・正徳板元別出版書総覧

元禄9年から正徳5年に流通していた7400に及ぶ出版物を、480以上の版元ごとに分類し、ジャンル別に網羅掲載。諸分野に有用な基礎資料。

市古夏生 編
本体 15,000 円（+税）

江戸時代初期出版年表
天正十九年〜明暦四年

出版文化の黎明期、どのような本が刷られ、読まれていたのか。江戸文化を記憶し、今に伝える版本の情報を網羅掲載。広大な江戸出版の様相を知る。

岡雅彦 ほか編
本体 25,000 円（+税）

漢文訓読と近代日本語の形成

漢文という外国語を日本語へ翻訳するシステム、「漢文訓読」。漢文資料、蘭学・英学資料、さらには近代の日本語資料を渉猟し、漢文訓読という型のもたらした史的影響を明らかにする。

齋藤文俊 著
本体 7,500 円（＋税）

思想史のなかの日本語
訓読・翻訳・国語

近世から近代日本にかけての日本語の成立に対する歴史的な視点とそれとともにたえず編制され続けてきた「思想の言語」を捉え直し、「日本語とはなにか」という問題を論じる意欲作。

中村春作 著
本体 2,800 円（＋税）

近代日本語の形成と欧文直訳的表現

今もなお日本語に根付く欧文的直訳的表現は、外国語を受け入れるなかで、どのように生成・受容されてきたのか？近代語の成立過程の一端を明らかにする。

八木下孝雄 著
本体 6,500 円（＋税）

幕末明治移行期の思想と文化

明治はそれ以前の日本をどのように背負い、切り捨て、読み換えていったのか。移行期における接続と断絶の諸相を明らかにし、ステレオタイプな歴史観にゆさぶりをかける画期的論集。

前田雅之・青山英正・上原麻有子 編
本体 8,000 円（＋税）

オノマトペの語義変化研究

和語と漢語が深く関わり合った明治期、言文一致体の発展が日本語自体を変化させていった。明治・大正の小説作品に見られる用例を丹念に分析し、オノマトペの意味変化の源を探る。

中里理子 著
本体 7,000 円（＋税）

近代日本語と文語文
今なお息づく美しいことば

戦後の国語改革で否定されてきた文語文がなぜ、今なお人びとの言語生活のなかに息づいているのか。古いことばの格調の高さがもつ魅力と、その意外な効果を明らかにする。

三浦勝也 著
本体 2,500 円（＋税）

日本語史の新視点と現代日本語

古代から近代への史的展開、近・現代語の形成、現代文法の機能と表現、現代語の動態分析と対照研究という視角から、日本語の諸問題を捉え、新たな地平を示す論集。

小林賢次・小林千草 編
本体 13,000 円（＋税）

近代学問の起源と編成

近代学問の歴史的変遷を起源・基底から捉え直すことで「近代」以降という時間の中で形成された学問のフィルターを顕在化させ、われわれをめぐる「知」の環境を明らかにする。

井田太郎・藤巻和宏 編
本体 6,000 円（＋税）

シベ語のモダリティの研究

フィールドワークで出会った日常のやりとりを手掛かりに、シベの人々の思考とシベ語の文法システムを探る、モダリティ研究への挑戦。言葉のダイナミクスを味わうことのできる一冊。

児倉徳和 著
本体 12,000 円（+税）

日本語程度副詞体系の変遷
古代語から近代語へ

古代語から近代語への程度副詞の流動的な性質を捉え、時代別の共時的な分類体系と、特徴的な語の通時的な変化を交差させることで、言葉の意味・機能の体系的な変遷の模様を描き出す。

田和真紀子 著
本体 6,000 円（+税）

『古今奇談英草紙』と白話語彙

中国語史、日本語史を踏まえ、白話の概念をめぐる中国における文言、白話に焦点を定めた研究史を整理するとともに検討を加え、自らの白話概念の再検討を図る。

張海燕 著
本体 10,000 円（+税）

山田孝雄著『日本文体の変遷』
本文と解説

文献時代の初めから明治時代に至る諸資料を博捜・引用し、時代別・文体別に詳述。日本文化・社会の根幹をなす文章・文体の展開を歴史的に位置づける意欲作。

藤本灯・田中草大・北﨑勇帆 編
本体 4,500 円（+税）

東洋文庫善本叢書 第二期 ラフカディオ ハーン、B.H. チェンバレン 往復書簡

世界史を描き出す白眉の書物を原寸原色で初公開。1890〜1896年にわたって八雲がチェンバレンと交わした自筆の手紙128通を収録。

公益財団法人 東洋文庫 監修
平川祐弘 解題
本体 140,000 円（+税）

ケンブリッジ大学図書館と近代日本研究の歩み
国学から日本学へ

ケンブリッジ大学図書館が所蔵する膨大な日本語コレクション。柳田国男も無視できなかった同時代の西洋人たちによる学問発展の過程を辿る。

小山騰 著
本体 3,200 円（+税）

近代日本の偽史言説
歴史語りのインテレクチュアル・ヒストリー

近代日本において、何故、偽史言説が展開・流布していったのか。オルタナティブな歴史叙述のあり方を照射することで、歴史を描き出す行為の意味をあぶりだす画期的成果。

小澤実 編
本体 3,800 円（+税）

博文館「太陽」と近代日本文明論
ドイツ思想・文化の受容と展開

日清戦争後から大正期にかけて総合雑誌「太陽」で展開された、樗牛・嘲風・鷗外・筑水・巌翼ら哲学者・文学者の論説・評論を読み解く。

林正子 著
本体 10,000 円（+税）